基于本质的数学素养教学

数与代数　图形与几何篇

主编　冯江浩

副主编　张义红　常利　郜丽

河北大学出版社

·保定·

出 版 人：马　力
责任编辑：李　达
装帧设计：王占梅
责任校对：刘景坤
责任印制：常　凯

JIYU BENZHI DE SHUXUE SUYANG JIAOXUE
SHU YU DAISHU TUXING YU JIHE PIAN

图书在版编目（CIP）数据

基于本质的数学素养教学．数与代数　图形与几何篇 / 冯江浩主编；张义红，常利，郜丽副主编．-- 保定：河北大学出版社，2025．5．-- ISBN 978-7-5666-2647-9

Ⅰ．G623.502

中国国家版本馆CIP数据核字第2025NX5467号

出版发行：河北大学出版社

地址：河北省保定市七一东路2666号　邮编：071000

电话：0312-5073003　0312-5073029

网址：www.hbdxcbs.com

邮箱：hbdxcbs@163.com

经　　销：全国新华书店
印　　刷：涿州市般润文化传播有限公司
幅面尺寸：185 mm × 260 mm
字　　数：380 千字
印　　张：20.5
版　　次：2025 年 5 月第 1 版
印　　次：2025 年 5 月第 1 次印刷
书　　号：ISBN 978-7-5666-2647-9
定　　价：68.80 元

如发现印装质量问题，影响阅读，请与本社联系。
电话：0312-5073023

序：追寻数学本质，深耕素养教学

数学是什么？

在许多人眼中，数学或许是一串冰冷的数字、一堆复杂的公式，或是一道道需要“标准答案”的习题。然而，真正的数学，远不止于此。它是人类对世界规律的高度抽象，是逻辑与直觉的完美结合，更是培养理性思维与创新能力的核心学科。

作为小学数学教师，我们常常面临这样的问题：

为什么学生能熟练计算，却难以理解算理？

为什么学生能背诵公式，却无法在真实情境中灵活运用？

为什么同样的知识点，换一种问法，学生就无从下手？

这些问题的背后，往往隐藏着一个关键症结——学生对数学本质的认知是模糊的、碎片化的。如果教学仅仅停留在“怎样算”的层面，而忽视“为什么这样算”“它从何而来”“与其他知识有何联系”，那么数学学习就会沦为机械的记忆与模仿，而非真正的思维成长。

一、回归本质：数学教学的应然追求

《义务教育数学课程标准（2022年版）》明确提出：“数学教学要关注学生对数学概念、原理及法则的理解，注重知识的整体性与一致性。”这一理念的核心，正是“数学本质”。数学本质，是数学知识背后的核心概念、思想方法及逻辑结构。例如：“数的运算”的本质是计数单位的累加或细分；“分数”的本质是“整体与部分的关系”，而非单纯的“分子÷分母”；“图形与几何”的核心在于空间观念与度量的统一性。只有抓住本质，学生才能摆脱“题型依赖”，形成可迁移的数学素养。

二、本书的探索与实践

《基于本质的数学素养教学——数与代数　图形与几何篇》是保定市小学数学冯江浩名师工作室多年研究成果的结晶。本书以“本质挖掘—案例支撑—策略解读”为主线，试图回答三个关键问题：“教什么？”——如何从纷繁的知识点中抽离出核心概念？“怎么教？”——如何设计活动让学生真正理解本质？“为何这样教？”——如何让教学符合学生的认知规律？

第一，本质挖掘：从“形式”走向“本源”。

本书对小学数学“数与代数”“图形与几何”两大领域的核心知识点进行了系统梳理，力求揭示其数学本质。例如“乘法分配律”不仅仅是（a＋b）×c＝a×c＋b×c，乘法对加法的分配为运算系统的生长提供了支持；“长方体体积”的底层逻辑是“度量空间的叠加”。

第二，案例支撑：让理论认知落地课堂。

本书中精选了工作室成员在真实课堂中的典型课例，如“认识分数”通过“分物”“测量”等活动，让学生理解分数是“数”而不仅仅是“形”；“小数除法”借助“计数单位”打通整数、小数、分数除法的一致性；“多边形的面积”通过“转化思想”构建图形之间的关联。每个案例均包含教师设计思考、学生思维呈现、教学策略支撑，力求展现“教—学—评”一体化的实践路径。

第三，策略解读：从“知”到“行”。

本书不仅提供理论框架、鲜活案例，更提炼出可操作的教学策略，基于本质的结构化教学思考让知识呈现“生长”而非“堆积”的状态。本书倡导的结构化教学，即纵向衔接，关注小学阶段核心概念的螺旋上升。例如“数”从整数—分数—小数的扩展，再如从“数”到“算”。横向贯通，打通“数与代数”“图形与几何”等领域的内在联系。只有让学生看到知识的“脉络”，他们才能真正学会“用数学的眼光观察世界”。

三、致谢与展望

本书的完成，得益于保定市教育局、莲池区教体局的支持以及工作室全体成员的智慧贡献。特别感谢工作室导师全国著名特级教师徐长青老师引领方向，让我们得以在真实教学中检验与完善“归本教育”理论；深深鸣谢工作室顾问河北省教科所崔海江主任和保定市教科所王海蓉主任，两位专家如春风化雨般，以渊博学识和无私热忱滋养团队一路成长。

数学教学是一场永无止境的探索。我们深知，本书仍有不足之处，未来将继续深化研究，尤其在“跨学科主题学习”“信息技术与数学融合”等领域进一步探索。

希望这本书能为广大小学数学教师提供启发，让我们共同践行“为理解而教，为思维而教”的理想，让数学课堂真正成为学生思维生长的沃土。

冯江浩

2025 年 1 月 3 日

目　　录

数与代数篇

图形与几何篇

数与代数篇

认识整数

一、数字是一种符号创造

数字历史悠久，它的发展伴随着人类历史的发展进程，深刻影响了人类的生产生活，毫不夸张地讲，它对于人类文明的意义绝不亚于火的使用。早在原始社会，为了维持生活，人类必须每天出去狩猎、采集果实，有时一无所获，有时满载而归，生活上这种数与量的变化，使人类开始了解无与有、少与多的区别，进而又知道了一和多的区别，数的概念应运而生。

最初人们利用自己的指头来计数，打到一只鹿回来，就用一个指头表示；采集到一个野果，也用一个指头表示，这样就有了“1”的概念。随着狩猎到的鹿和采集到的野果数量的增多，人类又有了“2”“3”等单个数目的概念，这又是一个不小的飞跃。指头不够用时，人类又想到了“结绳计数”“石头计数”和“刻痕计数”等方法。在经历了数万年的发展后，直到距今大约 5000 年前，才出现了书写计数以及相应的计数系统。古埃及象形数字、巴比伦楔形数字、中国甲骨文数字、希腊阿提卡数字、中国筹算数码、印度婆罗门数字、玛雅数字及最终成型直到现在我们所熟知的阿拉伯数字，见证着人类历史的发展。

很明显，“1”可以表示任何单个物体，比如一串玉米、一个南瓜、一件衣服、一个同学等；“1”也可以表示由多个个体构成的集体的“1”，例如一个由很多同学筑成的班级、一个由很多蜜蜂筑成的蜂巢、一篇由很多文字组成的文章等。如果用一根小棒表示单个的物体，那么两根小棒就可以表示两份这样的“1”，这样也就产生了“2”这个数字。相应地，如果再增加一根小棒，就表示再增加一份这样的“1”，那么这样单个的物体就再增加一个，进而产生了“3”“4”“5”等数字。

我们说两根小棒可以表示两串玉米数量的叠加，可以表示两个南瓜数量的叠加，两件衣服数量的叠加，两个同学个数的叠加……但是，我们应注意到一个问题，那就是所叠加的事物归属同一类。如果其中一根小棒表示一串玉米，另一根小棒表示一个南瓜，那么这两根小棒可以表示什么呢？是两串玉米，还是两个南瓜？可想而知，这样的叠加是没有任何意义的。

案例片段一

师：同学们，你们都喜欢什么小动物啊？今天跟着老师一起走进王奶奶家的院子，看看都有哪些小动物吧。

师：观看图片，你们都看到了什么？

生：鸡、鸭、羊、狗……

师：同学们认识的动物可真多，那你们知道这些小动物各有多少吗？

学生观察、交流。

师：同学们一起大声告诉老师，个数是“1”的都有哪些？

生：一条狗、一只羊、一只兔子……

师：像这样的一只兔子，我们就用数字“1”来表示。

多媒体展示“1”。

师：“1”除了可以表示个体一，如同学们刚才说的一条狗、一只羊、一只兔子，还可以表示一个整体。谁能举个“1”表示整体的例子呢？

生一：一群小鸡。

生二：图中有不止一只小鸭子，小鸭子一只一只靠在一起就变成了一群小鸭子。

师点评、总结。

师：同学们，物体的个数是2的，我们可用数字几来表示？

生：2。

师：这幅图中有哪些动物的个数可用数字2来表示呢？

生：2只小鸡，2只小鸭。

师：同学们观察真仔细，现在大家看屏幕，这个可以用2表示吗？

教师出示一只小鸡＋一只小羊。

生：不可以，因为小鸡和小羊不是同一类。

师：同学们可真聪明，2表示两个相同物体的叠加，不同物体叠加是没有任何意义的。下面请拿出手中的小棒，和老师一起表示出这些小动物的数量吧。

师（指着1问）：这个数是什么？表示什么？

生：1，表示1个。

师：请大家利用手中的小棒表示“1”这个数吧。

学生摆小棒，教师巡视学生情况。

师：那你们会摆“2”吗？

生：2就是两个“1”，1根小棒表示“1”，两根小棒就可以表示“2”了。

师：那3、4、5呢？请同学们也试着摆一摆、说一说吧！

生一：3就表示3个“1”，也就是3根小棒就可表示“3”。

生二：4和5也是同样的道理，有几个这样的“1”就用几根小棒。

二、计数规则的建立

一般来说，数源于对物体的累计和计算，一个一个地数，就产生了整数。随着生活水平的不断提高，人们所接触物品的数量越来越多，如何用仅有的0—9这10个数字表示更多的数量呢？答案是需要进制。我们通过对“1”一个一个累加，产生了1—9这9个数字。又由于有了定位计数法和零的理论，在计数时，单个物体每满“十”便产生了一个“集体1”，也就是计数单位“十”。如果把新产生的“集体1”看作是“个体1”，那么新的“个体1”满“十”后还能再产生新的“集体1”，也就是计数单位“百”。同样的道理，按从小到大的顺序，依次进行下去，便产生了千、万、十万、百万、千万、亿、十亿等，这些统称为计数单位，是计数的基本单元。

不同的计数背景需要使用不同的计数单位。比如，一个数学学习小组只有几个人，我们只需要“个”即可；一个班级有几十个人，这个时候需要“十”这个计数单位的帮忙才能完整表示这个数；一个年级几百人，需要“百”这个计数单位；一个学校的人多达几千人，用到了“千”这个计数单位；万的出现，我们可以表示一个片区的人数；十万的出现，我们可以表示一个区县的人数；百万可以表示整个保定地区的人口；千万可以表示整个河北省的人口；亿可以表示华北地区的人数；十亿可以表示全国人口数量；等等。

上述“满十进一”的计数方法称为“十进制计数法”，也是现今国际上最常使用的计数方法。现在普遍使用的计算机虽然并不使用十进制，但是它的运算法则受到十进制的影响，以0和1为基本单位；在计算机系统中，数据运算时满2进1，通过不断运算将结果呈现在我们面前。可以说，十进制这一个伟大发明对自然科学和人类发展有着深远的影响，是世界上最伟大的发明之一。

案例片段二

师：现在老师给大家呈现的这幅图布满了行列规则分布的小点，称为点子图。假如现在有 73 颗星星，你能通过圈点的方式表示出 73 这个数吗？给大家 2 分钟时间开动脑筋想一想吧。

师：谁能和大家分享一下自己的方法呢？

生一：我可以以一行（13 个）为单位，可以圈出 5 行表示 65，再单独圈 8 个就是 73 了。

生二：我以一列（12 个）为一组来数，可以圈出 6 列表示 72，再单独圈 1 个表示 73。

生三：我以同一行连续的 10 个点子为一组，圈出这样的 7 行表示 70，再单独圈 3 个就表示 73。

师：同学们，现在以同桌为单位相互讨论一下，以上方法中你最喜欢哪一种，为什么喜欢这个方法。

学生讨论，教师巡视后指名学生回答。

生：我比较认可方案三，因为这个方法简单。

师：都是以某几个为一组，圈出几组表示数，方案三简单在哪里呢？

生：10 是一个比较“整”的数，我们口算很容易求出 2 组、3 组、4 组、5 组、6 组等所表示的数，而以 12 或 13 为一组的话，求几组的时候还需要笔算。

师：回答得非常好，我们会发现以“十”为单位方便很多，一个十表示 10，2 个十表示 20，3 个十就表示 30……

师：接下来，同学们拿出手中的小棒，用你认为最简单的方法表示出 85 朵小花吧。

学生摆小棒，教师巡视观察。

生：我以 10 个小棒为一捆表示“十”，这样的 8 捆小棒表示 8 个十，也就是 80；再单独拿 5 根小棒，整体就表示 85。

师：同学们还可以表示出其他 100 以内的数吗？试着摆一摆吧。

教师课件呈现其他数，学生操作。

三、数位和数级

进制理论产生了个、十、百、千、万、十万、百万、千万、亿、十亿等计数单位，每个计数单位在这个顺序中都有一个相应的位置，这样就形成了数位。数位和计数单位是一一对应的关系，相应按从小到大顺序数位分别为个位、十位、百位、千位、万位、十万位、百万位、千万位、亿位、十亿位等。同一数字在不同数位所表示的意义不同，比如数字 5，如果在个位表示 5 个一，如果在十位就表示 5 个十，如果在百位就表示 5 个百，在千位就表示 5 个千……如果把这些计数单位随意排序，会造成计数的混乱，所以数位的出现非常有必要。

为了更方便读数和计数，人们又发明数级这种读数方法。在数位顺序的基础上，往往从右到左以四位或三位为一组分级来读数、写数。通常以小数点或者空格作为各个数级的标识，从右向左把数分开。数级的分级主要有四位分级法和三位分级法两种。

四位分级法是指将个、十、百、千、万、十万、百万、千万、亿、十亿、百亿和千亿等数位从低位到高位每四位为一组进行分组读数的方法。其中每一组称为一级。个级包括个位、十位、百位和千位，表示多少个一；万级包括万位、十万位、百万位和千万位，表示多少个万；亿级包括亿位、十亿位、百亿位和千亿位，表示多少个亿。这也是我国习惯的分级读数方法。

三位分级法是从右到左以三位数为一个数级的分级方法。这是西方国家的分级方法，也是国际通行的分级方法。

有了数级这种读数方法，我们读数的时候就方便很多了。

认识小数

“小数的认识”是数与代数领域的重要内容，在数的概念知识序列中占有重要的地位。小数概念的产生，主要有两个方面的推力：一是现实计量的需要。人们在表达现实数量及其关系的过程中，往往会出现无法用整数表达的问题，而用分数进行表达有时又不够方便。于是，小数这种表达方式就逐渐被人们接受了。二是数学自身发展的需要。小数不仅可以表示所有的分数，还可以表示无理数。比如，在小数产生之前，人们就无法对无理数“$\sqrt{3}$”与“$\sqrt{2}$”进行加减运算，只能用“$\sqrt{3}+\sqrt{2}$”和“$\sqrt{3}-\sqrt{2}$”表示相应的运算结果。因此曹培英老师曾说，小数比分数走得更远。

认识数的关键是理解数的建构方法。事实上，所有数都是基于计数单位来建构的。计数单位是针对个数与顺序的计量单位，如同长度计量单位米（m）、分米（dm），二者均是“度量单位”。计数单位通过抽象得到，度量单位借助工具得到。有了计数单位，就避免了逐个计数的烦琐与低效。计数单位提供了一个组（本质上是一个标准量、单位量），一组一组地计数，这个“一组”就是计数单位。数的发展过程就是计数单位的发展过程。整数和小数的计数单位就是十、个、十分之一等，即通常所说的数位；分数的计数单位就是分数单位。建构整数、分数与小数的关键是计数单位，“数的认识”应当强调计数单位。抓住了知识的本质，就能以更加整体的视角组织相关的问题。整数是把基本单位，也就是“1”不断进行累加，而小数是把“1”不断地进行细分。例如，0.3 表示把“1”平均分成 10 份，1 份就是 0.1，3 个 0.1 就是 0.3。不管是整数还是小数，相邻计数单位之间的进率都是 10，都遵循十进位值制计数法。

案例片段一：从“分”与“合”的角度认识小数

师：今天老师带来了咱们学习的小伙伴，认识它吗？它是几元？继续数……

板书：10个一是十。

10元10元地数，10，20，……，100。

板书：10个十是一百。

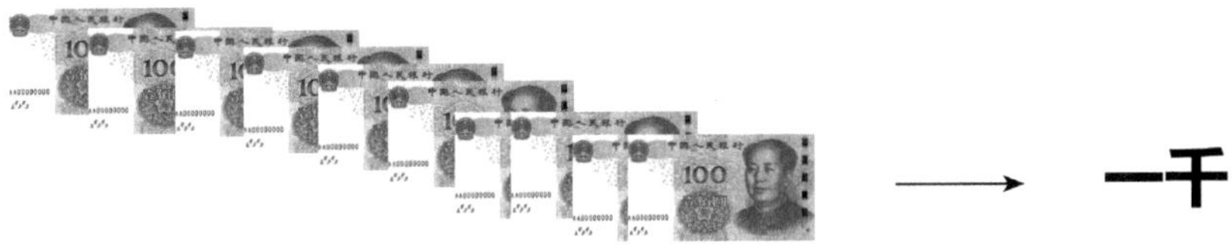

100元100元地数，100，200，……，1000。

板书：10个一百是一千。

课件出示1角硬币。

师：认识它吗？它满不满1元？对呀，1角不满1元，几个1角是1元？如果用元作单位，它是多少元呢？

生：$\frac{1}{10}$元。

师：是呀，我们以前学过，把1元平均分成10份，这样的1份就是$\frac{1}{10}$元，也就是1角，还有哪个数也能表示1角？

生：0.1元。

师板书。

师：对呀，1角不满1元，所以我们要用0.1元来表示。我们来看，它的整数部分是0，确实不满1，对吧？那0.1元表示什么呢？说说你的想法。

学生交流。

师：1元=10角，把1元平均分成10份，这1份就是1角，也就是0.1元。1个0.1元是0.1元。2个0.1元呢？接着数……10个0.1元是1元。1元里面有几个0.1元？

生：1元里面有10个0.1元。

师：把小数数着数着就得到了整数。老师要变魔术啦（抽出0.1），现在是多少元？你是怎样想的？

教师课件演示逐个增加1份或几份，让学生说出小数1.4元、1.6元、1.9元、2元。

师：是呀，1元和0.1元合起来是1.1元，或者11个0.1元是1.1元。继续数下去，1.2元，1.3元，……，2元。1.9元多0.1元怎么就是2元了呢？

生：10个0.1元就是1元。

师：数着数着，又满10个0.1元了，10个0.1元是1元，和原来的1元合起来就是2元。

师：看来通过"合"，我们也可以得到一个比较大的小数。

师：我们通过分，得到了这些小数；通过合，得到了这样的小数。分分合合，找到的小数更多了。小数和我们以前认识的数都能在直线上找到它们的家。如果在直线上用这个点表示0，这里就是1，接下去依次是——

师：像0，1，2，3，……这样的数是自然数，它们都是整数。这里是小数0.1，你知道0—1之间还藏着哪些小数吗？

生：0.2，0.3，……，0.9。

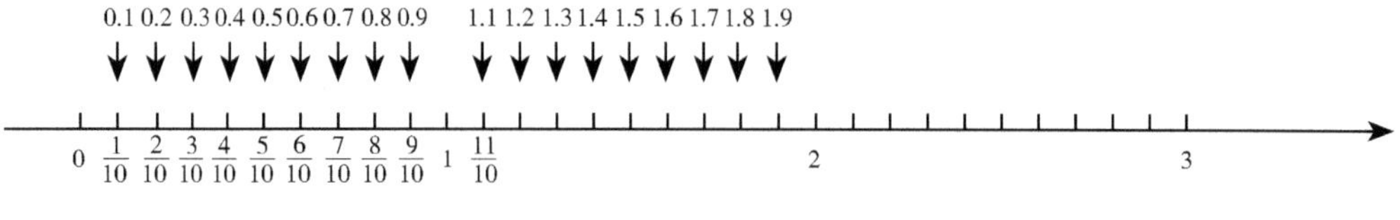

师：继续往下找，1.2在哪里？2.9呢？3.6在哪两个整数之间？3.6和3.7之间还有小数吗？是呀，像这样继续分下去，我们还能得到很多小数。

师：数学家的发现往往来自大胆的猜想。你敢不敢也来大胆猜想一下，0.01的家在哪里呢？说说你的想法。（根据学生回答展示课件）像这样的小数，我们以后会继续研究。

马芯兰老师认为，数位、计数单位、进率是数的意义理解的核心。给核心概念以核心地位，一点都不为过。整数可以看作基本计数单位不断累加的结果，分数和小数都可以看作整数基本单位不断细分的结果。这里的累加和细分看似不同，但本质上都是对“1”这个基本单位进行思维操作，只不过操作的方向不同而已。在整数里，相同的计数单位都是可以累加的，不同的计数单位则是可以直接组合的，这样的方法对小数同样适用。所以，无论是整数、小数还是分数，都可以从计数单位和计数单位个数的角度来认识。因此，新的课程标准特别强调了计数单位，并指出数的认识与数的运算均要以计数单位为核心要素进行统领。

案例片段二：数来源于数

介绍数学家华罗庚并引出数来源于数，问学生能否像数整数一样数出小数。

活动一：1 米的一半可以用哪个数字表示？怎么数？

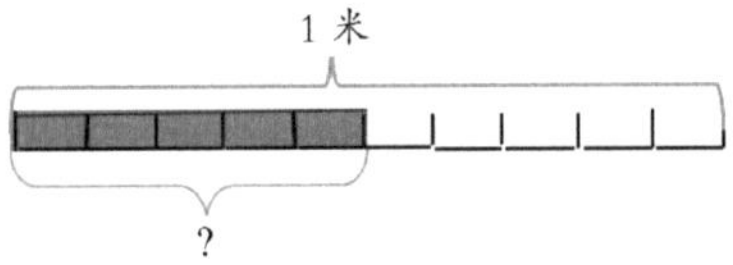

学生回答可以用 5 分米、$\frac{5}{10}$米、0.5 米表示。

师：谁能数出 5 分米。

学生指着每一段回答 1 分米、2 分米、3 分米、4 分米、5 分米。

师：这位同学是按数整数一样一个一个累加数的。

师：$\frac{5}{10}$米怎么数呢？

学生数出$\frac{1}{10}$米、$\frac{2}{10}$米、$\frac{3}{10}$米、$\frac{4}{10}$米、$\frac{5}{10}$米。

师：这位同学是按整数的数法数出来的。0.5 米怎么数出来呢？

学生数出 0.1 米、0.2 米、0.3 米、0.4 米、0.5 米。

师：既然 0.5 可以表示 1 米的一半，能不能表示正方形的一半呢？

活动二：这是一个正方形，它的一半可以用 0.5 表示，怎么把 0.5 数出来呢？

三位学生自主思考、讨论，并反馈交流。

生一：我是竖着把正方形平均分成了 10 份，涂色了其中的 5 份，每一份是 0.1，我是这样数的 0.1、0.2、0.3、0.4、0.5。

生二：我是横着把正方形平均分成了 10 份，涂色了其中的 5 份，我是横着数的 0.1、0.2、0.3、0.4、0.5。

生三：我是先把正方形竖着平均分成了 2 份，又横着平均分成了 5 份，这样也就是把正方形平均分成了 10 份，我也是这样数的 0.1、0.2、0.3、0.4、0.5。

小结：整数、小数都是满十进一。只要找到其中的一份，小数也可以像整数一样数出来。

总之，小数与整数、分数有着十分密切的关联。教学“小数的认识”要有整体视角，要着力引导学生感悟小数、整数、分数在本质上的一致性，分着分着，概念的本质就清晰了；数着数着，数感就来了。教学中帮助学生在理解小数意义的同时形成合理的认知结构，不断提升自主学习能力。

认识分数

分数认识是小学数学中一个非常重要的知识点，也是学生进一步学习数学的基础，而分数认识的教学不仅需要理解分数的意义，还需要加深对分数既可以表示具体数量，又能表示分率的本质认识。

一、分数的产生

分数起源于分。在原始社会，人们集体劳动要平均分配果实和猎物，于是逐渐有了分数的概念。之后在实际生产和生活中，由于人们进行测量、分物或计算时，往往不能正好得到整数的结果，为了更准确地表示需要细分的结果就产生了分数。分数几乎与自然数一样古老。

二、分数的意义

在“数与代数”领域，从自然数到分数是数概念的一次扩展。分数与自然数一样是计数单位的累加，是量的抽象；只不过自然数是“1”的累加，而分数是单位“1”均分后产生分数单位的累加。分数与自然数有内在联系，但是分数与自然数又有很大的差异性：读法不同、写法不同、外形不同，更重要的是分数概念较为抽象，而且有多种含义，显示了分数自身的多元性和独特性。

（一）分数可以表示关系

分数不仅能表示事物自身部分与整体的关系，还能表示事物间的倍比关系。

第一，分数可以表示部分与整体之间的关系。

分数包括真分数、假分数（带分数），而真分数表示的意义很好地诠释了分数表示部分与整体的关系。如真分数$\frac{4}{5}$，脱离具体情境单纯阐述其意义，即把单位“1”平均分成5份，表示其中的4份就是$\frac{4}{5}$。无论这个单位“1”是一个物体，是一些物体，还是一个计量单位，$\frac{4}{5}$都表示把这个整体平均分成5份后其中的4份，这样一部分所对应的量的大小，明确显示了部分与整体之间的关系，与具体的数值无关。

真分数表示一个事物或一个整体的一部分，其本质在于它的无量纲性。比如，足球个数的$\frac{1}{2}$与足球场面积的$\frac{1}{2}$，它们所代表的实际意义是完全不同，但是在讨论分数大小时又是相等的。但是对于“相等”的使用一定要慎重，特别是对于与“记数”有关的事物。仍以$\frac{1}{2}$为例，$\frac{1}{2}=50\%$，二者是等价的，但是，二者的意义不完全相同。如投篮球训练，连续投30次投中15次，与投2次投中1次，这两种情况投中次数都是投篮次数的$\frac{1}{2}$，命中率都是50%，但明显前者的命中率显得更稳定一些，而后者可能是偶然的。

第二，分数可以表示数量间的倍比关系。

不管哪种书写形式的分数，都可以表示数量间的倍比关系，是分数作为分率的本质特征。如一盘桃子的个数是一盘苹果个数的$\frac{1}{2}$，表示这盘桃子个数是一盘苹果个数的一半；四（1）班男生人数是女生人数的$\frac{5}{4}$，表示如果把四（1）班女生人数平均分成4份，这个班男生人数就相当于这样的5份，也就是说四（1）班男生人数是女生人数的一倍多一些。这些事例说明分数能够表示两种量之间的倍比关系，也印证了分数与除法关系，说明分数既可以表示计算结果（用分数表示除法的商），又可以表示运算过程。

同理，分数与比的关系，更是数量间倍比关系的体现。如一杯糖水中糖与水的比是1∶20，显然这杯糖水中糖占水的$\frac{1}{20}$。当然这些事例比比皆是，均能从分数、除法和比的关系角度加以理解，如下对比练习能更好说明。

案例片段一

课件出示：情境图。

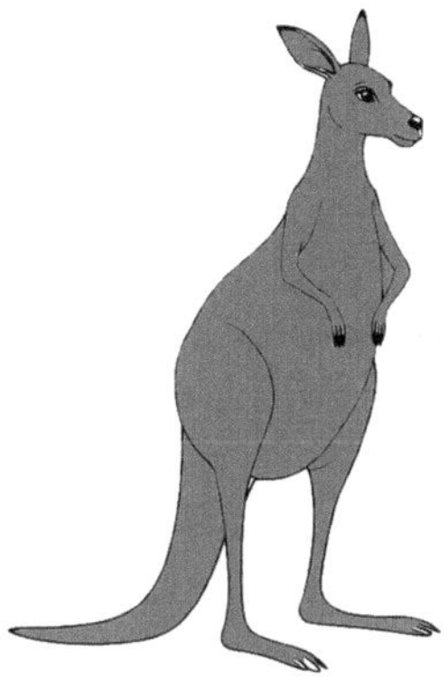

72 千克

12 千克

师：从图中你了解到哪些信息？

生一：从图中知道一只袋鼠的体重是 72 千克，一只梅花鹿的体重是 12 千克。

师：你能自己提出一个数学问题并解答吗？

生一：这只袋鼠的体重是这只梅花鹿体重的多少倍？算式是 $72\div12=6$，说明这只袋鼠的体重是这只梅花鹿体重的 6 倍。

生二：这只梅花鹿的体重是这只袋鼠体重的几分之几？算式是 $12\div72=\frac{1}{6}$，说明这只梅花鹿的体重是这只袋鼠体重的$\frac{1}{6}$。

师：对比这两位同学的问题和解答方法，你发现了什么？

生：求一个数是另一个数的几倍与求一个数是另一个数的几分之几，都是用除法计算，都是计算一个数与另一个数的倍比关系是多少；区别在于结果比 1 大时，我们一般说谁是谁的几倍，结果比 1 小时，我们一般说谁是谁的几分之几。

同一情境下解决问题的对比，更能帮助学生体会到用整数除法解决的倍数问题，因自然数延伸到分数后，而解决问题拓展到了用分数解决的倍比关系问题。

（二）分数可以表示数量

分数作为有理数出现的一种数，它能和其他的数一样表示数量的大小、参与数的运算。史宁中教授在《核心问题——小学数学教学中的基本概念与运算法则》一书中指出，分数本身首先是数。课堂教学过程中运用折一折、画一画、涂一涂等动手操作，借助几何直观，强化学生对“数”的感悟，建立起关于数的直觉、形的直观，对于学生未来的发展非常重要。

案例片段二

师：请同学们从课前准备的不同形状的纸片中，任取一张，折一折或画一画，找到一张纸的$\frac{1}{2}$并涂色表示出来。完成后在小组展示交流，说一说你的想法。

学生动手操作后进行小组内交流，教师巡视了解情况，选择不同学生展示汇报（用形状不同的纸表示的$\frac{1}{2}$）。

生一：我选择了圆形纸片，把圆形纸片对折就把它平均分成了 2 份，其中的 1 份就是这张纸的$\frac{1}{2}$，2 份中任意 1 份涂色就表示它的$\frac{1}{2}$。

生二：我选择了正方形纸片，用直尺连接正方形的对角线就把它平均分成了 2 份，其中的 1 份涂色就表示它的$\frac{1}{2}$。

生三：我选择了三角形纸片，把它对折就是把三角形平均分成了 2 份，其中的任意 1 份涂色就表示它的$\frac{1}{2}$。

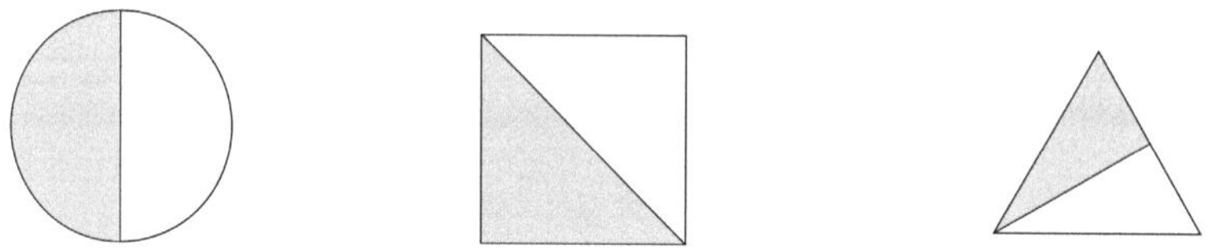

$\frac{1}{2}$　　$\frac{1}{2}$　　$\frac{1}{2}$

师：这几个同学虽然选用了不同形状的纸片，但都用自己的方法表示了所选纸的$\frac{1}{2}$，从中你发现了什么？

生：只要是把一张纸平均分成 2 份，其中的 1 份就表示$\frac{1}{2}$，跟纸的形状、大小无关。

师：那如果是一条线段呢？你能从 1 米长的线段上找到它的$\frac{1}{4}$吗？拿出学习单，试一试。

学生在学习单上试着找$\frac{1}{4}$，教师巡视了解情况，然后组织学生汇报交流。

生：把 1 米长的线段平均分成 4 份，其中的每 1 份的长都是这条线段的$\frac{1}{4}$。

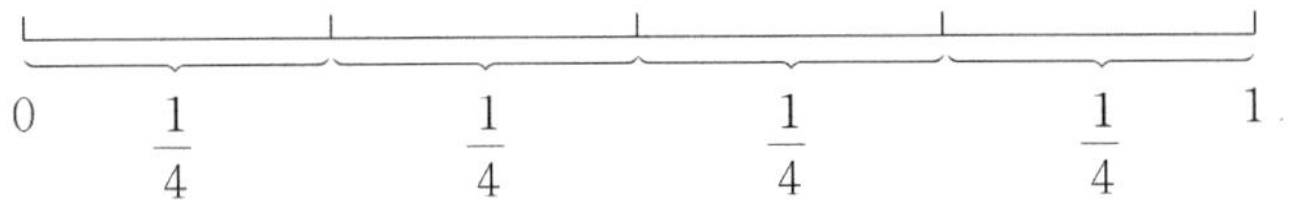

师：图中这样的 1 份表示$\frac{1}{4}$，这样的 2 份呢？

生：这样的 1 份是$\frac{1}{4}$，2 份就是$\frac{2}{4}$。

师：这样的 3 份呢？（$\frac{3}{4}$）你能用数轴上的点，表示出你喜欢的一个分数吗？

学生自主选取数轴上的点表示一个分数，教师巡视后组织交流展示。

在教学中，首先由学生对不同形状的纸进行平均分，涂色得到$\frac{1}{2}$，聚焦于$\frac{1}{2}$这个分数表示一张纸的一半，与纸的形状、大小无关，经历从众多实际事物中抽象出分数$\frac{1}{2}$的过程。与整数认识过程从现实世界的事物数量抽象出自然数一样，沟通了整数意义与分数意义的联系。如整数 1 可以表示 1 个苹果、1 米的绳子、1 张纸等；分数的$\frac{1}{2}$可以表示 1 个苹果的$\frac{1}{2}$是$\frac{1}{2}$，1 米绳子的$\frac{1}{2}$是$\frac{1}{2}$，一张纸的$\frac{1}{2}$是$\frac{1}{2}$等，帮助学生实现计数意义上的迁移。

其次让学生在 1 米长的线段上找到$\frac{1}{4}$，认识$\frac{2}{4}$、$\frac{3}{4}$的过程中，领悟分数也是数出来的，是分数单位的累加。再到开放性练习，学生自己在数轴上，用点表示任意一个分数，把分数与整数放到了一起，帮助学生充分感受分数是自然数的扩充。张奠宙教授在《小学数学教材中的大道理——核心概念的理解与呈现》中曾提出，建议把分数标记在数值线上，能直观实现分数认识与整数认数方法的对接和类比。

这样学生经历了用面积表征认识分数、用线段表征认识分数，到用数轴表征认识分数，始终围绕分数意义的理解与具体情境相结合，使抽象的概念不再孤立，更符合学生的认知过程，增强学生的学习兴趣。数形结合中加深认识分数本身首先是一个具体的数，主动关联整数的学习经验，初步了解数认识的一致性，直观体会到分数是自然数的扩充，理解分数是数系扩展的数学本质。

（三）分数既可以表示数量又可以表示关系（两个角度，数量和关系都可以数出来，分数乘除法中数与率的对应关系）

分数作为一个数能表示具体数量的多少、大小，与自然数一样可以数出来，可以比较大小；与自然数运算实质是算计数单位一样，分数的运算是算分数单位，从数认识的角度体现了具有运算的一致性。除此之外，分数还可以表示数量之间的关系，也可以通过计数的方式得到。如每袋糖重$\frac{2}{5}$千克，3袋糖的重量是多少千克？“$\frac{2}{5}$千克”表示一袋糖的重量，是一个具体的数量，也可以说是1千克的$\frac{2}{5}$，表示一种数量间的关系；计算3袋糖的重量，可以通过累加分数单位计算出来。

认识分数、理解分数的意义之后，运用分数解决问题时，会进一步加深对量与率对应关系的认识。

案例片段三

课件出示：情境图。

同学们开联欢会布置会场，用的红气球占气球总数的$\frac{4}{9}$。一共用了多少个气球？

学生读题后，引导学生画线段图（如下所示）分析题意，明确把气球总数看作单位“1”，28个红气球对应的分率是$\frac{4}{9}$，气球总数的$\frac{4}{9}$就是这28个红气球，此时数量与分率之间是“等价”的。

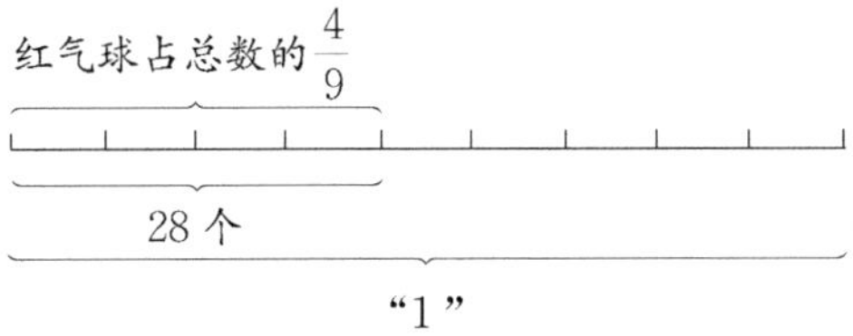

分数是个奇妙的存在，不仅解决了人们因度量和计算需要，整数不能准确描述的问题；还因其独特的内涵，记录着数与率之间对应的等价关系。随着学习的深入，我们将不断解锁分数的奥秘，深入认识分数的本质。

因数与倍数

“倍”与“倍数”内涵有所不同：“倍”从深层理解是“份”的另一种说法，建立在乘法概念的基础上，在实际教学中，是从“个”和“份”逐步抽象出来的数学概念；“倍数”指的是数与数之间的联系，它建立在“数的整除性”这个大概念的基础上，是在明确“整除”的前提下，与“因数”同时建立的。

“因数与倍数”内容是数学中非常重要的关于两个数之关系的基础概念，是“数与代数”领域基础知识的重要组成部分。在倍数的基础上衍生出公倍数和最小公倍数等概念，在因数的基础上衍生出公因数和最大公因数等概念。因数与倍数的本质在于告诉我们某个数的各种特征和数与数之间的关系。

一、创设生活情境，基于活动经验感知因数与倍数

“因数与倍数”内容在学生认知中没有明确的前概念存在，也不曾经历过，是纯数学的概念课。教学中要尽量避开抽象的告知式说教概念，结合生活情境帮助学生完成因数与倍数意义的建构。

案例片段一：借助生活情境感知因数与倍数

课件出示：某班 36 名同学上体育课，老师要求体育委员整成矩形队列即可。体育委员发现按老师的要求可以排成不同的队形，你知道可以怎样排队吗？用喜欢的方式表示出来。

学生读题。

师：从中你了解到哪些数学信息？

生：解决“36 名同学排成矩形队列”的问题，要确保排队的总人数是 36 人，队形成“矩形”就是长方形或正方形排队都符合要求。

师：理解了任务要求，同学们可以画图表示排队结果，可以用算式表示排队情况，还可以用自己喜欢的其他方式表示出来。

学生尝试独立解决问题，教师巡视了解情况。

组织不同表示方法的学生进行汇报、交流展示，教师给予适时鼓励性评价；同时教师有意识按顺序梳理，结果呈现如图所示。

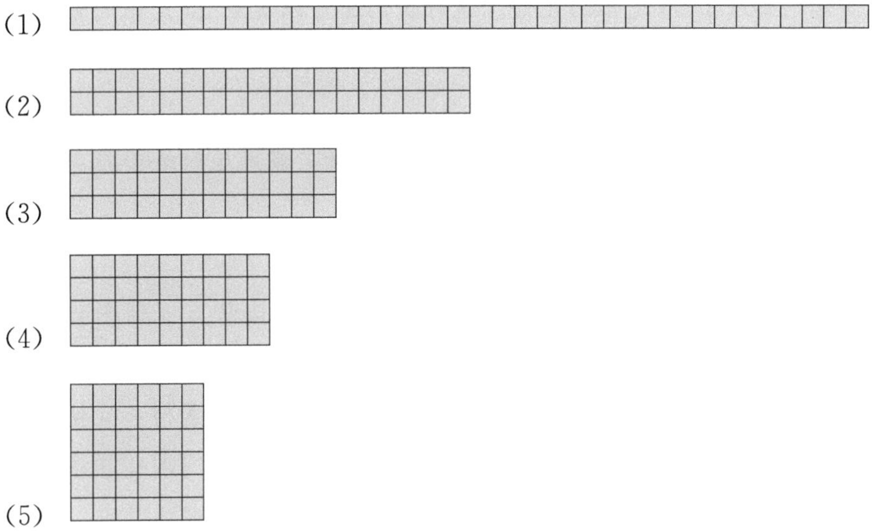

(1) 1×36=36（人）	36÷1=36（人） 36÷36=1（行）	1行36人
(2) 2×18=36（人）	36÷2=18（人） 36÷18=2（行）	2行，每行18人
(3) 3×12=36（人）	36÷3=12（人） 36÷12=3（行）	3行，每行12人
(4) 4×9=36（人）	36÷4=9（人） 36÷9=4（行）	4行，每行9人
(5) 6×6=36（人）	36÷6=6（人） 36÷6=6（行）	6行，每行6人

师：在排队的过程中，你发现了什么？

生一：36名同学排成矩形队列，有5种不同的排队方式。

生二：36除以几没有余数，或者说几和几相乘等于36时，就可以排成几行或按每行几人排队正好。

生三：除法算式不仅表示了同学们排队排成几行，每行几个人，还能根据除法算式知道 36 是谁的几倍。如 36÷2=18 说明 36 里面有 2 个 18 或者说 36 里面有 18 个 2，36 是 18 的 2 倍，36 是 2 的 18 倍。

……

师：同学们知道了 36 是谁的几倍，这时我们还可以说成 36 是谁的倍数，谁是 36 的因数。如 36 是 18 的 2 倍，36 是 2 的 18 倍，就可以说 36 是 2 和 18 的倍数，2 和 18 是 36 的因数。谁来这样说一说？

学生模仿练习描述谁是谁的倍数，谁是谁的因数，教师适时给予指导和鼓励性评价。

教学中创设排队情境，让学生根据 36 名学生的不同排队方式画图或写出算式或语言描述等，让学生充分经历用“因数与倍数”描述生活情境中问题的过程，初步感知因数与倍数的意义。既为因数与倍数概念的提出积累了素材，又初步感知因数与倍数的关系，为正确理解概念提供了帮助。这样根据知识的内在联系和学生的认知水平，在学生丰富了感性认识后，顺水推舟地揭示概念，水到渠成。

二、基于数形结合，借助几何直观理解因数与倍数

数与形结合的数学思想，对教师来说是一种教学策略，是一种发展性课堂教学手段；对学生来说又是一种学习方法。充分利用数与形的结合，变抽象为直观，有助于学生对知识感念的理解。

用 36 个任意图形代表 36 名同学的方阵排列问题（以 36 个完全相同的小正方形为例），其实就是探讨给定小正方形总量的方阵摆法。学生能够顺利地将 36 个小正方形摆成长方形或正方形（刚好用完且每一排的小正方形一样多，不能摆成中空的长方形）。然后教师引导学生观察应用各种排列方式找到 36 的全部因数，加深领悟因数的概念，同时借助几何知识直观发现所摆长方形或正方形的边长与 36 之间存在的因数与倍数关系。让学生充分经历“由形到数，再由数到形”的过程，为正确、深入地理解概念提供帮助。

案例片段二：在找因数基础上了解质数与合数

师：用 2—11 个小正方形分别可以拼成几种长方形（含正方形）？请同学们拼一拼并完成下表。

小正方形个数（n）	能拼成几种长方形（含正方形）	n的因数
2		
3		
4		
5		
6		
7		
8		
9		
10		
11		

学生动手操作，完成表格。

师：观察上表，你发现了什么？

生：2、3、5、7、11这些个数的小正方形只能拼成一个长方形，它们的因数个数只有2个，剩下的数的因数个数不止2个。

师：像2、3、5、7、11等数字，只有1和它本身两个因数，这个数叫作质数。一个数除了1和它本身以外还有别的因数，这个数叫作合数。1的因数只有1，1既不是质数也不是合数。

同理可以在学生经历动手操作过程中，观察发现数的奇偶性与小正方形所拼成长方形的关系，即2a（a是非零自然数）个小正方形一定能拼成用算式2×（ ）表示的长方形，2a是偶数，则2a+1是奇数。在丰富图形素材积累的基础上，学生感悟图形与数性质的对应关系，衍生出数的奇偶性、质数与合数等数的概念。

三、以数与式为抓手，从数量关系理解因数与倍数

在乘法算式中，两个因数相乘，得到的结果叫作它们的积，乘法算式表示的是一种相乘的关系。在除法算式中，两个数相除，得到的结果叫作它们的商，除法算式表示的是一种相除的关系。借助整数乘法和除法的数量关系可以帮助学生理解“因数和倍数”的相互依存关系。

如因数和积是乘法算式各部分的名称，以乘法算式3×12=36为例，我们还可以说3和12是36的因数，36是3和12的倍数。同理被除数、除数和商是除法算

式各部分的名称，以 36÷3＝12 为例，我们可以说 3 和 12 是 36 的因数，36 是 3 和 12 的倍数。由此可见，根据乘法算式和除法算式，都能判断出谁是谁的因数，谁是谁的倍数。因数和倍数的相互依存关系，决定了不能单独说谁是因数或谁是倍数，应该说明谁是谁的因数或谁是谁的倍数。

借助数的分解或数的组成也能帮助学生理解因数与倍数的关系，以“判断一个数是不是 2 或 5 的倍数为什么只看个位数”和“判断一个数是不是 3 的倍数为什么要看各位上数的和”为例来说明。

$36=3\times10+6\times1$

$375=3\times100+7\times10+5\times1$

其中 10、100 都是 2 或 5 的倍数，决定了十位、百位表示的数是 2 或 5 的倍数，所以只要个位上的数是 2 或 5 的倍数，这个数就是 2 或 5 的倍数，2 或 5 就是这个数的因数。

以此类推：

$$\begin{aligned}375&=3\times100+7\times10+5\times1\\&=3\times(99+1)+7\times(9+1)+5\times1\\&=3\times99+3+7\times9+7+5\times1\\&=3\times99+7\times9+3+7+5\\&=3\times99+7\times9+(3+7+5)\end{aligned}$$

其中 99、9 都是 3 的倍数，决定了（$3\times99+7\times9$）是 3 的倍数，括号中这个数正好是各个数位上的数字，所以只要这些数的和是 3 的倍数，这个数就是 3 的倍数，3 就是这个数的因数。

在数的性质和关系的研究中，都需要透过情境、信息等表面现象去抓住数学中不变的本质。因此借助变中不变的思想去抓住数学的本质，倡导学生不同形式的思考维度，突出数学本质，是我们解决数学问题的一个重要法宝，也是培养数学思考力的重要途径。

用字母表示数

我们教学的最终目的不只是学习知识，还是培养能够独立思考的学生。因此，发展学生的思维是我们教学的一个重要目标。而思维是对事物本质的一种反应，所以我们只有抓住本质才能发展学生的思维。

“用字母表示数”是小学生初步接触数与代数知识的启蒙课，是后续学习简易方程以及中学进一步学习代数知识的前提和基础，是学生由算术思维迈向代数思维的新起点，在数学知识整体结构和学生学习过程中起着至关重要的作用。那这一课知识的本质是什么呢？就是用字母表示一个不确定的量，然后用含有字母的式子表示另外一个和它相关联的量。数量关系是这两个量的纽带。因此在教学中，要紧紧围绕数量关系这一个知识本质来展开教学，从多个角度引导学生理解这一本质性的含义。

一、用字母表示不确定的数

学生的生活经验和数学学习经验给了学生很多的关于“数”的强化熏陶。许多学生认为，“数”是一个表示具体事物有多少的概念，是可确定的和已知的。让学生头脑中一下子建立字母也表示数的多少，对他们来说简直是不可思议，于是就出现了思维上的偏差和混乱。如果能够梳理清楚让学生建立“数”到“字母”（即已知确定→未知不确定）的思维联系，那么学生的思维就清晰了。这样，通过探究学习，学生的思维有了从具体到抽象的过渡，于是经历了数学史上的第二次飞跃，从具体的数到抽象的字母，即用字母表示数。

案例片段一

师：明明坐在第 3 列，用数对（　，　）表示。

生一：不能用数对表示。

生二：用（3，　）来表示。

师：逗号为什么空着？

生三：因为只知道列，不知道行数。

师：如果（3，1）是他的结果，你有什么想说的？

生：明明就在第3列第1行。

师：假如明明就坐在我们班教室里，明明的位置还可能是？

生一：（3，2）。

生二：（3，3）。

生三：（3，4）。

……

师：这么多种可能，明明的位置到底在哪呢？

生：不确定。

师：那你能想办法用一个数对来概括明明的位置吗？

生：（3，x）。

师：（3，x），是他的结果吗？为什么用字母表示？

师：对比（3，1）和（3，x），分别用1和x表示明明坐在第几行，有什么区别？

生：x表示很多种可能，不能确定，而（3，1）只表示第3列第1行这一种可能，是可以确定的。

师：（3，1）和（3，x），你认为用哪种方式表示明明所在的行比较好？

生：（3，x）能表示出明明所在的位置的所有情况，而（3，1）只能表示出第3列第1行这一种情况。

师：对！（3，1）只是明明所在位置的一种结果，而（3，x）概括了明明所在位置的所有结果，是不确定的。

当知道行数时，数是确定的、唯一的，可以用数字表示；当不知道行数时，用数字就无法表示，从而产生一种表征不确定数的需要。这样用字母表示数像呼吸一样自然产生，这样的教学找准了学生“数”的起点，找准了学生思维发展的路径，在不断对比、反复追问中感悟数的变化，让学生经历由具体到抽象的过程，体会用字母表示数的必要性和概括性，学生的符号意识得到培养，代数意识开始萌芽。

二、用字母式表示数量间的关系

在学习用字母表示数时，很多学生不清楚含有字母的式子也是一个结果。原有知识的学习，会让学生产生思维定式，即完整的解答过程必须写出具体的数值。很多时候学生已经根据数量关系列出含有字母的式子了，但依然感觉不够，对自己所列的式子表示怀疑，不敢下笔作答。学生经常会在表述观点时，习惯性列举具体的数值来形容某种关系，很难意识到这样的描述其实是一种关系搭建下的结果。

（一）用字母式表示数量关系

案例片段二

师：东东坐在明明的正后 2 行，明明坐在第 x 行，东东坐在第（　）行。

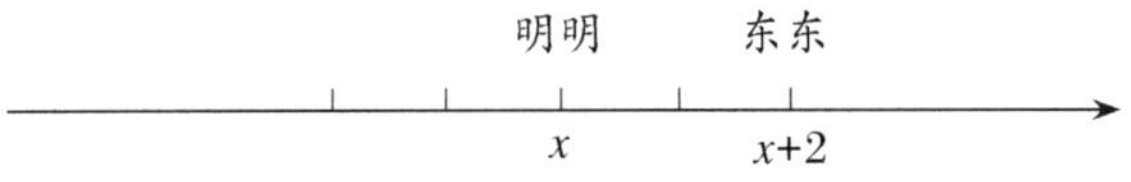

生一：（x＋2）行。

生二：y 行。

师对比：x＋2 和 y，你觉得哪个更准确些？

生一：x＋2 比较好。

生二：y 比 x＋2 更简洁。

生三：用 y 表示不能确定东东的具体位置在哪，而用 x＋2 表示可以看出他们俩的位置关系。

师小结：像这样 x＋2，含有字母的式子，叫字母式。

师：不管明明在第几行，只要知道明明的行数，就能根据他们俩的关系，知道东东的行数了。这就是用字母式表示的全面性和概括性。

师：什么情况下用 x＋2 表示，什么情况用 y 表示？

生一：知道某些条件或关系时就用 x＋2 表示。

生二：没有条件时就直接用未知数表示。

师：如果东东坐在第 y 行，而丽丽坐在东东的正前 3 行，丽丽可能坐在第（　）行，丽丽也可能坐在第（　）行。在数轴上表示一下看看。

生一：丽丽可能坐在第（y—3）行。

生二：丽丽也可能坐在（x—1）行。

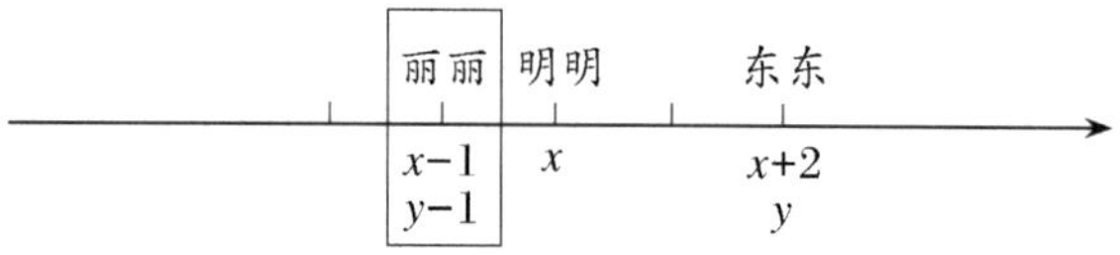

师追问：丽丽所在的行怎么既可以用 $y-3$ 来表示，也可以 $x-1$ 来表示？

生三：丽丽与东东比是 $y-3$，与明明比就是 $x+2-3$，也就是 $x-1$。

师：对！因为标准量不同，所以字母式不同，但表示的结果一样。

在含有字母的式子中，让学生理解如果两个量之间存在一定关系时，一个量用字母表示，另一个数量则用含有这个字母的式子来表示比较方便，进而培养学生的抽象思维能力。

（二）用字母表示运算定律和计算公式

通过以上的学习，我们已经知道用字母可以表示未知数，表示一个变化的数、一个不确定的数。用字母式不仅能表示一个变化的数，而且能反映出两个量之间的数量关系。运用字母表示运算定律和计算公式，能发展学生的符号意识。

案例片段三

师：看到 $a+b=b+a$，你想到了哪个运算定律？

生：加法交换律。

师：加法交换律可以用字母表示，那其他的运算定律怎么用字母表示呢？

学生回忆学过的运算定律的具体内容。

师：我们原来表示一个运算定律，要说一长段话，你们有什么感受？

生：太麻烦。

师：对！用文字描述不仅烦琐，还不能清楚地表示出内在的数量关系。

师：现在大家用字母表示出这些运算定律，用字母表示运算定律你又有什么感受？

生：非常简单。

生：一目了然，简明易记。

师（出示一个长方形）：这个长方形的长不知道多长，怎么表示？

生：可以用 a 表示。

师：那宽怎么表示？

生：可以用 b 表示。

师：那你知道这个长方形的周长和面积分别是多少吗？

生：周长是 $(a+b)\times 2$。

生：面积就是 $a\times b$。

师：非常棒，我们还可以用字母表示计算公式。圆的周长一般用 C 表示，面积用 S 表示。那圆的周长和面积公式怎么表示？

在教学过程中，要让学生在实际的活动中亲身体验，形象地感受到用字母表示运算定律和公式不仅简洁，还能够直观地表示出内在的数量关系，逐步形成一定的符号感。

学生对字母表示数的理解不是一蹴而就的，因此，教学中我们先让学生感受字母可以表示确定的数，再让学生尝试用字母表示不确定的数，最后再用含有字母的式子表示数量关系、运算定律和计算公式，丰富教学情境、调动学生参与度的同时，打破学生固有的思维定式，让学生深度理解数学的本质。

认识比

梳理有关比的历史文献，比的意义经历了一个逐步进化的过程。比最初的意义并不是算术中的除法运算，而是几何中同类量之间的“倍数关系”。随着算术与几何的融通，比逐渐从几何进入算术，逐渐与算术中的除法运算建立联系，才开始出现除法运算的意义，除法运算成为表达这种数量关系的方法。因此，比不是单纯的除法运算，是描述量与量之间的一种关系、一种对应、一种状态，只是在求比值时才用到除法运算。例如，3∶2 只是一种状态，3÷2 则是一种运算，二者意义不一样，但又有联系。

一、比表达的是同类量之间的倍数关系

比是在学生已经学习了除法与分数的基础上学习的。除法更加趋向运算的形式和结果，分数只能表示两个量之间的倍数关系，而比是一种特殊的数量关系，它强调的是量与量之间的倍数关系，更能直观具体地体现若干个数量之间的倍数关系，这是除法、分数做不到的。

案例片段一

以沏糖水 1∶8 为例，糖看作 1 份，水就看作 8 份。

板书 1∶8。

师：如果我们取 10 克糖，应该配多少克水呢？

生：80 克水。

师：如果是 20 克糖，配多少克水？

生：160 克水。

师：如果有 240 克水，需要多少克糖？

生：30 克糖。

师：能说得完吗？

生：说不完。

师：刚才在配糖水的过程中，你们有什么发现？

生一：糖扩大 2 倍，水也跟着扩大 2 倍；糖扩大 3 倍，水也跟着扩大 3 倍；糖扩大 4 倍，水也跟着扩大 4 倍。糖扩大几倍，水也跟着扩大几倍。

生二：不管怎么配，糖永远是 1 份，水永远是 8 份，也可以说，水的质量永远是糖的 8 倍。

师：还可以怎么表达？

生：糖占水的$\frac{1}{8}$。

师：什么变了？什么没变？

生：糖和水的质量有规律地变了，糖水的甜度没变。

师：你分析得非常细致，1∶8 这个比管着糖和水之间的关系，使得每次配的糖水都一样甜。

师：既然有了倍、份和分数，为什么还要学习比呢？比有没有独到之处呢？如果在这杯糖水里再加入 3 份橙汁，你觉得现在 3 个数量的倍数关系应该怎么表达？

生一：糖是水的$\frac{1}{8}$，橙汁是水的$\frac{3}{8}$。

生二：橙汁、糖和水的比是 3∶1∶8。

师：哪种表达更清晰准确？

生：除法、分数表达起来也不方便了，比的表达更清晰准确。

师：当出现更多量之间的“倍数关系”时，用比的形式表达会更清晰精炼准确。因为除法、分数只能强调两个量之间的倍数关系，而比可以表达多个数量之间的倍数关系。

比中的量与一般问题中的量也不同，在加法、乘法中的量一般都是固定的量，而在比中的量则是变量。比如，国旗长与宽的比是 3∶2，这个比表达了国旗长和宽的倍数关系，不代表国旗的长和宽一定是 3 米和 2 米，国旗的长和宽可以有规律地变，但是只要保证长和宽的比例不变，就能保证国旗的形状不变。

二、比由同类量间的“倍数关系”扩展为不同类量间的“相除关系”

比不仅可以表示这些糖与水、长与宽等同类量之间的倍数关系，还可以表示两个不同类量之间的相除关系。比的概念，还要进一步发展为四个量的比例关系，并为将来学习正比例函数做准备。下面结合图例来解读比由同类量间的倍数关系扩展为不同类量间相除关系的必然性。

将长方形纸 ABCD 对折，折痕是线段 MN（如下图），可以找到长度比，如 AM∶BM=1∶1，AD∶MN∶BC=1∶1∶1，AM∶AB=1∶2，CN∶CD=1∶2 等；还可以找到面积比，如长方形 AMND 面积∶长方形 ABCD 面积=1∶2，长方形 MBCN 面积∶长方形 ABCD 面积=1∶2 等，这些都属于同类量的比。仔细思考，还可以找到面积与长度的比，如长方形 ABCD 面积∶AB（长）=AD（宽），长方形 AMND 面积∶AM（长）=AD（宽），因为它们具有相等的宽，就可以表示为长方形 ABCD 面积∶AB（长）=长方形 AMND 面积∶AM（长）。面积与长度的比是不同类量的比，比由同类量的比扩展到不同类量的比，是知识发展的需要，体现了两个量相除的关系。

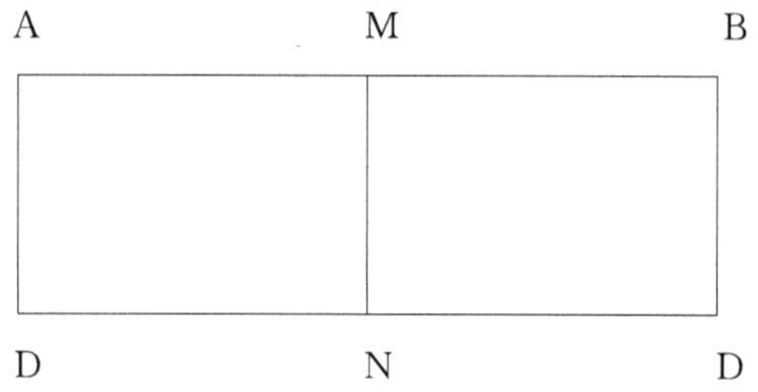

比由倍数关系扩展为相除关系时，引入“速度”素材作为不同类量比的代表，这是学生熟悉的、比较典型的用“除法”计算的数量关系。在学生的原有知识中，速度是单位时间里完成的路程，速度是除法运算的结果。而在学习比的认识之后，速度是路程与时间的比，速度是作为一种关系而存在的，路程和时间是两个不同单位的量，由于需求产生速度这一计算的结果，它既能表示这两个量之间的除法关系，也能表示两个不同类量的比。这种对速度的新的解释的过程，就是比作为改造而成的数学知识的运用过程。这一过程如何完成呢？

案例片段二

路程（千米）	时间（小时）	速度（千米/时）
240	2	
360	3	
480	4	
……	……	

师：请观察路程与时间两个量之间的关系，有什么发现？

生一：时间的变化一定带来路程的变化，速度和时间两个量是有规律地在变。

生二：时间与路程不论怎么变，始终是固定的关系。

生三：只要车在跑，时间与路程就不可能为0。

师：那路程与时间两个量可以写成比的形式吗？

生：可以，通过刚才的分析，路程÷时间＝速度，路程与时间的关系符合比的内涵，两个数的比表示两个数相除，所以，速度其实是路程与时间的比。

师：你还能举出这样的例子吗？

生一：总价÷数量＝单价，单价是总价与数量的比。总价÷单价＝数量，数量是总价与单价的比。

生二：工作总量÷工作时间＝工作效率，工作效率是工作总量与工作时间的比。工作总量÷工作效率＝工作时间，工作时间是工作总量与工作效率的比。

师：你发现了什么？

生一：比总是与两个相除的量连接在一起。

生二：我们在举一反三时的窍门就是与除法运算相连。

师：看来两个有关联的不同类量之间只要存在除法关系，就可以写成比的形式。

速度是“路程和时间”比的量化结果，是路程和时间两个量衍生出的一个新的量，这个新的量还可以理解为“后项为1”的比，因此用复合单位来记录，如120千米/时。两个不同类量之间比的出现，是在同类量比的基础上进化的，这样的进化使得表达不同类量之间的关系成为可能。正是这样不同类量之间比的关系使得“率”以及正比例的想法得以生成。从这个层面看，不论是两个同类量的比还是不同类量的比，都是为了形成新旧知识之间的推理联系，因此给两个数量的比重新下定义，即两个数的比表示两个数相除。

三、沟通比与除法、分数的联系

有了比的除法关系，使得除法、比和分数等重要的数学概念，被组织成了一个综合贯通、相互联系的整体结构。同样表示除法关系的比、分数、除法，形式不同，在不同的场合需要用到不同的形式，要在实际情境中，善于沟通它们之间的联系。例如下面呈现的案例，就是一节创新课，学生在分橘子的情境中，通过不同方法解决问题的表达，进而沟通了比与分数、除法之间的联系，下面让我们一起走进这个案例。

案例片段三

师：老师这有140个橘子，把这筐橘子按3∶2分给咱们班的女生和男生，应该怎样分？

生一：想3个2个、3个2个这样拿，直到拿完为止。

生二：我觉得现在橘子数量太多了，如果一直3个2个地拿，太麻烦。实际上按3∶2来分的意思就是女生3份，男生2份，还是先算出来再分比较简单。

师：我们知道比与分数、除法有密切的联系，你能应用以前的知识来解决这个问题吗？请你尝试做一做。

生一：按3∶2分给女生和男生，可以理解为女生占总共的五分之三，男生占总共的五分之二。找到部分与整体的关系，我们就可以用前面学习的分数应用题的方法来解决。

$3+2=5$，$140\times\frac{3}{5}=84$（个），$140\times\frac{2}{5}=56$（个）。

生二：按3∶2分给女生和男生，也就是总数看成5份，每份同样多，可以先求出一份是多少，再计算女生的3份是多少，男生的2份是多少。

$3+2=5$，$140\div5=28$（个），$28\times3=84$（个），$28\times2=56$（个）。

生三：还可以列方程来解答。设每份数为x个，那么女生分得3x个，男生分得2x个，根据数量关系式男生分得个数＋女生分得个数，可以列出方程$3x+2x=140$。求出x就是每份的个数，最后再求出女生3x有84个，男生2x有56个。

师：对比这三种方法，你能找到这三种解法之间的联系吗？

生一：三种解法有一种对应的关系，比如$140\times\frac{3}{5}$对应28×3和3x，$140\times\frac{2}{5}$对应28×2和2x。

生二：都体现了部分量与总量之间的关系，3∶2两部分量加起来就是总量5份，对应着$3+2=5$，$3x+2x$。

师：看来在解决实际问题时，应认真分析数量关系，熟练切换分数、除法、比的关系，选用自己喜欢的方法来解答。

一旦建立起知识之间的联系，将碎片化知识结构化，理解水平就达到了一个新的层次，就具有了“站起来环顾四周”的能力。

综上所述，比是比较的认知活动，是对事物之间量的比较的过程，在比较过程中发现关系，而后对关系进行表达，运算是这一过程中可能使用的工具。因此在比的教学中，应当更加全面地呈现比的意义，让学生不仅体会比的运算意义，还要注重体会关系是比的本质，除法、分数是比的形式和现象，使得学生对比的理解更加全面和深刻。

认识比例

人教版六年级下册第四单元，既教学“数与代数”领域，还教学“空间与图形”领域的知识，把不同领域的教学内容有机融合是本单元一大特点。本单元是在比的基础上进行教学，图形放大或缩小是认识比例的现实素材，比例能揭示图形放大或缩小的数学含义，而且解决图形放大或缩小、比例尺的实际问题要应用比例的知识。需要教师把两个领域的内容融合并发挥数形结合的作用，才能有效提高教学效率，增强学生用数和图形描述现实问题的意识和能力，丰富解决问题的策略，发展对数学的积极情感。

一、揭示概念来源，构建模型

本单元有许多重要的基础性概念，如比例的意义、比例的基本性质、比例尺、正比例的意义、反比例的意义等。这些概念揭示了数学中的重要规律或关系，并且与解比例等技能或用比例解决问题密切相关。因此，教学中不仅仅需要记住概念的描述，更重要的是要理解这些概念，并能正确地加以应用。要理解概念，关键是要理解知识的本质和要素。例如，比例的本质是一个等式，描述的是两个比值相等的比之间的关系。在通常情况下，比例尺是一个形式上相对固定的比，即图上距离与实际距离的比，且把前项或后项化简为“1”。而概念的应用是指能用概念做出判断或解决问题，必然是以理解概念的本质和相应的数量关系为基础的。因此，教学中要多给学生提供有效的材料，让学生判断、思考并表达思维过程，促进理解。

案例片段一

第一，观察情境，初始对应。

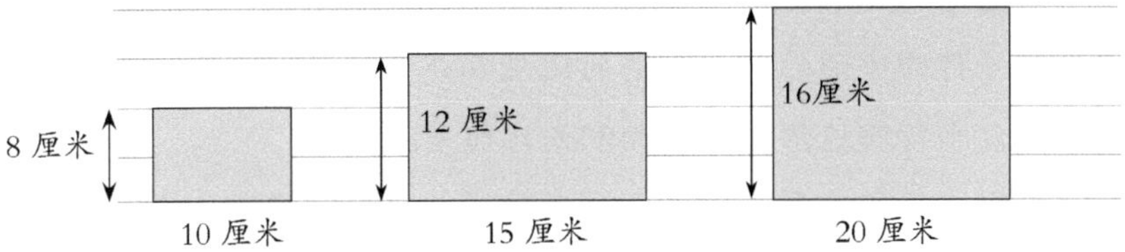

师：请同学们仔细观察这几组数据，你有什么发现吗？填写下面表格。

宽（厘米）	8		
长（厘米）	10		

生：我发现这三个长方形的长有倍数关系，比如 15∶10＝1.5，20∶15＝1.5。

生：我发现它们的宽也有这样的倍数的关系。12∶8＝1.5，16∶12＝1.5。

师：同学们能用等式表示两个比值相等的比吗？

生：15∶10＝20∶15，12∶8＝16∶12。

生：10∶8＝15∶12，20∶16＝15∶12。

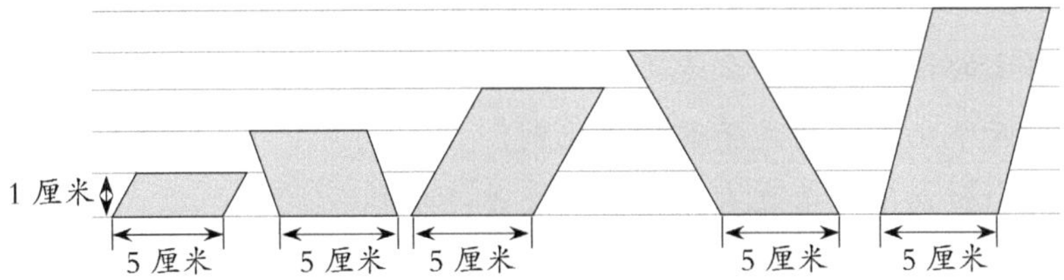

师：同学们，这里有一组平行四边形，从图中你了解到哪些信息？有什么发现？

请认真观察，试着填完整下表。

高（厘米）	1			
面积（平方厘米）	5			

师：仔细观察图和表，说说你有什么发现。

生：平行四边形的底不变，面积随着高的变化而变化。

生：平行四边形的底不变，高越长，面积越大；高越短，面积越小。

生：我发现平行四边形的面积与高的比值都是5。

生：也可以说平行四边形的高与面积的比值是1∶5。

生：我还发现平行四边形每增加1厘米的高，面积就增加1个5平方厘米。

第二，抽象建构，理解比例意义。

师：大家的发现真多，这里的每个平行四边形的面积与高之间的比值都是5，如5∶1＝5和20∶4＝5。像这样两个比的比值相等，也就是两个比相等，我们可以用等号连接，写作5∶1＝20∶4，像5∶1＝20∶4这样的等式，叫作比例。

师：从刚才的这些数据中，你还能组成哪些比例？试着写一写。

生：这组数据中，底边长度不变，每个平行四边形的面积与高之间的比值都是5，因此任意两个平行四边形的面积与高的比都可以组成比例，如5∶1＝20∶4，10∶2＝15∶3，25∶5＝20∶4等。

生：从数据中还可以得到，底边长度不变，每个平行四边形的高与面积的比值也是相等的，都是$\frac{1}{5}$，因此任意两个平行四边形的高与面积的比也可以组成比例，如1∶5＝4∶20，2∶10＝3∶15。

师：如果继续往下画图，你还能根据图的规律，试着再写出几个比例式吗？

生：可以，只要满足比值是1∶5。

师：用自己的话说说“什么是比例”。

生：表示两个比相等的式子就叫作比例。

师：同学们能自己举出具有比例关系的式子吗？

生：8∶1＝16∶2，15∶3＝5∶1，100∶10＝200∶20，……

师：这两种量中相对应的比值（也就是商）总是一定时，这两种量就叫作成正比例的量，它们的关系叫作正比例关系。

由以上可知，从学生已有的解题经验出发，借助对“相等的比”的理解、掌握，为建立比例概念做知识铺垫，在此基础上根据图的规律尝试再写几个比例式，是基于对这组有关联的数据的充分利用；运用发展、变化的观点，进一步感知两个对应量之间的依存关系，帮助学生在解决问题过程中感悟相关联的量，从而进一步理解比例的意义。

二、“变”与“不变”，渗透函数思想

函数是描述客观世界变化规律的重要数学模型。函数思想方法是运用运动和变化的观点、集合和对应的思想去分析问题的数量关系，通过类比、联想、转化合理地构造函数，运用函数的图像和性质，使问题得以解决。函数思想的核心是事物的变量之间有一种依存关系，一个量随着另一个量的变化而变化，通过对这种变化的探究找出变量之间的对应法则，从而构建函数模型。虽然在小学中没有正式引入函数概念，但函数的思想、雏形随处可见。比例知识反映了生活和数学中最基本、最常见的数量关系和变化规律，是重要的数学模型，蕴含了基本的函数思想。

案例片段二

一种笔销售的数量与总价的关系如下表。

数量/支	1	3	7			……
总价/元	2	6		16	22	……

师：这张统计表怎么填完整？

师：你是怎么思考的？

生：总价÷数量=单价（一定）

杯子的底面积与水的高度的变化情况如下表。

底面积/平方厘米	10	15	20	30	60	……
水的高度/厘米	30		15			……

师：谁会填这个表？

生：因为杯子体积不变，10×30=300，20×15=300，所以300÷15=20，300÷30=10，……

师：真好。那么你刚才说的体积不变是怎么求的？

生：底面积×高=体积（一定）。

小轿车的价格和保险费的关系如下表。

车价/万元	3	4	10	20	22	……
保险费/元	1000	1200	2156	3728		……

师：这个表格为什么填不出来？

生：因为车价和保险费的变化没有规律，没有不变的量。

师：请观察上面3个表格，它们有什么相同的地方？

生：它们都是一个量变化，另一个量也随着变化。

师：像这样一个量变化，另一个量也随着变化，我们就把这两个量称为两个相关联的量。

通过数量与总价、底面积与高和小轿车的价格与保险费这三组感性材料，让学生认识变量与不变量。同时从一般出发，引导学生抽象出概念的基本特征，如果一个量变化会引起另一个量变化，那么这两个变量就叫作两个相关联的量。

师：什么是两个相关联的量？

生：一个量变化，另一个量也随着变化，叫作两个相关联的量。

师：谁能结合第1个表格来说说看谁和谁是两个相关联的量？

生：总价和数量是两个相关联的量。

师：你是怎么知道的？

生：因为数量变化，总价也随着变化，所以数量和总价是两个相关联的量。

师：第2个表格呢？

生：因为底面积变化会引起高变化，所以底面积和高是两个相关联的量。

师：第3个表格呢？

生：因为车价变化会引起保险费变化，所以车价和保险费是两个相关联的量。

一批面粉的数量与质量的关系如下表。

数量/袋	1	2	4	7	11	……
质量/千克	30	60	120	210	330	……

平行四边形的面积与底的变化情况如下表。

面积/平方分米	42	60	72	90	120	……
底/分米	7	10	12	15	20	……

一段布用去的米数和剩下的米数如下表。

用去的米数/米	80	100	120	130	150	……
剩下的米数/米	120	100	80	70	50	……

师：这里还有 3 张表格，请你观察一下每个表格中的两个量，它们是不是两个相关联的量？

生：第 4 个表格是两个相关联的量，袋数变化，质量也随着变化。

师：那第 4 个表格中什么量是不变的？怎么求？剩下的两个表格呢？

生一：总质量÷袋数＝每袋的质量（一定）。

生二：面积÷底＝高（一定）。

生三：用去的米数＋剩下的米数＝总米数（一定）。

师：现在这里一共有 6 个表格，你能按一定标准对它们进行分类吗？

生一：第 3 个表格是一类，其余表格是一类。我是根据有不变量的为一类，没有不变量的为一类。

生二：我是根据不变量的求法来分类的，第 1 个、第 4 个、第 5 个表格都是用除法一类，第 2 个表格是用乘法一类，第 3 个表格是没有不变量为一类，第 6 个表格是加法为一类。

师：像第 1 个、第 4 个、第 5 个表格中的两个相关联的量，相对应的两个数的比值一定，这两个量叫作正比例的量，它们的关系就是正比例关系。

师：怎样的两个量叫作正比例的量？

师：例如第 1 个表格中的谁和谁是正比例的量？

生：总价和数量是正比例的量。

师：你是怎么知道的？

师：第 4 个表格呢？

生：因为袋数和质量是两个相关联的量，相对应的两个数的比值一定，所以袋数和质量是正比例的量，它们的关系是正比例关系。

师：第 5 个表格就请同桌互相说一说吧。

师：第 6 个表格中这两个量不也是两个相关联的量吗？

生：不是，因为它们是和一定，不是比值一定。

师：第 2 个和第 3 个表格呢？

师：你还想到了什么一定也不成正比例？

师（小结）：判断两个量成不成正比例关系，必须具备哪些条件？

生：一是有两个相关联的量；二是相对应的两个数的比值一定。

师：如果老师用字母 x 和 y 表示两个相关联的量，k 表示它们的比值一定，你能用一个关系式表示吗？

师：你能举出生活中正比例关系的例子吗？

师：阅读下面小明的日记（第一段）。

星期六，忙碌了一周的爸爸决定带我去公园放松一下。很快，在家门口我们高兴地坐上了预约的出租车。坐稳后，我看到车内贴着一张计费标准：3 千米内起步价 10 元，3 千米以上每千米 2.2 元（不足 1 千米的按 1 千米计算）。通过问爸爸，我知道我们家到公园是 8.3 千米。我想，一共需要多少元车费呢？

师：请同学们用自己喜欢的方式表示。

行驶里程	3千米以内	超过3千米的部分
收费标准	10元	每千米2.2元（不足1千米按1千米计算）

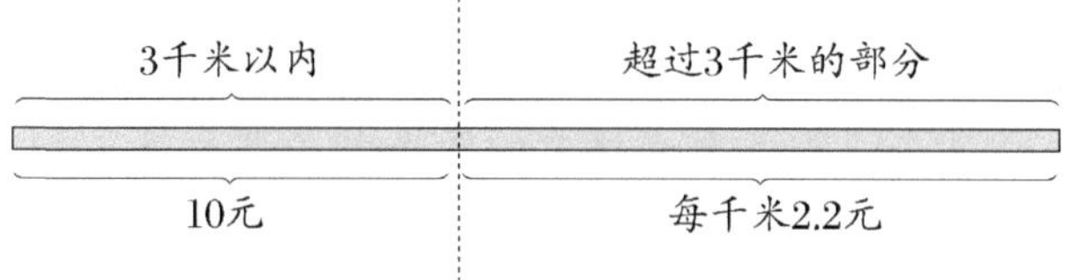

师：请同学们观察，能用一个表达式表达它们的关系吗？

师：x 与 y 的关系不再是正比例的关系，希望同学们课下进行研究、讨论。

通过上述素材，概念的本质属性凸显出来，学生对概念内涵的理解从文字层面进入实质层面。当一个量不变时，另一个量与结果的变化是有规律的，两个量形成比，如果比值一定，可以用等式表示，这个等式就是比例。通过最后一组素材，初步让学生感受一次函数的关系，这样的设计，关注知识的体验过程，渗透大单元及函数思想。

总之，比例的相关知识以及比例的应用都有赖于对概念的理解和掌握。在教学中，老师要通过观察、比较、判断、归纳等方法，帮助学生建立清晰的概念、把握概念的内涵，同时通过应用加深对概念的理解和掌握。在教与学的交互中，老师的引导促进了学生的真实体验，让学生经历了数学知识形成的过程。在这一过程中，学生的数学核心素养会得到提升。

整数加减法

数与运算是小学数学教学的重中之重，主要涉及整数、分数、小数的认识与运算。小学数学阶段的运算主要有加、减、乘、除四种。从运算的意义来看，加法是所有运算的源头。因为减法是依据加法来定义的，是加法的逆运算，乘法是加法的简便运算，除法是乘法的逆运算。而整数加减法在小学数学运算知识系统中又占有基础性地位。所以，对整数加减法的研究是研究其他数域、其他运算的基石。

一、从运算的意义理解整数加减法

（一）整体与部分的关系

在数与运算的教学中，不仅需要以数的概念为基础，也需要以运算的意义为基石。加法本质上是等价关系，是两个部分与一个整体相等关系的表达。比如 1＋2 和 3，通常可写成 1＋2＝3，用符号“＝”连接可视为 1 与 2 这两个部分与 3 这个整体的相等关系。所以，计算 1＋2 时，不仅仅是数的增加和数数活动的开展，而是把加法看成一种把部分归成整体的运算。而减法就是从整体中分离出部分。比如 3＝2＋?，可以看成整体 3 可以分割成部分 2 和部分多少，即减法是加法的逆运算。

案例片段一

仔细观察下图，一共有多少个气球？你是怎么想的？

你能用小圆片（或小棒）摆一摆刚才的过程吗？

合并用“＋”表示，请你试着用手势表示出合并。

生：左边3个气球，右边1个气球，一共有3＋1＝4个气球。

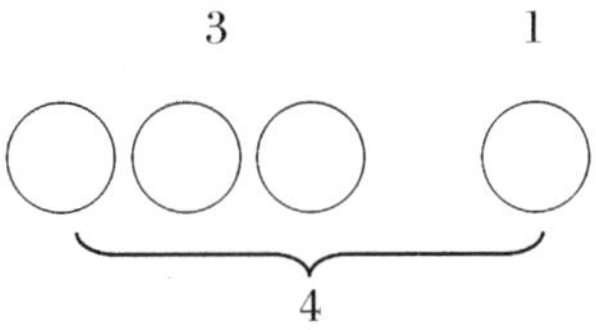

板书：3＋1＝4。

师：把两部分合并在一起，求一共有多少，用加法计算。

师：你能用加法运算编故事吗？

生一：哥哥早上吃了4个包子，我吃了2个，我们一共吃了多少个包子？

生二：我有3支铅笔，又买来5支铅笔，现在一共有几支铅笔？

生三：班里图书角有10本书，同学们又带来了20本书，现在一共有多少本书？

……

师：生活中有很多很多加法故事，你可以用一句话来描述所有的加法故事吗？

生四：把物体或东西合在一起，一共有多少，就用加法。

生五：“东西”不够准确，也可以说把几个部分合在一起。

师：这个“部分”总结得真巧妙。所以，加法就是“合并”，将两部分合并在一起，成为一个整体。

因此，从运算的意义来说，加法的本质就是合并，即把两个数合并成一个数的运算。在加减法的运算中，主要表现为——加法（“部分＋部分＝整体”）和减法（“整体－部分＝部分”）。

（二）左右两个量相等的关系

数学研究的是数学概念之间的关系，而加法突出的是两个量之间的相等关系，即左边＝右边。这同时揭示了“＝”的本质含义，也就是符号两边的量相等。

案例片段二

创设情境：妹妹有3个苹果，哥哥有4个苹果，两人谁的苹果多？为什么？

生：哥哥的苹果多，因为 4 比 3 大（多）。

师：4 比 3 大也可以说成 3 比 4 小。

师：如果妈妈又给了妹妹 1 个，这时两人谁的苹果多？

生：一样多，因为现在妹妹和哥哥都是 4 个苹果。

师：怎么用算式表示出妹妹现在的苹果数量呢？

生：3＋1＝4。

师：也就是左边妹妹的 3＋1 个和右边哥哥的 4 个，是一样多的。

前面学会的“比多少”“比大小”是本课学习的基础，学生在数数、比较中复习“对应关系”“等价关系”。等号代表两边的等量，即一样多，是以平衡的关系判断等式，等号不再只是代表运算结果的符号，也可以解释为“左右两边相等”“左右两边一样多”“左右两边一样大”等。加号表示在原有的数量上增加，“妈妈再给妹妹 1 个苹果”就用“＋1”表示。学生在认清情境中所包含的对应关系、等价关系中，构建出加法算式，从中逐渐感悟到加法运算的本质：通过较小数量的增加达到新的“同样多”，加深理解“＝”的意义，而后对增加的数量用“加”来表征，抽象出加法算式。

从加法运算可以产生减法，借助刚才的情境来设计。

案例片段三

创设情境：妹妹有 3 个苹果，哥哥有 4 个苹果，两人谁的苹果多？为什么？

生：哥哥的苹果多，因为 4 比 3 大（多）。

师：4 比 3 大也可以说成 3 比 4 小。

师：如果哥哥吃掉 1 个，这时两人谁的苹果多？

生：一样多，因为现在哥哥和妹妹都是 3 个苹果。

师：怎么用算式表示出哥哥现在的苹果数量呢？

生：4－1＝3。

师：也就是右边哥哥的 4－1 个和左边妹妹的 3 个，是一样多的。

这样，学生感悟到加法和减法是互为逆运算的，学生慢慢体验、感悟到减去一个自然数比原来的数小。

二、从运算的原理探究整数加减法

加法运算所依据的是基本定律，从逻辑上可以看出加法运算的合理性。比如 24＋3，根据结合律可得 24＋3＝（20＋4）＋3＝20＋（4＋3）。

根据交换律可得 20＋（4＋3）＝（4＋3）＋20，借助计算的过程帮助学生明白其算理，体现在运算法则上就是“相同数位上的数才能直接相加”。

案例片段四

出示例题：一年级小朋友折纸鹤，小丽已经折了 24 个，还想再折 3 个。小敏已经折了 30 个。小丽一共要折多少个？小丽和小敏已经折了多少个？

学生列出两个算式：24＋3，24＋30。

通过读算式，引导学生对两个加法算式产生自己的认识：一是两个算式的和不相等，二是第 1 个算式的和小于第 2 个算式的和，三是两个算式的和都可以用一个数来表示。

分小组探究算理——

方法一：摆小棒。

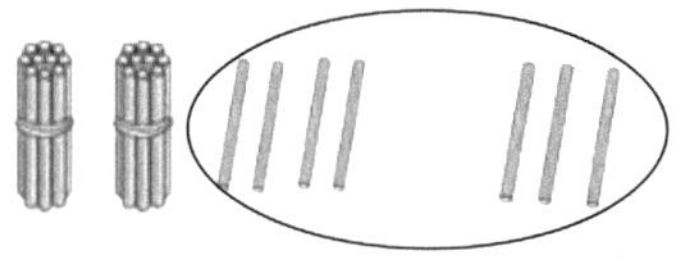

摆2捆和4根表示24，摆3根表示3。

摆2捆和4根表示24，摆3捆表示30。

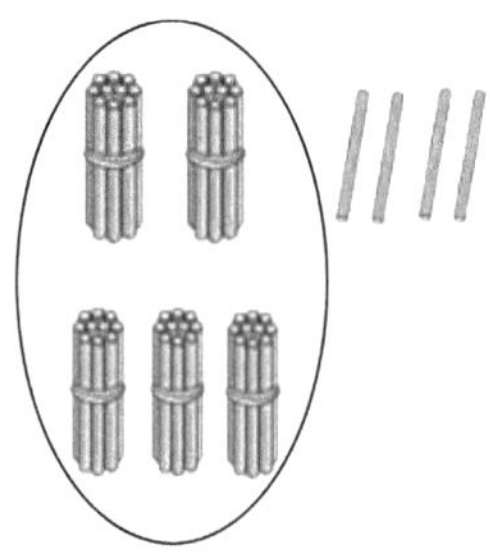

引导学生思考发现：第1个算式中4根与3根是同一类小棒，与2捆不同类；第2个算式中2捆与3捆是同一类小棒，与4根不同类。所以，同类的小棒可以直接相加，不同类的小棒不能直接相加。

方法二：计数器。

在十位上拨2颗珠子，在个位上拨4颗珠子，表示24；再在个位上拨3颗珠子，表示加3。

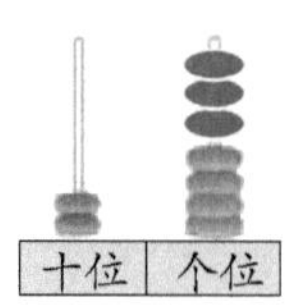

在十位上拨2颗珠子，在个位上拨4颗珠子，表示24；再在十位上拨3颗珠子，表示加3个十，也就是30。

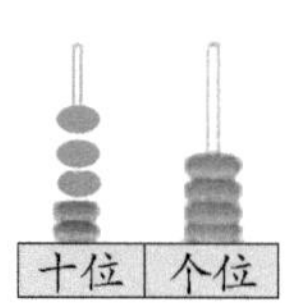

方法三：百数表。

从百数表中找到24，第1个算式从左往右接着数数，第2个算式从上往下接着数数。

1	2	3	4	5	6	7	8	9	10
11	12	13	14	15	16	17	18	19	20
21	22	23	24	25	26	27	28	29	30
31	32	33	34	35	36	37	38	39	40
41	42	43	44	45	46	47	48	49	50
51	52	53	54	55	56	57	58	59	60
61	62	63	64	65	66	67	68	69	70
71	72	73	74	75	76	77	78	79	80
81	82	83	84	85	86	87	88	89	90
91	92	93	94	95	96	97	98	99	100

引导学生思考发现：第1个算式中4个一与3个一是同类数，与2个十不是同类数；第2个算式中2个十与3个十是同类数，与4个一不是同类数。所以，单位相同的数能直接相加，单位不同的数不能直接相加。

低年级学习加法借助小棒、计数器和百数表，运用加法的运算定律对加法算式进行逻辑分析，理解加法运算的基本原理，即“相同数位上的数才能相加”。其运算过程就是结合律和交换律的运用过程。

案例片段五

出示信息：运动会上，A看台有356人，B看台有247人。请你提出一个数学问题。

生：两个看台共坐了多少人？

学生尝试先估算再用自己喜欢的方法计算。

选择不同的方法进行展示、讲评。

组一：6+7，个加个。

50+40，十加十。

300＋200，百加百。

356＋247＝13＋90＋500＝603。

组二：300＋200，百加百。

50＋40，十加十。

6＋7，个加个。

356＋247＝500＋90＋13＝603。

组三：356＋247＝356＋200＋40＋7＝556＋40＋7＝596＋7＝603。

组四：356＋247＝603。

$$\begin{array}{r} 356 \\ +247 \\ \hline 603 \end{array}$$

师：比较上面的方法，你有什么发现？

生一：口算和列竖式算都是个与个相加，十与十相加，百与百相加。

师：也就是相同的计数单位才能相加。

生二：个位上的数相加满十，要向十位进1，十位上的数相加满十要向百位进1。

师：那我们在计算时，从哪一位算起更科学合理？

生：相同数位对齐，从个位算起。

师：对，计算整数加法时，我们把相同数位对齐，就是为了保证相同的计数单位相加。从个位算起，相加满十向前一位进1。那整数减法呢？请你举例试一试，并说一说计算方法。

学生在举例减法的计算中，体验整数减法与加法一样，是相同计数单位才能相减。当不够减时，向前一位退1当10。

核心概念是认识数学本质的源头，中高年级在学习整数加减时，以“计数单位”为核心概念，作为逻辑推理的依据，可以划归为“基于计数单位的运算”。归根到底就是相同计数单位相加减，即计数单位不变，计数单位个数的累加和递减。

整数乘法

乘法是数学中的基本运算之一，在小学阶段的涵盖面很广。整数乘法分四个阶段进行教学：表内乘法，两位数、三位数乘一位数，两位数乘两位数，三位数乘两位数。乘法口诀表是所有乘法运算的基础。所有的两位数、三位数的整数乘法都是从表内乘法衍生出来的。整数乘法运算的本质就是计数单位和单位个数的表达。接下来让我们走进乘法计算的系统，探索整数乘法运算的本源。

一、站在加法的角度看乘法

小学乘法的意义具有非常丰富的内涵，其基本意义是“求几个相同加数和的简便运算”。学生对乘法运算有一定的生活经验，但对于乘法的意义理解并不是特别深刻。乘法的初步认识是学生学习乘法的种子课，是乘法知识体系的起点，它既是对加法的优化，同时也体现了数学抽象的基本特征。学生掌握乘法的基本意义，可以帮助理解乘法口诀的来源和含义，为解决相关的实际问题提供依据，也为以后学习奠定基础。根据皮亚杰（Piaget）的认知发展理论，低年级学生处于具体运算阶段，思维运算必须有具体的事物支持，其直观思维比重大，因此需要在具体情境中分析、理解、抽象、概括乘法的意义。在教学中，我们应基于学生已有的生活经验，从学生感兴趣的情境入手，提出问题，让学生利用已有的经验进行计算，由同数相加的特殊性引入乘法，让学生感悟乘法的简洁之美。

案例片段一：乘法的初步认识

第一，出示火车图。

师：现在我们来玩小火车喽！你能说说你观察到的信息并根据信息提出一个数学问题吗?

生：小火车里共有多少人?

师：能用一个算式表示吗?

生：5+5+5+5=20。

师：为什么是4个5相加？

生：因为每节车厢里坐了5个人，有4节车厢，所以是4个5。

师：现在我再加一节车厢，一共有多少人？（5个5相加）为什么变成了5个5？那么算式该怎么变？

生：再加个5。

师：我继续加一节车厢，一共有多少人？（6个5相加）算式呢？

生：再加个5。

师：现在你发现了什么？

生：一共有几节车厢就有——几个5相加。

师：10节呢？

生：5+5+5+5+5+5+5+5+5+5。

师：还要再加上几个5？

师：一共有多少人？（10个5）请你写一写。

师：写这个加法算式的时候，你有什么感觉？

师：100个5呢？有什么简便方法？

生：可以用乘法。

师：4个5相加可以写成5×4。

师：那算式中的5表示什么？

生：每节车厢有5个人。

师：能从加法算式中找到4吗？

生：有4节车厢。

师：5×4不仅可以表示4个5，还可以表示5个4。

师：5节车厢呢？

生：5×5。

师：6节车厢呢？

生：5×6。

师：5×6表示什么？

生：6个5或5个6。

师：那现在我们看5×4等于多少呢？

生：5加5等于10，10加5是15，15加5是20。

师：也就是说我们要 5 个 5 个地数，对吧！让我们一起来数一数。

生：5、10、15、20。

师：5×5＝25，5×6＝30。

师：5＋4＋3 能不能写成乘法算式？为什么？

生：不能，因为加数不相同。

师：乘法算式和加法算式比较，你想说什么？

生：乘法算式写起来真简单！

师：只是写起来简单吗？

生：读起来也简单。

师：你能根据你的理解选一个算式画一画吗？

乘法的源头是加法，加法的源头是计数。案例中通过对同数连加算式特点的认识，让学生体会加法的局限和烦琐，充分感受乘法产生的必要性。乘法运算不仅用加法算出来，还让学生数出来，感悟数的认识和数的运算具有内在的一致性。刘加霞老师认为乘法的基本意义是“等量组的聚”，就是解决“几个几的和”的问题。在乘法的学习中，应让学生尽量多地结合“数数”与“连加算式”，体会乘法的含义。同时，基于乘法需要经历“数数”，由“几个几”与“几乘几”进行比较沟通，把“数数”分为两类，一类是根据图示直接数数，一类是对连加算式进行数数。进而依据数数的结果（几个几）进一步数学化，让学生完整地经历乘法基本含义的由来。因为取消了被乘数与乘数的区分，理解了乘法的意义，还可以让学生动手画一画，从不同的角度理解一个乘法算式。

乘法口诀则可以帮助我们记忆。为了快速得到运算的结果，产生了表内乘法。

二、多位数乘法的教学，从未知到已知的转化

探寻乘法运算的算理与算法，当然可以简单地还原成加法，这样做乘法就找到了源头。但如果一直这样，乘法就永远是攀附在加法上的藤蔓。因而，乘法要建构自己独立的算理与算法。

（一）口算乘法是理解多位数乘法算理的基础

整十数乘一位数是整数乘法的第一次“突围”，也为以后学习整百数、整千数乘一位数打下基础。如 20×3，学生根据表内乘法的经验，会想到 2×3＝6，后面再加上一个 0 就是 60。这时候我们要渗透位值制的思想，为什么加上一个 0 呢？本

质是 2 个十乘 3 等于 6 个十，6 个十是 60。200×3 呢？就是 2 个百乘 3 等于 6 个百。迁移到 2000×3 就是 6 个千。由此可见，乘法的运算就是计数单位个数的运算。20×30 呢？（2×10）×（3×10）运用乘法交互律和结合律，（2×3）×（10×10）等于 6 个百，10 个十是一百，10 和 10 相乘产生了新的计数单位百，2 乘 3 依然表达的是计数单位的个数。由此也可以看出表内乘法以及十进制计数法是多位数乘法运算的基础。

（二）多位数乘法基于运算律让学生感悟从未知到已知的转化

多位数乘法教学把每一个数都基于计数单位进行分解，利用交换律、结合律，将计数单位上的数字与计数单位上的数字相乘、计数单位与计数单位相乘，得到新的数字与新的计数单位。新的计数单位与新的数字相乘，得到部分积。最后，将两个部分积相加即为最终的运算结果。

两位数乘一位数教学借助几何直观，通过动态的演示，学生感受先分后合，也就是从整体到局部，再从局部到整体的过程。两位数乘两位数算理和算法的探索基于“两位数乘一位数”的学习，让转化的思想在这里生根、发芽。

案例片段二：两位数乘两位数

师：同学们做操，每行 14 人，有 12 行，一共有多少人？

生：12 个 14，列式 14×12。

师：这个算式和以前的算式有什么不同？

生：这个算式是两位数乘两位数，以前只学习过两位数乘一位数。

师：现在回忆一下，两位数乘一位数我们是怎样想的？

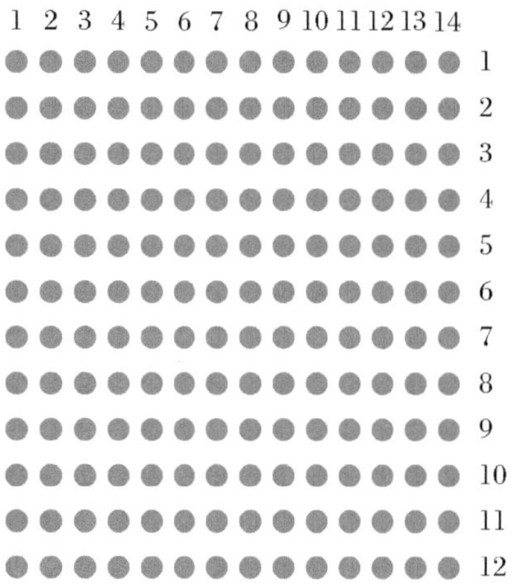

生：把两位数分成整十数和一位数，分别和那个一位数相乘，再把两个积相加。

师：如果我们用点子表示这些同学，那你们能尝试自己算一算吗？

学生汇报。

生一：我把 12 行分成两个部分，先算 14×6，然后再乘 2。

生二：我把 12 行分成三个部分，先算 14×3，然后再乘 3。

生三：我把 12 分成 10 和 2，先算 10 行的人数 14×10，再算 2 行的人数 14×2，最后再把两次乘得的结果加起来。

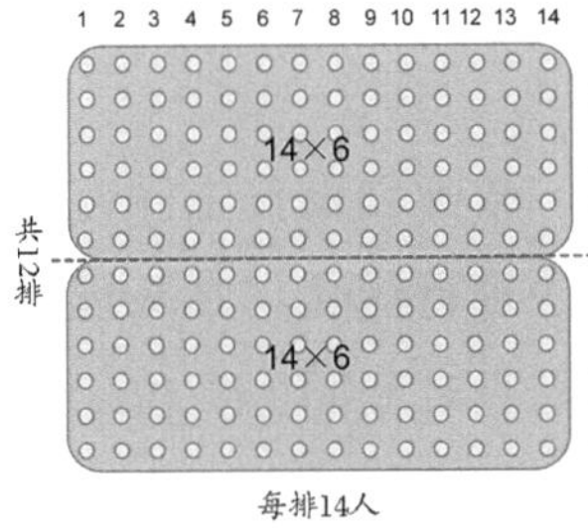

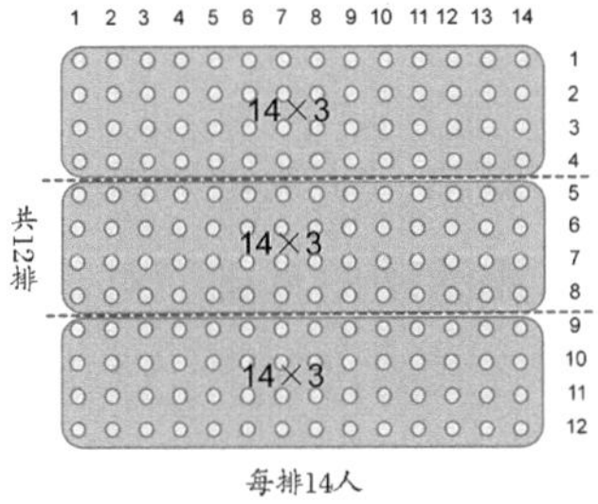

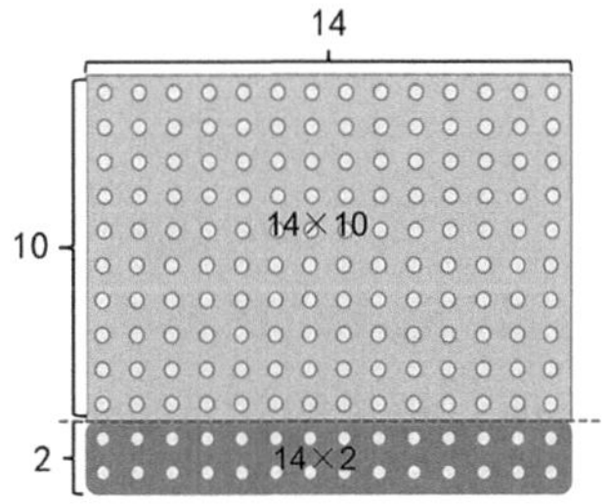

师：这三种思路都很好，有没有共同的特点？

生：都是把两位数乘两位数转化成了我们以前学过的乘法。

生：有的转化成了两位数乘整十数，有的转化成两位数乘一位数。

师：通过“拆”把新知识转化为旧知识，通过“合”用旧知识解决了新问题，这是数学中的一种非常重要的数学思想，叫“转化”。

生：我有一个问题，我是把 14 分成 10 和 4，把 12 分成 10 和 2，10×10，再加上 4×2，好像结果和别人不一样。

师：那你能把你的思路在点子图上表示出来吗？

生：好像不能。

师：那我们一起来看看。

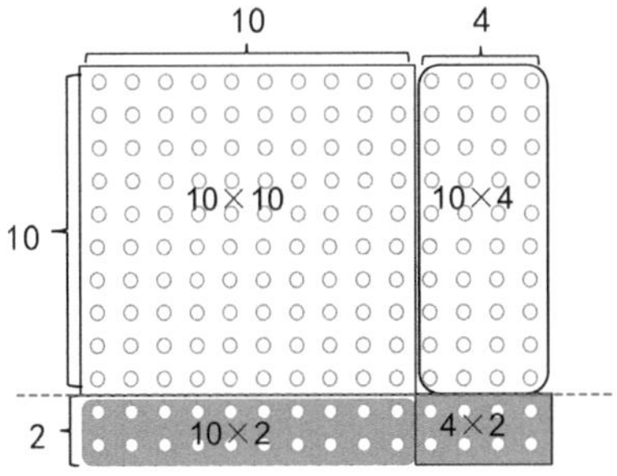

生：老师，我知道我问题出哪了，这样做的话，丢了两部分。

师：这么多的方法，你喜欢哪一种？

（学生纷纷发表自己的见解）有喜欢第一种的，有喜欢第二种的，还有喜欢第三种的。老师没有给予肯定或否定。

师：现在大家尝试计算 23×11。

大多数同学都用 23×10+23×1。

师：现在大家试试怎么把你的思路用竖式表示出来。

列竖式的过程实际就是厘清思路、从算理到算法的过程。教师创设自主探究的空间，让学生在思考、尝试、交流活动的基础上对笔算的方法进行优化，真正理解算理，积累数学活动经验。在列竖式的过程中让学生充分感受只有相同的数位才能相加，这就和加减法的道理是一致的。充分发挥点子图的作用，不仅让学生看到每一层在点子图中表示的哪一部分，还要看清每一步表示点子图上的哪一部分。这样通过点子图就能看清得到的结果，把数的运算的教学和数的认识的教学有机融合在一起，突出数与运算的一致性。

顺流而下，后面的三位数、四位数整数乘法，从过程来看，位数越多，步骤越多，难度越大。但从思维方式上看，算理和算法并没有多大变化，都可以从两位数乘两位数直接迁移过来，通过拆分，把未知转化成已知。在不同方法的讨论、对话与思辨中，理解算理、优化算法、掌握算法，让学生感受到“法中有理、理中得法”，培养学生的运算能力和推理意识。

我们常说：“比知识重要的是方法，比方法重要的是思想。”整数乘法教学从两位数乘一位数种下转化思想种子，到两位数乘两位数思维种子的生长，到三位数乘两位数扎根，计算教学重在培养学生的思维路径，让学生形成结构化的知识体系，这也是发展学生数学核心素养的重要体现。

整数除法

一、从实际分物谈平均分

对除法概念本质的理解就是“平均分”，而学生对平均分本质的理解，直接关联除法意义的理解，为除法意义的建立提供表象基础和理论依据。对“平均分”概念的学习，要经历感知—抽象—概括—巩固四个阶段，教学重点应放在引导学生经历平均分的过程及建构平均分的概念本质上。无论是“等分”的情境，还是“包含”的情境，都要让学生体会到是平均分的活动。

学生只有充分经历平均分物的过程，逐步熟悉平均分的过程及方法，理解到“要根据总数和份数，选择合适的平均分方法，把总数分成若干份，每份分得同样多，没有剩余”的深度，才能真正明确“平均分”的含义。学生充分参与平均分的活动，积极探索怎样分才能达到平均分的要求，进而感知从相同的结果中感受虽然分的思想和路径不同，但最终都达到了“每份一样多”这个标准，也就是平均分的标准。从这个意义上讲，平均分不但是一种操作方式，也是一种分配结果。

关注学生已有的生活体验，学生虽然还不知道平均分，往往不会实际做到平均分，但是他们的潜意识里就是要平均分，这是学生的生活经验，因为他们觉得这样分才公平。那么如何引发学生真实“分”的需求呢？围绕分糖果这条主线情境来构建对平均分的理解，体会平均分的特殊之处——“每份分得同样多”，引导学生在合理的情境中形成相应的活动表征，揭示平均分的本质属性。

案例片段一

师：今天老师带了六颗糖果，要奖给昨天讲题最出色的三个学生。

师：把三个学生请上来，分别给了他们一颗、两颗、三颗糖果，六颗糖果正好分完。

生：不对，不能这么分！

师：既然这么分不行，那我就再分一次，分别给三个学生一颗、一颗、四颗，六颗也正好分完。

生：也不行，这样分不公平！

师：为什么呀？我都是分给了三个学生啊！

生一：因为他们每个人分得的不是同样多！

生二：既然他们都是讲题最出色的，您不能偏心，要分一样多才公平！

生三：分得最少的学生会有点不高兴的！

师：谁来帮老师分一分？

生一：每个人直接给两颗，就分完了。

生二：先每人分一颗，剩下三颗，再每人分一颗，最后每人都得到了两颗。

师：每个人分得的数量同样多，就是平均分！怎么平均分？可以几个几个分，也可以一个一个分，重要的是怎么“分”。看来无论怎么分，只要分得的结果是每份同样多，都是平均分。

从相同的结果中感受到虽然分的方法不同，但最终都达到了“每份一样多”这个标准，也就是平均分的标准。学生充分参与了平均分的产生过程后，不仅掌握了平均分的方法，也对平均分的含义有了进一步的认识，形成了相应的活动表象，这是学生理解除法必备的认知基础与经验储备。

二、从细分计数单位谈除法算理

除法竖式建立在理解平均分意义之上，学生应深入理解除法竖式每一个数的含义，沟通除法算法与算理的联系，从整体上理解数与运算的一致性——所有运算都可以还原成计数单位的运算，以促进学生对整数除法算理一致性的理解，揭示本质，促进运算能力发展。

数学的学习要从学生的生活经验和已有的知识出发，还原数学知识的形成过程。“怎么算”即为算法，“为什么这样算”即为算理，理法相融才能理解除法意义。小棒图—分小棒—竖式记录，渗透数形结合的思想，沟通图—式—意之间的关系，让学生能准确算、清楚算、合理算。

学习除法竖式计算时，借助“分小棒”的任务驱动探究 52÷2，让学生的思考有依靠。学生从分小棒的过程可以感受到：最初从小单位（根）分起，需要分三次，而且对应的除法竖式，写起来很烦琐，而从大单位（捆）分起，只需要分两次就得到了结果，这种分法更简便；从写竖式的角度去看，从高位算起可以更完整地展现思考和计算的过程，学生能对除法竖式中的每一步表示的意义非常明确。从“捆”到“十”，从“根”到“个”，当“捆”有剩余时，需要拆开和“根”合并到一起继续分。学生在分小棒过程中充分感受到分的过程就是计算的过程，先平均分完几个十，再平均分几个一，如果十位上剩余就和几个一合并到一起继续细分。这样从实践活动中感悟到整数除法的本质就是计数单位的细分，对于算理的理解就会更直观、更具体。

案例片段二

师：52÷2得多少？请你动手摆一摆，并尝试根据摆的方法列出除法竖式。

生动手操作，教师巡视。

生汇报。

生：先分2根，每人1根，2÷2=1；再分捆，把5捆平均分成2份，每份2捆，剩下1捆，40÷2=20；然后把剩下的1捆拆成10根，平均分成2份，每分5根，10÷2=5；最后，把三次平均分的结果合在一起，得出52÷2=26。

师：竖式怎么表示的？

生：先从个位算起，把2平均分成2份，每份是1，商的个位写1；再算十位，把5个十平均分成2份，每份是2，商的十位写2；但是还剩余1个十，需要把1个十，看成10个一，继续平均分，每份是5，这个5可以在商的个位上继续补充。

师：大家对这种分法和列竖式的方法有什么想法？

生：这种分法太麻烦了，最后笔算的商还需要把21和5加起来，太乱了。我们以前学的除法竖式，商是直接看出来的。

生：我们有更简单的分法，先把5捆平均分成2份，每份2捆，剩下1捆，40÷2=20，还剩1捆；再把1捆打开，也就是10根和原来的2根合起来平均分，也就是再把12根平均分，每份是6根；最后把两次平均分的结果合在一起，得出52÷2=26。

师：除法竖式怎么写的？

生：先从5捆里拿出4捆来分，每份分到2捆，所以竖式这里写2，这个4指的是已经分掉了4捆，也就是40根。分完以后，还剩余1捆，把1捆和剩余的2根合起来就是12根，把12根平均分成2份，每份就是6根，所以商这里写6，2乘6等于12，正好分完，12表示分走的。

师：回答得很细致，把每一步都分析得清清楚楚！这两种分法有什么不同？都分了几次？你喜欢哪一种？

生：第一位同学分了 3 次，第二位同学分了 2 次。我喜欢第二种分法，因为只分了 2 次，分得比较快。

师：是呀，我们先从捆分起，也就是从十位算起，实际分了 2 次，所以我们用两层竖式，这样分的过程就会非常清楚。

教师引导学生理解除法竖式的价值，理解“分的过程”，将“分的过程”与“除的步骤”相结合，理解每一步计算的结果是怎么得到的。除法竖式无论从高位还是低位算起，都可以得出结果，但通过对比后进行选择，从高位算起的计算规则更适合所有类型的除法。

学生在自主探究中发现问题、提出疑问，并借助说理工具“小棒”解释清楚了算理，笔算除法顺利完成从“一层式”到“两层式”的跨越，那么以后“两层式”到“多层式”的笔算除法只需要继续迁移。此时，需要帮助学生梳理知识脉络，笔算除法其实平均分的就是计数单位。

案例片段三

师：表内除法，平均分的是几个一，整十数除以一位数，平均的是几个十，两数除以一位数，先平均分几个十，再平均分几个一，十和一是计数单位。

师：如果我再增加一个计数单位百，三位数除以一位数，我们应该怎样平均分呢？

生：先平均分几个百，再平均分几个十，最后平均分几个一。

师：如果继续增加不同的计数单位，多位数除以一位数，我们应该怎样平均分呢？

生：从高位向低位依次平均分。

师：那这都是平均分的什么呢？

生：计数单位。

师：从而我们看出，除法就是从高位依次平均分计数单位的过程。

师：同学们真的很了不起，不仅学会了两位数除以一位数的计算方法，还把除法的本质都给挖掘出来了。

学生从实践活动中感悟整数除法的本质就是计数单位的细分，对于算理的理解变得更直观、更具体。学生理解除法竖式的价值，理解“分的过程”，将“分的过程”与“除的步骤”相结合，理解每一步计算的结果是怎么得到的。学生利用分实物的经验产生先分大单位、再分小单位的学习需求，大单位分完有剩余，再和小单位合并到一起继续分，初步感受整数除法计算就是计数单位的细分。老师沟通算理与算法之间的关系，引导学生亲历整体架构，直击整数除法本质。

小数加减法

小学阶段“数与运算”主题下的教学内容主要包括整数、分数和小数的认识及其四则运算。谈到数的运算，就不能不谈数的概念。数的概念与数的运算是具有一致性的，这也是数的运算一致性的前提和基础。整数、分数、小数本质上是一脉相承的，都是基于计数单位构建的。因此，从意义关联的角度建构数的概念与数的运算的一致性，是运算一致性的内涵基础。

在运算中，整数运算是小数运算、分数运算的基础。整数运算的算理可以推广、迁移到小数和分数的运算中。就运算的意义而言，所有的运算都可以还原成加法，加法是所有运算的基础。从运算的方法而言，所有的运算都可以还原成计数单位与计数单位上的数字的运算，其本质就是计数单位及计数单位的个数累加或递减。

因此，教学中要紧紧抓住“计数单位”这个核心概念，建立起以“计数单位”为统领的加、减、乘、除运算的整体结构，让学生在学习活动中不断感悟数的运算在本质上的一致性，从而促使学生在学习通理通法的过程中加深对运算本质的理解，提升学生的运算能力和推理能力。

“小数加减法”是人教版数学四年级下册的教学内容，数学课程标准对第二学段教学的“一致性”要求是“在认识整数的基础上，认识小数和分数，通过数的认识和数的运算有机结合，感悟计数单位的意义并了解运算的一致性”。而在学习本单元之前，学生已经学习了小数的意义和性质，掌握了整数加减法的竖式计算方法、整数四则运算法则及运算定律，会进行简单的一位小数的加减计算。基于此，引导学生将整数加减法的算理和算法自觉迁移到小数加减法的运算中，为学生学习小数加减法提供便利，也为后续教学分数加减法埋下伏笔。

一、多层次理解“小数点对齐”的本质内涵

三年级学习的小数加减运算中的两个数都是一位小数，末尾对齐也是相同数位

对齐。然而，这样会给教学小数位数不同的加减法带来认知冲突和负迁移，当然这也是教学中需要突破的难点。教学时学生可以迁移已有计算经验快速掌握算法，但也需要引导学生从算理的角度理解末尾对齐就是小数点对齐，从不同层次深刻理解小数点对齐的本质内涵。

案例片段一

师：在之前的学习中，我们学习了一位小数加减法。数学乐园文具店开业了，里面有好多的文具呢，我们一起去看看吧。

师：开业大优惠，每人只能买两种文具，你想买哪两种呢？一共要花多少钱？

学生尝试自主完成列式和计算过程，可以用文字、画图或竖式，你觉得怎样清楚就怎样表达。

交流方法：倾听学生的表达，在表达中互相补充完整。

生：0.8 元＝8 角，0.6 元＝6 角，8 角＋6 角＝14 角，14 角＝1.4 元。

师：还有不同的方法吗？

生：还可以用列竖式的方法。

$$
\begin{array}{rc}
 & \text{元角} \\
 & 0.8 \\
+ & 0.6 \\
\hline
 & 1.4
\end{array}
$$

师：计算小数加减法时，应该注意什么？

生：在用小数直接加时，在竖式的上面也可以写上单位，目的是要将相同数位对齐，这和整数加法的道理是一样的。

板书：数位对齐（计数单位相同的数才能直接相加减）。

师：我们继续研究复杂的小数加减法，请看题目。

课件呈现：6.45＋4.29，6.45＋8.3，4.29＋8.3，6.45－4.29，8.3－6.45，8.3－4.29。

师：这些算式中，哪道算式你觉得比较难或容易算错？

学生自由回答，说明理由。

选择“6.45＋8.3”先进行探究。

师提问：那结果到底是多少？你能列竖式算一算吗？

展示学生作品：

$$\begin{array}{r} 6.45 \\ +\ {}_{1}8.3 \\ \hline 7.28 \end{array} \qquad \begin{array}{r} 6.45 \\ +\ {}_{1}8.3\ \ \\ \hline 14.75 \end{array} \qquad \begin{array}{r} 6.45 \\ +\ {}_{1}8.\ \ 3 \\ \hline 14.48 \end{array}$$

追问：你同意哪一种？为什么 7.28 是错误的？请你说出理由。

生：借助估算可以知道两本书的价格会比 14 元多。

$$\begin{array}{l} 6.45+8.3\approx14\text{（元）} \\ \ \downarrow\qquad\ \ \downarrow \\ 6\quad+\ \ 8=14\text{（元）} \end{array}$$

生：还可以借助已有知识经验判断，知道小数点要对齐。

师追问：笔算小数加减法数字该如何对齐？为什么？

第一，出示活动要求。

写一写：借助文字、画图等方式来说明你的理由并记录在学习单上。

说一说：将你的想法与同桌相互交流。

第二，展示不同计算过程。提问：你看懂了哪个计算过程？请你选择其中一个说一说。若其余学生看不懂则请作者来表达说明。

（1）6.45 元＝6 元 4 角 5 分

8.3 元＝8 元 3 角

$$\begin{array}{r} 6\text{元}4\text{角}5\text{分} \\ +\ \ 8\text{元}3\text{角}\quad\ \ \\ \hline 14\text{元}7\text{角}5\text{分} \end{array}$$

（2）6.45 元＝645 分

8.3 元＝830 分

$$\begin{array}{r} 645\text{分} \\ +\ \ 830\text{分} \\ \hline 1475\text{分} \end{array}$$

（3）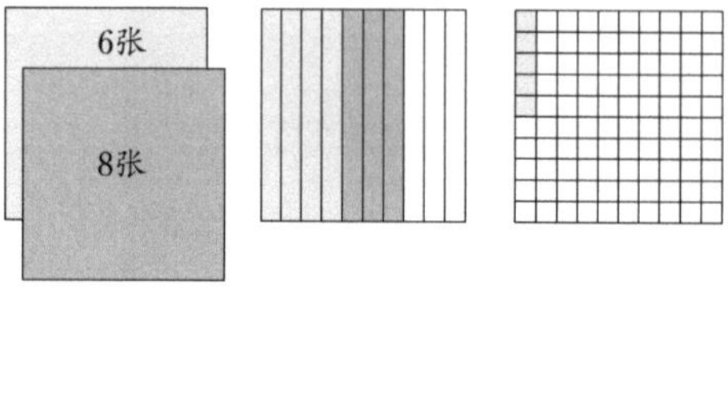

（4）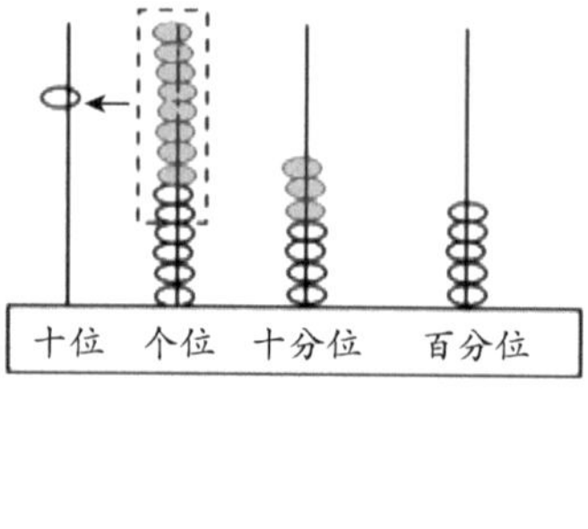

（5） 6.45＝6＋0.4＋0.05

8.3＝8＋0.3

14＋0.7＋0.05＝14.75

（6）

个位	十分位	百分位
6.	4	5
＋ ₁8.	3	0
14.	7	5

生：第一种转化成 6 元 4 角 5 分＋8 元 3 角。

追问：为什么这里的“3”和“4”相加，而不和“5”相加？

生：6.45 表示 6 元 4 角 5 分，8.3 表示 8 元 3 角 0 分，6 元与 8 元相加，4 角与 3 角相加，5 分与 0 分相加还是 5 分。

生：第二种分别转化成整数 645 分和 830 分。

生：第三种 1 张正方形表示 1；1 张正方形平均分成 10 份，一份就是 0.1；平均分成 100 份，一份就是 0.01。6.45 我就涂了 6 张正方形，4 个 0.1，5 个 0.01；8.3 涂了 8 张正方形，3 个 0.1。所以 6.45＋8.3＝14.75

小结：6 个 1 和 8 个 1 相加得 14，4 个 0.1 和 3 个 0.1 相加得 7 个 0.1，还有 5 个 0.01，最后结果是 14.75。

生：第四种是利用计数器算出来的，我先在个位上画 6 颗珠子，十分位上画 4 颗，百分位上画 5 颗，这表示的数是 6.45。接着继续在个位上画 8 颗，十分位上画 3 颗，个位上满十要进 1，最后结果是 14.75。

师：他是从个位画起，有跟他画的顺序不一样的吗？

生：我是先从百分位画起。

师：你们觉得两种画法都正确吗？应该从哪一位开始画？

生：应该从低位画起，如果满十要向前一位进 1。

小结：先拨百分位上的珠子，再拨十分位上的珠子，最后拨个位上的珠子。

提问：这些方法有什么共同点吗？与你的同桌讨论一下。

生：结果都是 14.75，都说明只有相同单位才能直接相加减。

追问：6.45＋8.3 该如何列竖式呢？

引导学生结合图分析小数加法的竖式书写格式，课件动态展示。

$$\begin{array}{r} 6\text{元}4\text{角}5\text{分} \\ +\quad 8\text{元}3\text{角}\phantom{5\text{分}} \\ \hline 14\text{元}7\text{角}5\text{分} \end{array}$$

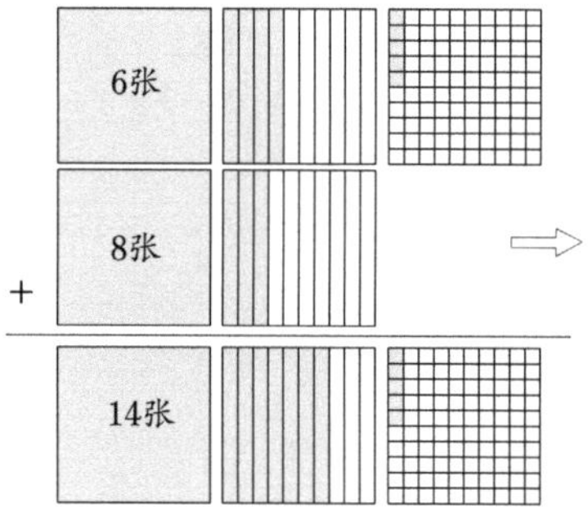

$$\begin{array}{r} 6.45 \\ +\ {}_{1}8.3 \\ \hline 14.75 \end{array}$$

生：只要满足元加元、角加角、分加分即可。

生：不管有没有单位，只要保证相同计数单位的数相加，也可以说是数位对齐就行。

师：笔算小数加法时，怎么能做到数位快速对齐呢？

生：小数点对齐，那么它们的相同数位也就对齐了，这样才能直接相加减。

提出要求：独立计算“8.3－6.45”并展示学生作品。

$$\begin{array}{r} \dot{8}.\dot{3}0 \\ -\quad 6.45 \\ \hline 1.85 \end{array}$$

追问：百分位上怎样减？为什么被减数的百分位上可以看作0？

生：根据小数性质，小数末尾填上0，小数的大小不变。8.3－6.45，先算百分位，0个0.01减5个0.01不够减，找十分位借1，就是10个0.01，减去5个0.01得到5个0.01。十分位上3个0.1减去1个0.1，再减去4个0.1，不够减，从个位借1，13个0.1减去5个0.1剩下8个0.1。最后个位上8减去1，再减去6得到1，结果等于1.85。

师：小数减法和整数的减法一样，不够减时都要向前一位借1。小数加减法计算背后的道理是什么？

生：小数加减法和整数加减法一样，都是相同数位要对齐，计算加法要满十进一，减法不够减要借一当十，都是要从低位到高位进行计算。

学生借助文字、画图等多种方式理解“小数点对齐”的道理。将多种方法进行交流比较，找出它们之间的内在联系，突出“相同单位才能相加减”，体会到只有小数点对齐才能保证相同计数单位的数对齐，感受小数点对齐的必要性，从而加深学生对小数加减法算理的理解。

二、沟通联系，明确运算的一致性

数的加减法运算的一致性到底是什么？

整数加减法是把末尾对齐，小数加减法是把小数点对齐，目的都是相同数位对齐，从而实现相同计数单位个数的加减。计数单位就是“一致性”最好的体现，是学生感悟数学本质的媒介。从整数的加减法扩展到小数的加减法，基本的算理是符合一致性的，所以学生会发出“这和整数加减法的道理是一样的，方法都差不多”这样的感慨。同理，亦可推及分数。所以无论是整数、分数，还是小数的加减，其本质都是相同计数单位个数的增减。

案例片段二

师：将小数加减法和整数加减法计算比一比，它们计算时有什么相同的地方？

生：和整数加减法相比，小数加减法也要把数位对齐，也就是小数点对齐，然后按整数加减法的方法计算，其实就是为了计算相同计数单位的个数。

举例：

20＋30＝2 个十＋3 个十＝5 个十。

0.23＋0.04＝0.2＋0.03＋0.04＝2 个 0.1＋3 个 0.01＋4 个 0.01＝2 个 0.1＋(3＋4) 个 0.01＝2 个 0.1＋7 个 0.01＝0.27。

小结：原来，整数加减法、小数加减法本质是一样的，都是计算的计数单位的个数。

总之，计算教学要理解算理、掌握算法，但教学又应不止于此。教师应变“点状教学”为“结构教学”，站在知识体系的高度引领学生，理解算理是什么，算理从哪来，还要知道算理去哪里。从之前学过的整数加减法，到现在学习的小数加减法，再拓展到以后要学习的分数加减法，形成一以贯之的知识体系。这样前有铺垫，后有延伸，给予知识更广阔的空间，学生对加减法的算理就有了整体性、系统性的认识，认知结构也就越来越有生长力。

小数乘法

小数乘法是在学生学习了整数乘法和小数的意义的基础上进行教学的。数的运算的重点在于理解算理、掌握算法。从算理上来说，小数乘法的教学，要从小数的意义的角度去理解，从算法上要沟通与整数乘法的联系，体现运算的一致性。现行多个版本的教材对于小数乘法教学更多关注“怎么算”。如 2.4×0.8 把 2.4 扩大 10 倍看成 24，0.8 扩大 10 倍看成 8，再把 24×8 的结果缩小到原来的$\frac{1}{100}$，根据“积的变化规律”运用转化的思想来构建小数乘法的算法。这样的教学学生对小数乘法的算理不甚明了，算理教学没有归结到小数的意义，缺乏算理理解和算法掌握的一致性。具体该怎样帮助学生理解算理、掌握算法呢?

一、小数乘法运算的建构要归结到小数的意义

小数乘法包括小数乘整数和小数乘小数两个内容。小数乘整数的意义和整数乘法的意义相同，可以理解为“求几个相同加数的和的简便运算”，算理理解可以借助单位换算和几何直观，多角度让学生感悟小数乘法可转化为整数乘法。小数乘小数好像失去了“求几个相同加数的和的简便运算”这一意义，应该从小数意义角度去理解。小数是一种特殊的分数，小数意义的教学应借助分数的意义进行。

案例片段一：0.1×0.1

师：这个小数你会读吗?（出示 0.1）说说它表示什么。

生：它表示把 1 平均分成 10 份，这样的 1 份就是 0.1。

师：0.3 呢?

生：0.3 就是这样的 3 份，也就是 3 个 0.1。

师：你能用一个算式来表示 0.3 吗?

生：0.1×3。

师：说说这个算式表示的意义。

生：3 个 0.1，也可以表示 0.1 的 3 倍。

师：0.1×0.1 呢？你能说说这个算式表示的意义吗？

生：表示把 0.1 平均分成 10 份，取其中的 1 份，就是 0.01。

师：你不仅说出了它的意义，还说出了结果，真棒！同学们，你们能画图表示出你们的思路吗？

生根据自己的想法画图并汇报结果。

生：我画的是数线图。把一条线段平均分成 10 份，1 份就是 0.1，再把 0.1 平均分成 10，1 份是 0.01。

生：我画的是矩形图。画一个边长是 1 的正方形，把其中一条边平均分成 10 份，每份 0.1，相邻的一条边也平均分成 10 份，1 份也是 0.1，这样整个图形就被平均分成了 100 份，每一份就是 0.01。

师：还有其他的想法吗？

师：这两种方法有没有相同的地方？

生：我发现这两种方法里面都出现了 100，把线段 0.1 平均分成 10 份，实际就是把整条线段平均分成 100 份；正方形图也是被平均分成了 100 个小格子，其中的 1 份就是 0.01。

师：说得非常好，通过画图我们看出了 0.1×0.1 的结果就是 0.01，0.01 就是一个更小的计数单位。

师：小数乘法还有哪些计数单位呢？又是怎样得到的呢？

计数单位乘计数单位的教学前置，从小数意义角度帮助学生理解 0.1×0.1 的算理，进而推演出 0.1×0.01、0.1×0.001，实际上就是把 0.1 平均分成 100 份、1000 份后得到的结果。小数的计数单位的产生实践就是计数单位的细分，这样就解决了小数乘法计数单位的问题，为进一步学习复杂的小数乘法计算奠定基础。

二、借助面积模型直观表征、理解算理

小数乘小数的教学，首先确定计数单位。整数乘整数是计数单位的累加，小数乘小数就是计数单位的细分。教学中借助面积模型以及小数意义帮助学生理解小数乘小数的算理，从计数单位的角度沟通整数乘法和小数乘法的关联，体现运算一致性。

案例片段二

师：0.3×0.2=？怎样理解这个算式呢？

小组讨论、汇报。

生：0.3 的 0.2 倍。

生：求 0.3 的$\frac{2}{10}$是多少。

生：也就是把 0.3 平均分成 10 份，取其中的 2 份。

师：把 0.3 平均分成 10 份，1 份就是？

生：0.03。

师：2 份呢？

生：2 份就是 2 个 0.03，是 0.06。

师：其实所有的乘法计算都可以用面积图来表示，你能用面积图来表示 0.3×0.2 吗？

生：我觉得可以用面积图，但是用面积图时最好加上单位。

师：比如长 0.3 米，宽 0.2 米的地砖的面积。

生一：我能画图表示出来。假如正方形边长为 1 米，把正方形一条边平均分成 10 份，取其中的 3 份就是 0.3 米；我们把相邻的一条边平均分成 10 份，取其中的 2 份，是 0.2 米。这样整个图形就被平均分成了 100 份，涂色部分占 6 份，也就是 0.06。

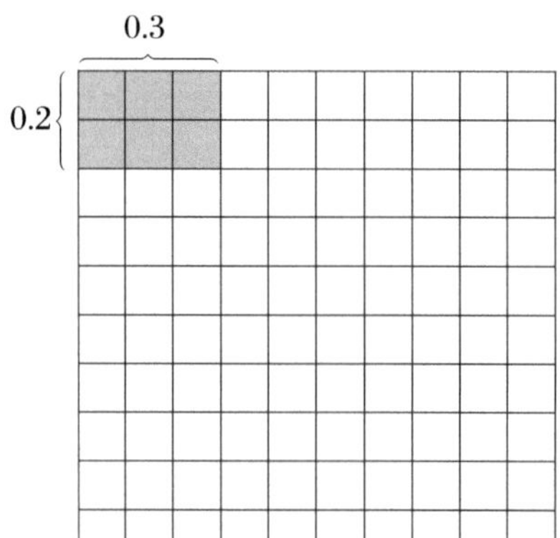

生：正方形的边长是 1 米，画出的图长是 0.3 米，宽是 0.2 米，面积就是 3×

2=6 个格子，一个格子占大正方形的 $\frac{1}{100}$，就是 0.01 平方米，6 个格子就是 6 个 0.01，也就是 0.06 平方米。

生：0.3 就是 3 个 0.1，0.2 就是 2 个 0.1，0.1×0.1 就是 0.01，3×2 等于 6，表示 6 个 0.01 也就是 0.06。

师：继续看方格图，0.3×0.4 呢？

生：三四十二，12 个格子，就是 12 个 0.01 就是 0.12。

师：1.4×1.2 呢？

生：那就是 14 个 0.1 乘 12 个 0.1，14×12 个 0.01，168 个 0.01 就是 1.68。

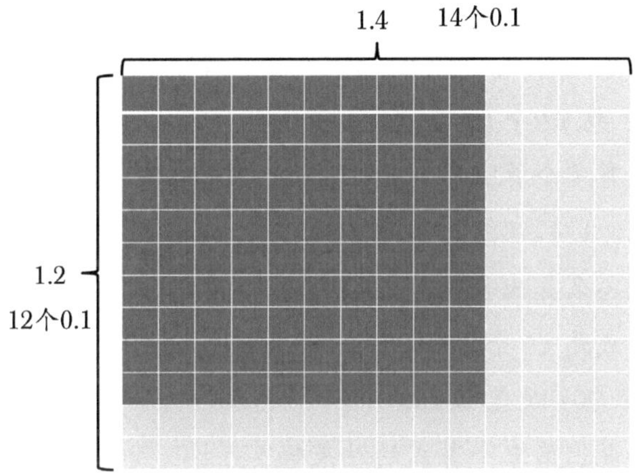

师：我们一起来看这三个算式的运算过程，你有什么发现？

生：一位小数乘一位小数，先算几乘几，得数是多少，就是多少个 0.01。

师：小数乘法先确定什么？

生：先确定计数单位，再确定计数单位的个数就可以了。

三、基于计数单位和小数的意义，让运算律和积的变化规律成为沟通算理与算法的桥梁

在小数乘小数的教学中，通过竖式计算与运算律的沟通以及竖式计算与积的变化规律的沟通，提升学生的运算能力和推理意识。

案例片段三

14	14个1	140	140个1	1.4	14个0.1
×12	12个1	×120	120个1	×1.2	12个0.1
28		28		28	
14		14		14	
168	168个1	16800	16800个1	1.68	168个0.01

师：观察以上三个算式，你有什么发现？

生：我觉得后面的两个算式都可以转化成第一个算式，以上三个算式都可以用14×12算出来。

师：不同之处在哪里？

生：第一个算式是14个1乘12个1，第二个算式是14个10乘12个10，第三个算式是14个0.1乘12个0.1。

师：你觉得还有哪个算式可以用14×12算出来？

生：0.14×12，1.4×0.12，0.14×0.12。

师：你能说说怎么算出来吗？

生：第一个算式是14个0.01乘12得168个0.01，第二个算式14个0.1乘12个0.01得168个0.001就是0.168……

师：你能直接说出第三个算式的结果吗？

生：第三个算式的结果是0.016 8，因为0.14和1.4比较，缩小到原来的$\frac{1}{10}$，积也会缩小到原来的$\frac{1}{10}$。

师：因数的小数位数和积的小数位数有什么关系？

生：将小数乘法先想成整数乘法，再看因数中有几位小数，确定计数单位，小数的位数也就确定了。

生：也就是因数中有几位小数，积里面也就有几位小数。

通过整数乘法和小数乘法竖式的比较、沟通，发现积的变化规律更容易确定小数的位数，归纳出小数乘法算法。先按照整数乘法的法则算出积，其实质就是确定计数单位的个数，再数一数因数中一共有几位小数，其实质是确定积的计数单位，这样就体现了整数和小数乘法运算的一致性。

小数除法

小数除法是小学阶段“数与运算”的重点内容之一，既承接了整数除法、商不变的规律、小数点位置移动规律以及小数加法、小数减法和小数乘法的运算，又是后续学习分数运算的基础。其本质是逐步平均分不同数位上计数单位总数的过程，从整数部分扩展到小数部分。从知识建构的角度看，除数是整数的小数除法是整数有余数除法的延伸，是沟通整数除法与小数除法的纽带；除数是小数的小数除法转化为除数是整数的除法，是教学的知识生长点。教学实践中，如何将数学思想和相关内容联系起来，沟通整数除法与小数除法？如何进行结构化整合，抓住本质关联实现算理上的迁移？这些是有效进行小数除法教学的关键。

一、生活经验是小数除法教学的基础

在学习整数除法时，整数除以整数分不完，就用余数表示。如有 21 张画片，分给每个小朋友 5 张，只够分给 4 个小朋友，还剩 1 张。用算式表示是：21÷5＝4（个）……1（张）。

随着解决问题的难度的深入，出现了精确计算的需求，但有余数除法不能得到精确的均分结果，于是把余数转化计数单位继续往下细分，就出现了小数除法。小数除法的学习既是解决实际问题的需要，也符合学生的认知规律。

日常生活中，学生的购物经验，类似 1 元买 2 件商品，每件 5 角可以用 0.5 元表示，已是司空见惯、尽人皆知。这些为除数是整数的小数除法教学提供了直接生活经验，教学中充分利用这些资源，并转化为数学问题，引导学生用数学的眼光观察，用数学的思维思考，最后用数学的语言表达出来，就实现了生活问题数学化的过程。学生不仅积累了活动经验，还培养了应用意识、推理意识和模型意识。

案例片段一

课件出示两节 5 号电池，并指出其价格为 5 元。

师：从中你发现了什么数学信息？想到了什么问题？

生：从中知道了5元钱可以买2节5号电池，我想问一节5号电池多少元钱？

师：观察很细心，生活经验也很丰富，知道这是5号电池。同学们能解决他提出的问题吗？试一试。

学生尝试解答问题，教师巡视了解情况。

师：说说你是怎么解决问题的，注意把你的想法说清楚。

生：计算一节电池的价格，就是把5元平均分成2份，用除法计算，5÷2=2.5（元）。

师：5除以2怎么是2.5呢？谁能说明白？

生一：我们可以先进行单位换算，把5元换成50角再平均分，50÷2=25（角）=2.5（元）。

生二：我是把5元先平均分成2份，每份2元还剩1元；再把剩下的1元平均分成2份，每份不够1元，每份是5角，也就是0.5元；这样2元和0.5元合起来就是每份2.5元，也就是每节电池2.5元。

师：这两个同学都借助了人民币单位的转化计算出了结果。同学们，为什么要把剩下的1元继续平均分呢？像之前有余数除法的计算那样表示不行吗？

生：不行。5元钱2节电池，如果买1节电池付给收银员2元是不行的。所以说这时候剩下的1元必须继续平均分，1元=10角，10÷2=5（角）=0.5（元），这样就算出来每节电池是2.5元。

学生基于生活经验用“5÷2=2.5（元）”，算出了每节电池的价格；同时能够结合人民币单位“元”“角”之间的换算，从数学角度正确解释商是2.5元。但由于学生在学习整数除法时遇到不够分时，是当成余数处理，现在却需要把余数继续平均分，如何才能让学生打通整数除法和小数除法的算理，对于学生来说是认识上的冲突，是一种挑战。

二、除法算理是小数除法教学的关键

生活中的购物经验，使学生口算解决了5元买2节电池，平均每节电池2.5元的问题。那么，用竖式该怎样记录思考的过程呢？竖式计算中为什么添加0继续除？商的小数点是怎么回事？这些实际生活情境中产生的问题不仅激发了学生的探究兴趣，还扣住了小数除法算理理解的核心问题。

案例片段二

师：5÷2=2.5（元），能试着用竖式记录你的思考过程吗？遇到问题可以跟同桌商量一下，也可以算完跟同桌说说你的想法。

学生尝试独立用竖式计算后与同桌交流，教师巡视了解情况，发现了两种不同解答情况如下。

```
(1)       2  5          (2)       2 . 5
       2 )5                    2 )5
          4                       4
          ----                    ----
          1  0                    1  0
          1  0                    1  0
          ----                    ----
             0                       0
```

师：请同学们对比观察，说说你的想法。

生：我觉得第（2）个竖式对，5元平均分成2份，每份是2.5元，商是2.5；第（1）个竖式不对，5除以2的商表示每节电池的价格，2节电池5元，一节怎么可能是25元呢？

师：结合电池的实际价格认为第（1）个竖式错，第（2）个竖式对。谁还有想说的？

生：我发现这两个竖式的共同之处是余数“1”的后面都添加了0，然后继续除以2。也就是剩下的1元要想继续平均分，就先转化成10角，再除以2是5角，就是0.5元，所以商2.5是正确的。

师：余数“1”后面加0，是把剩下的1元换成10角继续分，说清楚了余数后面添加0继续除没有改变数的大小，只是进行了单位转化。小数点是怎么回事呢？

生一：之前学习小数的认识时，我们已经知道用“元”作单位表示物品的价格，个位上的数是几表示几元，小数点右面第一位上的数是几表示几角，所以要在商2的右下角点上小数点再写5，才表示2元5角。

生二：学习整数除法的竖式计算时，我们已经知道商的数位要与被除数的相同数位对齐；而由小数的性质我们知道5=5.0，被除数5的右下角隐藏着小数点，商的小数点也要与被除数的小数点对齐才能保证商和被除数的相同数位对齐。

师：看来小数点的作用很关键，小数点起到了区分数位、对齐数位的作用。

教学中围绕“剩余 1 元转化成 10 角继续分”，强调“换”的环节，充分让学生体会到换单位是换成数量多的小单位。单位数量变多就能继续平均分，这就是单位细分，打破了学生整数除法中的固有思维，把分的过程与书写竖式记录联系起来，更清晰地在头脑中形成除法竖式的表象，加深对算理的理解，实现小数除法与有余数除法的最密切衔接。“5 元买 2 节 5 号电池”的购物情境，成功实现了学生生活经验的正向迁移，有效帮助学生理解余数后面添加 0 继续分以及商的小数点的重要性。

（一）剥离具体情境凸显计数单位细分的本质

购物情境问题的解决，是学生尝试探究小数除法的开始。老师应继续引导学生在真实情境探究的基础上，进行脱离情境的本质探究，实现小数除法算理的理解与算法的总结。

案例片段三

师：如果把 5 米长的彩带平均分给 2 个小朋友，每个小朋友分到多少米彩带？

学生能够计算出 5÷2=2.5（米），并借助“米”和“分米”之间的单位转化，说清楚把剩余的 1 米转化成 10 分米继续除以 2，得到 5 分米，即 0.5 米。

师：如果不是 5 元、5 米等具体的数量，就是 5÷2，该怎么计算呢？为什么？

学生小组讨论后，汇报交流，能说出剩余的 1 加 0 后，转化成 10 个 0.1 继续除以 2，得到 5 个 0.1，即 0.5。余数后面加 0 是计数单位由高一级计数单位转化成低一级计数单位，商的小数点必须和被除数的小数点对齐，才能保证“商的相同数位和被除数的相同数位对齐”。

课堂中赋予小数除法一种现实背景，实际上就是赋予计数单位一个实物模型的支撑，最终目的是脱离情境，只是单纯列竖式计算 5÷2，概括出剩余的 1 后面加 0，由 1 转化成 10 个 0.1 继续分，明确商的小数点跟被除数个位右下角的小数点对齐。

（二）由特殊到一般强化计数单位细分的深度探索

从运算意义的角度看，除数是整数的小数除法可以理解为平均分，也可以理解为包含除的意义。除数是小数的除法则只能从包含除的角度用小数的意义理解算理和用商不变的性质理解算理，形式上不同，本质上是相同的，就是计数单位的同步转化。所以说小数除法运算实际是“披着小数外衣的整数除法运算”，利用商不变的规律可以把小数除法转化为整数除法。

在十进制计数法中，高一级计数单位是低一级计数单位的 10 倍，当高一级计数单位上的数无法除尽时，转化成低一级计数单位可以继续进行运算。这是除法运算的本质，是在学生学习整数除法时就已埋下的种子，到小数除法的计算已慢慢发芽长大，这也正是小数除法和整数除法浑然一体的通性通法。除数是小数的小数除法竖式记录的关键在于体会转化思想，其实质是被除数和除数同步转化后的计数单位细分。

如除数是小数的除法，3.8 元/千克的苹果，22.8 元能够买到多少千克？在探究过程中把“元”转化为“角”，小数除法转化为整数除法进行计算的过程，既是生活经验在数学问题解决中的应用，也是数学知识商不变规律的运用，再次凸显小数除法是计数单位细分的本质。

与整数除法相比，小数除法实际上就是计数单位转化后再细分计数单位的过程。在这个过程中，小数点是小数除法的“独特之处”。当整数除法无法除尽时，余数就要换成 10 个低一级的计数单位，然后继续进行运算，这时如何记录除得的商是非常重要的。在这一过程中，小数点起到了“定位”的作用，小数点的位置就记录了计数单位转化的起始数位，小数点在商的数字中一“站”，有几个 1、几个 0.1 便清清楚楚，数位便不再混乱。

综上所述，小数除法跟整数除法在算理本质上是相同的，小数除法是整数除法基于计数单位的转化后再细分的延续，它们都是建立在十进位值制上。整数除法的学习经验迁移到小数除法，在书写小数除法竖式时，余数补 0 的地方需要添上小数点。因为余数补 0 继续除是单位变小了，所以要用小数点分开商的整数部分和小数部分，这样小数除法算理的难点就迎刃而解了。我们要站在运算一致性的高度，学会用联系的、发展的、整体的眼光看问题，打破整数除法与小数除法的界限，理解小数除法的实质也是计数单位与计数单位相除，与整数除法的运算一样，继续把余数分下去而已。

分数加减法

计算是数学中最基础、最核心的技能，良好的运算能力是学习数学的第一步。运算能力主要是指根据法则和运算律进行正确运算的能力。在教学中，我们要加强对数学本质的理解，让学生经历算理和算法的探索过程，理解算理，掌握算法，感悟计数单位在运算中的作用，体会数的运算本质上的一致性，形成运算能力和推理意识。此外，培养学生的运算能力有助于学生形成规范化思考问题的意识，养成一丝不苟、严谨求学的科学态度。

分数加减法属于“数与代数”领域中“数的运算”，是数学运算的重要基础之一。但是分数加减法在整个小学阶段的教学中是偏难的部分，难就难在学生对于算理的理解。为什么同分母的分数相加时分母不变，分子相加减？为什么分母不相加？异分母的分数为什么需要通分再计算？

一、沟通整数、小数和分数加减法的联系，感悟加减法的算理

分数加减法的含义与整数加减法的含义、小数加减法的含义是完全相同的，就是相同计数单位的累加或累减。从这个意义上讲，不论是整数加减法、小数加减法还是分数加减法，都要统一成相同的单位后才能进行计算。当分数单位统一后，分数的加减运算也就归结为整数、小数的加减了。因此，在教学中，教师应有意识地引导学生在理解加减法意义的基础上，沟通分数加减法与整数、小数加减法之间的联系，紧扣学生经验中“相同计数单位的数才能相加减”的算理。

案例片段一：整数加减法

师：还记得整数加减法是怎么算的吗？23＋1＝（　），你是怎么算的？

生一：我是借助小棒来算，先把 3 根和 1 根放到一起是 4 根，再跟 2 捆合在一起就是 24 根。

师：为什么不把 2 和 1 相加呢？

生二：因为 2 是 2 捆，1 是 1 根。

生三：可以借助计数器拨珠来算，先在十位上拨 2 个珠子，个位上拨 3 个珠子，加 1 就是 1 个，所以在个位上再拨 1 个珠子，就是 24。

生四：还可以先把 23 分成 20 和 3，先算 3＋1＝4，再算 20＋4＝24。

……

在一年级的时候，学生们就学习整数加减法，借助小棒图、计算器拨珠、列算式等直观操作和语言表达发现不同算法之间的本质，这潜意识地向学生渗透了把相同计数单位上的数相加减的道理，也为学习小数加减法和分数加减法做了很好的铺垫。

案例片段二：小数加减法

师：我们还学过小数加减法，比如 0.3＋0.1 又该怎么算呢？

生一：因为 3＋1＝4，所以 0.3＋0.1＝0.4。

生二：0.3 表示 3 个$\frac{1}{10}$，0.1 表示 1 个$\frac{1}{10}$，合起来就是 4 个$\frac{1}{10}$，也就是 0.4。

师：因为 0.3 和 0.1 的什么相同，所以才可以直接相加减？

生三：计算单位相同。

师：在学习整数加减法时，我们知道相同数位对齐，在计算小数加减法时，要小数点对齐，都是为了保证相同计数单位上的数相加减。

学生们借助直观图有了整数加减法的算理的经验，再来学习小数加减法就显得比较容易。为什么计算 0.3＋0.1 只要计算 3＋1 就可以？其核心问题就是理解“计数单位相同的数可以直接相加”。例如，在计算 0.3＋0.15 时就可以把 0.3 转化成 0.30，或者直接把小数点对齐来计算，就是为了让两个小数的计数单位相同，进而理解小数加减法可以转化成整数加减法来计算。

案例片段三：分数加减法

师：你能举个分数加法的例子吗？也用到 3＋1 来计算。

生一：$\frac{3}{8}+\frac{1}{8}$，因为 3＋1＝4，分母还是 8，所以$\frac{3}{8}+\frac{1}{8}=\frac{4}{8}$。

生二：3+1=4，8+8=16，所以$\frac{3}{8}+\frac{1}{8}=\frac{4}{16}$。

生三：$\frac{4}{16}$肯定不对，$\frac{3}{8}$是$\frac{6}{16}$，不可能越加越小的。

生四：把一个圆平均分成8分，先涂其中的3份，再涂其中的1份，一共涂了其中的4份，也就是这个圆的$\frac{4}{8}$。

生五：$\frac{3}{8}$是3个$\frac{1}{8}$，$\frac{1}{8}$是1个$\frac{1}{8}$，合起来就是4个$\frac{1}{8}$，也就是$\frac{4}{8}$。

师：为什么可以像这样把这两个分数的分子相加，不把两个分母相加呢？

生六：因为这两个分数的分母相同，也就是它们的分数单位相同，在分数单位相同的情况下，直接把分子相加减。

基于以上例子，不管是整数、小数还是分数加减法，都是把相同计数单位的个数进行分与合，而计数单位不变，就像$\frac{3}{8}+\frac{1}{8}$只把3和1相加，不能把8和8相加。因此，在教学中要紧紧抓住“计数单位”这个核心概念来设计教学活动，让学生在学习活动中不断感悟运算的算理。同时引导学生构建整数、小数、分数加减法之间的联系，发现知识的本质；也让学生充分体会到数与运算的一致性，从而加深对运算本质的理解，提升学生的运算能力和推理能力，发展学生的核心素养。

二、在理解数的运算本质后，掌握并总结计算方法

算理和算法是计算教学两个不可或缺的关键。它们是相互联系、有机统一的整体，透彻理解算理和熟练掌握算法是提高学生计算能力的重要保证。

在数学教学中，应当注重发展学生的运算能力。培养运算能力有助于学生理解运算的算理，寻求合理简洁的运算途径解决问题。我们教师在数学计算教学中，不能仅仅关注学生运算技能的掌握，更要注重学生理解算理、掌握算法的学习过程，也就是在教学中要注重将算理与算法有机地结合在一起，从而提高学生的计算能力。

案例片段四

某小区生活垃圾分类统计情况如下图。

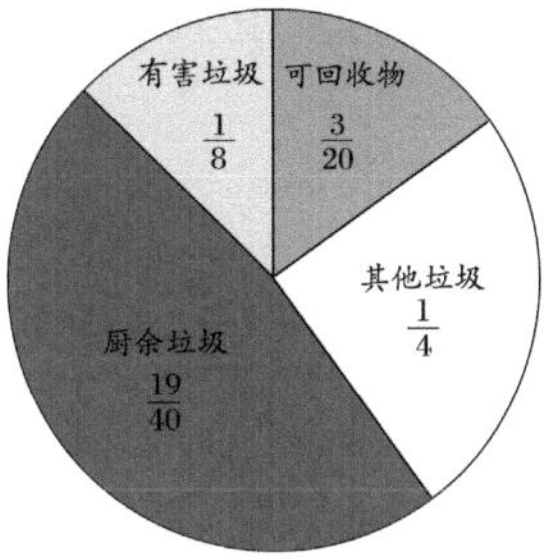

有害垃圾和其他垃圾在生活垃圾中共占几分之几？

$\frac{1}{8}+\frac{1}{4}=$________

师：这个分数加法你能试着计算吗？把计算的过程记录在本子上。

生一：$\frac{1}{8}+\frac{1}{4}=\frac{1}{8}+\frac{2}{8}=\frac{3}{8}$。

生二：$\frac{1}{8}+\frac{1}{4}=\frac{2}{12}$。

师：你同意谁的计算结果呢？你能说说你计算背后的道理吗？

生三：我赞同第一名学生的结果。我们知道只有计数单位相同才能相加减，$\frac{1}{8}$的分数单位是$\frac{1}{8}$，而$\frac{1}{4}$的分数单位是$\frac{1}{4}$，它们的分数单位不同，所以不能直接相加减。

生四：我觉得第二名同学的结果也是有道理的，加法就是把两个数合在一起，所以把分子和分母都得合起来，8＋4＝12，1＋1＝2，合起来就是$\frac{2}{12}$。

生五：我想说的是，为什么两数相加后得到的结果$\frac{2}{12}$比原来的$\frac{1}{4}$要小呢？应该越加越大才对呀！

师：以上两个数不能直接相加的原因是分数单位不一样。

生六：当两个分数的分母不同时，也就是它们的计数单位不同，我们可以取这两个分数共同的计数单位，也就是把这两个分数进行通分，化成分母相同的分数，$\frac{1}{4}$通分后等于$\frac{2}{8}$，2个$\frac{1}{8}$，再加上1个$\frac{1}{8}$，一共就有3个$\frac{1}{8}$，所以$\frac{1}{8}+\frac{1}{4}=\frac{3}{8}$。

师：所以我们进行异分母分数加减法时，就要先通分，转化成分母相同的分数，也就能保证分数单位相同了，就可以直接把计数单位的个数相加，也就是分子相加，分母不变。

转化是计算教学的重要思想。它是从未知领域向已知领域转化，找出知识之间的本质联系，从而解决问题的一种思想方法。学生理解了运算的本质，有了同分母分数加减法的基础，再来解决异分母分数加减法，很容易会想到通分，转化成同分母分数，也是达到分数单位相同的目的。

算理为计算提供了正确的思维方式，保证了计算的合理性和正确性，算法为计算提供了快捷的操作方法，提高了计算的速度。算理是算法的理论依据，算法是算理的提炼和概括，它们是相辅相成、缺一不可的两个方面。教师让学生在直观中理解算理，充分体验直观算理到抽象算法的过程，使直观算理和抽象算法有效衔接，即算理和算法有效融合。学生只有深刻理解了计算的道理，才会在掌握算法的过程中使思维得到发展，素养得到提高。

分数乘法

分数乘法是小学第三学段要学习的内容，在教学这部分内容时，总要遇到分数乘分数这块“硬骨头”。尽管分数乘分数的计算法则较容易掌握，可最棘手的问题是如何让学生在学会计算的同时更好地理解分数乘分数的意义，因为这对后续分数应用题的学习起到了重要的铺垫作用。为了便于学生理解，我们从整数乘法的意义入手，为新知识的学习提供附着点；同时倡导教学中通过画图的方式，为学生提供清晰的表象，为抽象意义准备充分的感知材料，也在计算法则推导上使得每步计算都能在图形中得到解释和意义支撑，使得法则的形成顺理成章。

一、激发认知冲突，拓展乘法意义

在学习分数乘法之前，同学们已经接触过整数乘法和小数乘法。我们知道，引入乘法是为了更好地解决加法问题。举个例子，假如平均每辆大巴车可载乘客 70 人，求 10 辆这样的大巴车可以载客多少人？

在学习整数乘法之前，同学们只能通过连加的方式来求得结果，因为有了简便运算，所以我们可以直接通过 70×10 计算结果。

实际上，求几个相同整数或者小数的和可以用乘法，那么求几个相同分数的和自然也可以用乘法，这样乘法的意义不就从整数、小数领域拓展到分数领域了吗？可以思考以下问题：一位工人师傅每小时刷这面墙的$\frac{1}{5}$，3 小时刷这面墙的几分之几？2 小时刷这面墙的几分之几？1 小时呢？

联想乘客坐大巴车的例子，工人师傅每小时刷的墙可以类比每辆大巴车的载客人数，刷墙的时间便是这种大巴车的辆数了。所以我们可以求得工人师傅 3 小时刷的墙为$\frac{1}{5}\times3=\frac{3}{5}$，2 小时刷的墙为$\frac{1}{5}\times2=\frac{2}{5}$，1 小时刷的墙为$\frac{1}{5}\times1=\frac{1}{5}$。

案例片段一

师：同学们认真观察图片（图片略），告诉老师你从图片中得到了哪些信息？

生：我看到了胜利小学六（一）班老师带着同学们植树。

师：很好，还有其他信息吗？

生：师生平均每小时植树占整块林地的$\frac{1}{10}$。

师：这位同学观察得真仔细，现在谁能提出一个与分数知识有关的问题？

生：六（一）班师生两个小时植树多少？

师：两个小时植树多少呢？现在同学们以同桌为一小组讨论，有结果了用坐姿告诉老师。

学生讨论，教师巡视。

师：哪位同学愿意把你们的讨论结果分享给大家？

生一：我觉得应给是十分之一加十分之一，列式为$\frac{1}{10}+\frac{1}{10}=\frac{2}{10}$。

师：大家认可这位同学的做法吗？谁有不同意见？

生二：我认可这位同学的做法，但是我有更简便的算法。

师：请分享给大家吧。

生二：因为每小时植树林地的十分之一，两个小时就是两个十分之一，也就是刚才同学说的$\frac{1}{10}+\frac{1}{10}=\frac{2}{10}$，但是我们之前学过求几个相同加数和的简便运算可以用乘法，所以这里两个十分之一就是$\frac{1}{10}\times2=\frac{2}{10}$。

师：刚才两位同学的回答都是正确的，尤其第二位同学，根据乘法的意义列式解决了刚才的问题，其实这位同学列的乘法式子就是我们今天要学习的分数乘法。

二、利用数形结合，推导计算法则

小学数学的学习，不光是算法的学习，算法背后的算理更是学生学习的重点，理解算理可以帮助学生更好地掌握算法，提高计算的速度和准确率，这样也自然而然是教师教授的关键。分数乘法从算法上来说比较简单，分子乘分子得到的结果是分子，分母乘分母得到的结果是分母，然而这样计算很多同学却并不清楚，因此共同探究、推导出分数乘法的计算法则就显得尤为重要。分数乘法运算法则的探索可以从分数的“份数意义”入手，因为份数意义更直观且更容易理解。分数乘分数是两次平均分同一个单位“1”，这就涉及两个问题：第一，两次平均分的总份数是多少；第二，一共取了这样的多少份。

这里有个难点是单位“1”没变，但是如果对分数的份数意义掌握不好就很难理解“两次平均分同一个单位‘1’”这一事实。当然这里有形式运算思维的参与，平均分的总份数要经过运算得出，这也是一部分学生不明白的原因。无论怎样，这样的算理还是要讲，因为最终要帮助学生建立分数乘分数的运算模型，模型中关键部分也就是“分母×分母＝平均分的总数”“分子×分子＝取的总份数”。

这里有个比较常见的问题就是，如何让学生们理解两次分的是同一个单位“1”。我们的教学目标是学生动手操作，明白建立分数乘分数的运算模型，模型中关键部分是“分母×分母＝平均分的总数”“分子×分子＝取得总份数”。可是在实际数学课堂中，很多同学只是把第一次均分取到的部分再次平均分取份数，第一次未取到的部分却没有均分。于是，最终的结果既有分成大块的，也有分成小块的。因此需要强调，要想读出分数，要把单位“1”等分才行，而且是所有部分都要等分。

案例片段二：分数乘分数

师：李伯伯家有一块$\frac{1}{2}$公顷的地。种土豆的面积占这块地的$\frac{1}{5}$，种玉米的面积占$\frac{3}{5}$。根据题目所给信息，你能提出什么问题?

生：种土豆的面积是多少公顷？种玉米的面积是多少公顷?

师：如何理解题中所给信息呢?

生：这块地共有$\frac{1}{2}$公顷，种土豆的面积占这块地的$\frac{1}{5}$，应把这块地的面积看作单位“1”。求种土豆的面积就是求$\frac{1}{2}$公顷的$\frac{1}{5}$是多少，列式$\frac{1}{2}\times\frac{1}{5}$。

师：请你观察$\frac{1}{2}\times\frac{1}{5}$这个算式，它有什么特点？这个式子究竟等于多少？大家以小组为单位探究交流。(要求：用一张纸代表面积是1公顷的地，小组合作通过量一量、分一分、涂一涂的方法，说明$\frac{1}{2}\times\frac{1}{5}=\frac{1}{10}$。)

学生动手操作、交流，教师巡视指导。

师：哪位同学愿意分享你们的探究成果？

生：先把整张纸对折，纸就被平均分成两份，每一份是这张纸的$\frac{1}{2}$，再把这$\frac{1}{2}$部分平均分成5份，涂出其中的1份，这1份就占整张纸的$\frac{1}{10}$。说明$\frac{1}{2}\times\frac{1}{5}=\frac{1}{10}$。

师：这位同学回答得很细致。

教师用课件演示涂色过程：我们先把这张纸平均分成2份，1份是这张纸的$\frac{1}{2}$，又把$\frac{1}{2}$平均分成5份，也就是把这张纸平均分成了$2\times5=10$份，1份是这张纸的$\frac{1}{10}$。由此可以得到：$\frac{1}{2}\times\frac{1}{5}=\frac{1\times1}{2\times5}=\frac{1}{10}$。

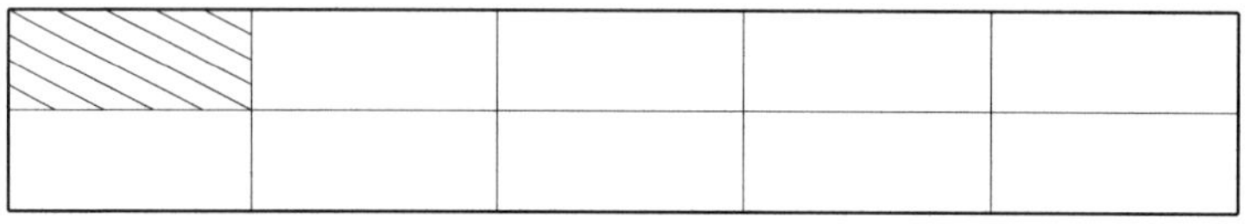

师：种玉米的面积是多少公顷，我们是不是可以用相同的方法来理解呢？

生：是的。与解决种土豆问题的方法相同，种玉米的面积占这块地的$\frac{3}{5}$，也就是把这块地的面积看作单位“1”。求种玉米的面积就是求$\frac{1}{2}$公顷的$\frac{3}{5}$是多少，用乘法计算，列式为$\frac{1}{2}\times\frac{3}{5}$。

师：你能通过给纸涂色的方式来说明吗？

生：与刚才一样，也是把这张纸分成$2\times5=10$份，不同的是取其中的3份，可以得到：$\frac{1}{2}\times\frac{3}{5}=\frac{1\times3}{2\times5}=\frac{3}{10}$。

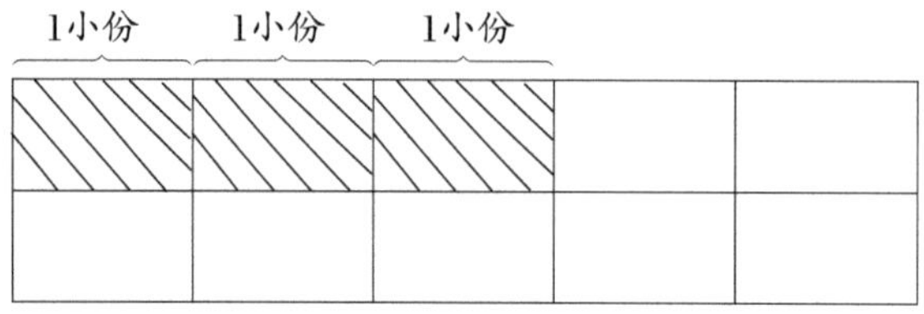

师：观察这两个算式，你能说一说分数乘分数的计算方法吗？

学生（讨论后）：分数乘分数，用分子乘分子的积作结果的分子，分母乘分母的积作结果的分母。

三、算法的链接，认识分数乘法

通过对数进行整理分类，我们发现按是否是有理数可以把数分为有理数和无理数两大类，有理数又分为整数和分数，无理数是无限不循环小数，这就说明普通的小数已经归结到分数一类中了。因此对于小学阶段我们接触到的所有乘法可以进行这样的总结：分数乘法是比较复杂且比较具有概括性的乘法，整数乘法可以改写成分数相乘的形式，小数乘法也可以改写成分数相乘的形式。比如 7×9 可以写成 $\frac{7}{1}\times\frac{9}{1}$，$0.7\times0.9$ 可以改写乘 $\frac{7}{10}\times\frac{9}{10}$。我们可以认为分数乘法是整数乘法和小数乘法的总括，整数乘法和小数乘法相当于分数乘法的分支或者延伸。

前边的例子我们取的都是真分数乘真分数，可以通过画图的方式解决，但是有的题目无法画图，我们又如何寻求答案呢？比如 $\frac{4}{5}\times\frac{9}{7}$，$\frac{9}{7}$ 是假分数，通过画图的方式是无法表示出 $\frac{9}{7}$ 的。这个时候我们就不得不用到乘法的一些运算定律来辅助解决了。$\frac{9}{7}$ 可以看作是 9 个 $\frac{1}{7}$，也就是 $\frac{1}{7}\times9$，这个式子就变成了 $\frac{4}{5}\times\frac{1}{7}\times9=\left(\frac{4}{5}\times\frac{1}{7}\right)\times9$，或者 $\frac{4}{5}\times\frac{9}{7}=4\times\frac{1}{5}\times\frac{1}{7}\times9=(4\times9)\times\left(\frac{1}{5}\times\frac{1}{7}\right)$。这样把假分数转换成真分数，我们计算时就有了参考和依据。

案例片段三：分数乘小数

师：黑板上给大家呈现了一幅图画，请大家认真观察，告诉老师你从图中能获得哪些信息，要解决什么问题。

生一：我看到了两只小松鼠欢欢和乐乐以及它们各自的身体长度。需要解决的问题是欢欢和乐乐的尾巴各自有多长。

生二：还有一个信息，松鼠的尾巴的长度约占身体长度的 $\frac{3}{4}$。

师：两位同学获取的信息很全面，以上问题我们一一来解决，现在我们先求一下欢欢的尾巴有多长。谁有思路请举手。

生：欢欢的身体长2.1米，尾巴长度占身体长度的$\frac{3}{4}$，所以求欢欢尾巴长度可以列式为$2.1\times\frac{3}{4}$。

师：如何计算这个算式呢？给大家两分钟时间，请在练习本上写出计算过程和结果。

学生思考、书写，教师巡视。

师：大家应该写得差不多了，谁愿意把你的结果分享给大家？

生一：2.1是小数，$\frac{3}{4}$是分数，为了便于计算，我们可以先把2.1改写成分数的形式，即$\frac{21}{10}$。所以这个式子转化为$\frac{21}{10}\times\frac{3}{4}=\frac{63}{40}$。

生二：我有不同的算法。可以先把$\frac{3}{4}$写成小数的形式，即0.75。这个式子转化为$2.1\times0.75=1.575$。

师：第一位同学把式子统一为分数相乘的形式，得到的结果是$\frac{63}{40}$，第二位同学把式子统一为小数相乘的形式，得到的结果是1.575。这两个数相等吗？大家试着将两个数互相转化一下。

学生操作，教师巡视。

师：这两个数相等吗？

生：相等。

师：分数与小数相乘，不管是转化成分数乘分数计算，还是转化成小数乘小数计算，结果都是相等的，只是形式不同而已。

分数乘分数的计算法则虽容易掌握，但如何让学生在学会计算的同时更好地理解分数乘分数的意义是难点，也是学好这部分知识的关键。上述内容中以整数乘法的意义作为切入点，通过画图辅助理解，使得抽象晦涩的分数乘法运算有了知识的附着点，也更加具象化。这部分知识的掌握是对整数乘整数的拓展、延伸，更为后续的分数乘小数、小数乘小数的计算提供了新思路。

分数除法

四则运算教学如果不能让学生感悟到运算的一致性，就会让学生认为数学的知识是零散的，数学的方法是独立的。这不仅不利于学生的记忆，更重要的是，不利于学生把握数学的本质，不利于发展学生的核心素养。

分数除法的教学跟前边学过的分数乘法属于两个单元的内容，分数乘法和除法有各自的算理和算法。这些知识似乎是支离破碎、缺乏内在一致性的，但事实上，分数除法是分数乘法的逆运算，两者在本质上是一个整体。从算理推演和算法推导的角度来说，分数除法的算理是借助演绎推理来推演的，其算法转化成了分数乘法。

整数除法积累了关于除法意义的基本认知（即“平均分”“包含除”），而小数除法的学习为学生积累了转化的基本经验，为分数除法的转化迁移提供了方法基础。

一、从计数单位的角度来理解分数除法的算理，掌握其算法

探究分数除法的意义，平均分为教学起点，分数除以整数（0除外），表示把一个分数平均分成几份，求每份是多少。从整数除法的意义“平均分”出发，感悟分数除法的本质仍是整数除法。但前提是在分数单位相同的情况下将分数单位的个数进行平均分。

案例片段一

师：你能通过画一画、分一分算出$\frac{4}{5}\div 2$的结果吗?

生一：$\frac{4}{5}\div 2=0.8\div 2=0.4$。

生二：$\frac{4}{5}\div 2$表示把4个$\frac{1}{5}$平均分成2份，每份2个$\frac{1}{5}$是$\frac{2}{5}$，所以$\frac{4}{5}\div 2=\frac{2}{5}$。

生三：把一个长方形平均分成5份，取其中的4份涂色，再把这4份平均分成2份，每份是2块涂色部分，也就是$\frac{4\div2}{5}=\frac{2}{5}$。

师：这道题不能把分数转化成小数了，但分子正好是整数的倍数，可以均分，如果分子不是整数的倍数还能这么思考吗？比如$\frac{4}{5}\div3$。

生：不能了，也就是说只有分子是整数的倍数时才可以这么来解决。

师：大家不妨画图或折纸试试，当分子不是整数的倍数时，是否还能用分子除以整数呢？

生：把一个长方形先平均分成5份，取其中的4份涂上色，就是$\frac{4}{5}$，再把$\frac{4}{5}$看成一个整体，再平均分成3份，横着分更清楚，其中的一份再次涂色，这就相当于把整个长方形平均分成了15份，而双重涂色的部分就占整个长方形的$\frac{4}{15}$，所以$\frac{4}{5}\div3=\frac{4}{15}$。

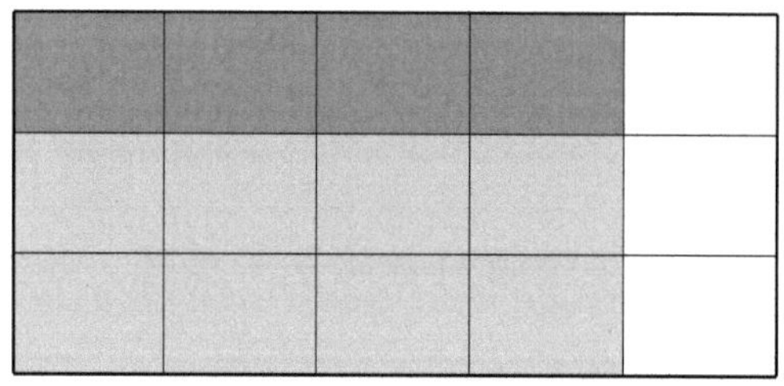

师：从图中来看，这就相当于把长方形平均分成了15份，涂色的占$\frac{12}{15}$。其实就是利用分数的基本性质把$\frac{4}{5}$化成了$\frac{12}{15}$，也就是把12个$\frac{1}{15}$平均分成了3份，每份就是4个$\frac{1}{15}$，也就是$\frac{4}{15}$。

生：那如果是分数除以分数呢？比如$\frac{4}{5}\div\frac{1}{3}$。

生：我们可以先通分，因为在分数单位相同的情况下，可以直接把分数单位的个数相除，也就是直接把分子相除，利用分数的基本性质把$\frac{4}{5}$化成$\frac{12}{15}$，把$\frac{1}{3}$化成

$\frac{5}{15}$，$\frac{12}{15}\div\frac{5}{15}=12\div5=\frac{15}{5}$。

学生们的想法是有道理的，有的分数能化成有限小数直接相除，不能化成有限小数的需要学生借助长方形图，通过分一分、涂一涂动手操作去感悟，来表征算式的意义，得到计算结果。当分子是整数的倍数时，可以直接让分子除以整数的结果作分子，分母不变；当分子不是整数的倍数时，可以把分数的计数单位变小，那么含有计数单位的个数就变多了，就可以帮助我们解决不能平均分的问题。这样，在画图的直观作用下，学生运用数形结合的思想理解了分数除以整数的算理，初步感悟计数单位在分数除以整数运算中的作用。分数运算就是在分数单位相同的前提下分子的运算，也就是整数的运算，这样也就把整数运算与小数运算、分数运算沟通起来，体现了运算的一致性。

回顾学生们的探索过程，其实就是一个发现问题、分析问题和解决问题的过程，同时也是探索未知数学领域的一种方法。正如爱因斯坦所说："提出一个问题往往比解决一个问题更为重要。"

二、从转化的角度来理解分数除法的算理，掌握其算法

传统的小学数学课堂，存在着简单记忆、重复训练等浅层学习问题，核心素养下的小学数学课堂教学不能只浮于表层，要让学生学有"深度"，能向数学本质更深处漫溯，使得学习真正发生，最终培养学生的数学核心素养。

好多学生知道除以一个不为零的数等于乘这个数的倒数，但学生只停留在会运用这个法则进行分数除法计算的层面，对于其背后的原理却难以理解。分数除法的重难点是让学生知道为什么要把除法转化成乘法，为什么除以一个不为零的数，等于乘这个数的倒数。当然，"颠倒相乘"并不是计算分数除法的唯一方法，当我们把除法的计算转化为乘法计算时，除法与乘法就合二为一了，运用运算定律可以更好地提高运算效率。

案例片段二

师：不用画图，你能快速计算出$\frac{4}{5}\div3$这道题的结果吗？

生：$\frac{4}{5}\div3=\frac{4}{5}\times\frac{1}{3}=\frac{4}{15}$。

生：明明是除法，为什么能转化成乘法呢？

生：$\frac{4}{5}\div 3$ 表示把 $\frac{4}{5}$ 平均分成 3 份，其中的 1 份就是 $\frac{4}{5}$ 的 $\frac{1}{3}$，所以 $\frac{4}{5}\div 3=\frac{4}{5}\times\frac{1}{3}=\frac{4}{15}$。这样就把分数除法转化成了我们学过的分数乘法来计算。

生：如果是一个数除以分数呢？比如 $4\div\frac{1}{2}$ 还能转化成乘法吗？

生：我们也可以画图来理解。

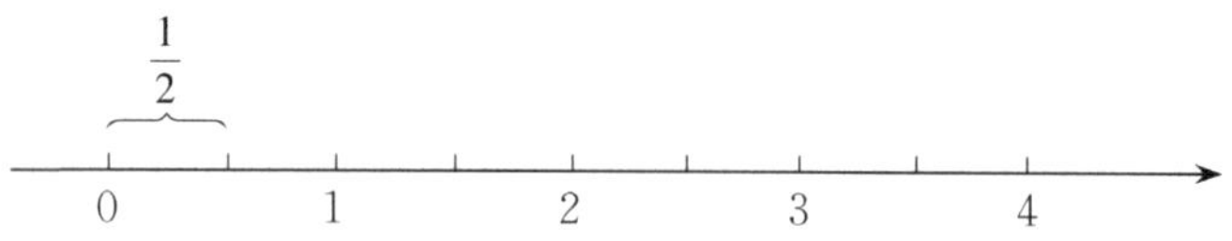

从上图来看，要想求 4 里面有几个 $\frac{1}{2}$，我们可以先算 1 里面有几个 $\frac{1}{2}$，即 $1\div\frac{1}{2}=2$，然后求 4 里面有几个 $\frac{1}{2}$，$4\times 2=8$。上面的过程可以写成 $4\div\frac{1}{2}=4\times 1\div\frac{1}{2}=4\times\left(1\div\frac{1}{2}\right)=4\times 2=8$，也就是 4 的 2 倍是多少，这样也就把分数除法转化成了分数乘法。

生：哦，我明白了，分数除法可以转化成我们学过的分数乘法来计算，非常简便，那分数除以分数是不是也可以转化成乘法来计算呢？比如 $\frac{5}{6}\div\frac{5}{12}$。

师：我们可以借助生活情境来画图理解。小红 $\frac{5}{12}$ 小时走了 $\frac{5}{6}$ 千米，她每小时走多少千米？

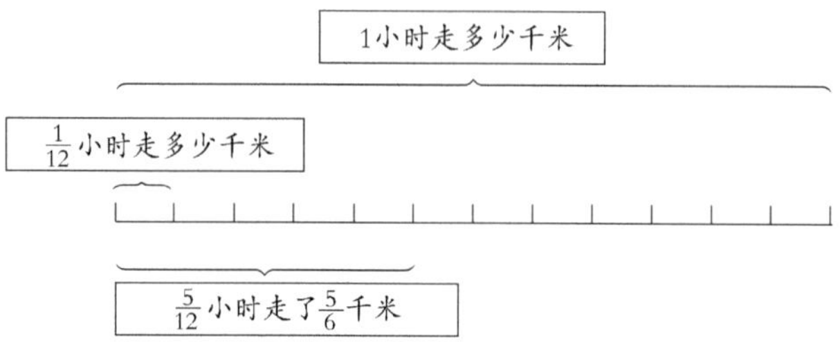

5个$\frac{1}{12}$小时走了$\frac{5}{6}$千米，所以1个$\frac{1}{12}$小时走的路程就是$\frac{5}{6}$千米的$\frac{1}{5}$，即$\frac{5}{6}\times\frac{1}{5}$，1小时里有12个$\frac{1}{12}$，所以1小时走的路程就是$\frac{1}{5}$小时走的12倍，整理过程即$\frac{5}{6}\times\frac{1}{5}\times12=\frac{5}{6}\times\frac{12}{5}$，这样也就把分数除法转化成了分数乘法。

案例片段三

师：$\frac{5}{6}\div\frac{5}{12}$如果不画图你还有别的思路来解释分数除法可以用“颠倒相乘”的方法来计算吗？揭示其中的道理。

生：可以利用商不变的性质，转化成除数是1的除法，这样也能把除法转化成乘以除数的倒数来计算。

$$\begin{aligned}\frac{4}{7}\div\frac{2}{3}&=\left(\frac{4}{7}\times\frac{3}{2}\right)\div\left(\frac{2}{3}\times\frac{3}{2}\right)\\&=\frac{4}{7}\times\frac{3}{2}\div1\\&=\frac{4}{7}\times\frac{3}{2}\\&=\frac{6}{7}\end{aligned}$$

生：为什么要把除数变成整数1呢？

生：把除数变成整数1，可以使计算变得更简便。

师：在计算小数除法时，有时我们也可以把除数转化为1来计算。1.7÷0.25，把除数0.25乘4转化为1，为了使商保持不变，被除数1.7也要乘4变成6.8，从而把算式1.7÷0.25转化成（1.7×4）÷（0.25×4），结果为6.8÷1=6.8。

当然，分数是除法算式的另一种表示形式，我们也可以根据分数与除法的关系来研究分数除法。虽然分数除法的方法有很多种，但是最终的结果都表现为“颠倒相乘”。因此就将“颠倒相乘”作为分数除法的运算法则来使用。让“颠倒相乘法”成为“赢家”的主要原因是它简单易行，具有概括性和通适性。

基于以上案例，我们从学生的认知水平出发，尝试着从分数除法的意义入手，沟通整数除法、小数除法、分数除法的一致性。同时，让学生经历由除到乘的转化过程。教师运用多个例子让学生慢慢感悟由除法算式变成乘法算式是有道理可循的，强化运算中推理意识的培养，鼓励学生从分数除法的意义、商不变的性质、乘除法的关系等方面去推导运算法则，使学生运用已有知识进行推理，将简单的发现变成深刻的理性思考。

运算顺序

从二年级开始，学生就开始接触计算，随着学习的深入，我们会发现综合算式的计算需要遵从一定的规律。具体来说，同级运算从左到右依次计算，不同级运算先算乘除，后算加减，有括号的式子先算括号内的，并且不同括号里内容的计算也有先后之分。作为一线教师，我们既要知道这个规律，更要明白这个规律存在的缘由。该如何理解呢？下面我从故事背景角度和运算结构角度两方面来具体阐述综合算式运算时所遵从的这一规律。

一、从故事背景角度理解运算顺序

对于只有加减或者只有乘除运算的综合算式，我们的规定是从左往右依次计算。现借助 $10-3+2$ 这个式子来说明。

我们赋予其实际的问题背景：树上有 10 只小鸟，飞走了 3 只，又飞来了 2 只，求树上现在的小鸟只数。

这个问题包含了如下的故事：树上原来的小鸟只数、飞走的小鸟只数、飞来的小鸟只数。因此，先计算 $10-3=7$ 是为了完成一个故事：飞走 3 只小鸟后树上的小鸟只数。再算 $7+2=9$ 是为了完成另外一个故事：又飞来 2 只小鸟后树上的小鸟只数。如果优先计算 $3+2=5$，再算 $10-5=5$，这其实变成了另外的故事，即第一个故事——第一次和第二次总共飞走鸟的只数和第二个故事——树上最终鸟的只数。所以，我们把“从左往右依次计算”作为同级混合运算的法则。

对于含有两级运算的综合算式，如果没有括号，应先乘除后加减。我们通过 $4+3\times6$ 这个式子来说明。给这个式子赋予这样的实际问题背景：实验室原来有 4 名同学，又来了一些同学，这些同学每 3 名组成一组，共来了 6 组，现在实验室里共有多少名同学？

这个问题中包含了两个故事：一是原来的同学数，二是后来的同学数。

同学总数＝原来的同学数十后来的同学数＝$4+3\times6$。

因此，先计算乘法是为了完成一个故事：后来的同学数。如果先算加减，后算乘除，实际上式子就变为（4＋3）×6。相应我们也可以赋予该式子实际的问题背景：老师带班里6个学习小组去实验室做实验，每组有4名女同学和3名男同学，这6个学习小组共有多少名同学？

同学总数＝每组同学数×组数＝（4＋3）×6。

显然，上面括号中表达的是一个故事：每组的同学人数。这个故事可以认为是整个大故事中穿插的一个小故事，只有优先解决了这个小故事，才能解决“总人数”这个大故事。因此，先算括号中的算式是有道理的。

我们可以总结：两级运算都是在讲述两个或两个以上的故事。在混合运算中，可能是大故事包含小故事，也可能是几个故事并列。这些故事应当分别计算，即先计算每一个具体的故事，再计算整体的故事。如果用一个式子表达这样的计算，就形成了混合运算：用加号表示并列的故事，用括号表示大故事所包含的小故事。

我们约定了前边所述的规则，可是有时候我们需要先算加减，后算乘除。这时候，括号的作用就体现出来了。毫不夸张地讲，它的产生是基于一种符号的创造，因为括号的出现，我们可以将混合算式中需要先计算的部分合并为一个整体并赋予计算优先级。例如在上题中（实验室求同学总数题目），因为借助括号这个计算工具，我们才可以优先计算4＋3以解决每组同学数这个小故事，进而计算7×6＝42来解决总同学数这个大故事。括号的产生填补了这一计算领域的空白。随着经济社会的发展，与人们生产生活密切联系的计算也逐渐复杂。这些计算经常由两个或者几个算式构成，而且在计算时常常需要先计算出某一个算式，再算另一个算式，于是便产生了区别先后运算顺序的符号“（ ）”“〔 〕”和“｛ ｝”。

二、从运算结构角度理解运算顺序

对于只有一级运算时从左往右依次计算，同时存在两级运算时先算乘除，后算加减，这个规律，我们还可以从运算与结构的角度来理解。

例题：学校组织三年级学生去春游，租用了5辆中型客车和8辆大型客车，每辆中型客车可乘坐18人，每辆大型客车可乘坐48人，所租用的客车共可搭乘多少人？

18×5＋48×8＝474（人）

如果分步进行计算，我们会先算出一种客车搭乘的总人数，再算出另一种客车搭乘的总人数，都是用乘法，最后一步才用加法，合并成为最后的总量。

当我们把分式合并为综合算式的时候，就需要约定先乘法，再加法。如果我们只是按照算式的顺序去做，就会变成第一步乘法，第二步加法，第三步乘法，这样计算结果就与正确结果冲突了。

其实，我们可通过结构层次角度对以上运算顺序进行总结。运算有结构层次，分为一级结构和二级结构：一级结构是加减，二级结构是乘除。关于对结构的理解，我们可以类比分类，第一层分类是一级，第二层分类是二级，有了第一层分类才有第二层分类。

所以当我们要进行合并总量的运算时，通常都需要先算二级结构，也就是说二级结构是优先级的。如果我们要去求解其中某个分量，也需要把另外一部分的总量算出来，再通过加减得出另一部分，进而算出另一部分的分量。

案例片段：两级混合运算

第一，复习导入。

第一题：一个文具盒 15 元，一套尺子比文具盒便宜 9 元，一盒彩笔又比尺子贵 14 元。一盒彩笔多少钱？

$$15-9+14$$

第二题：李明用小棒摆了 9 个正方形。如果用这些小棒摆三角形，可以摆多少个？

$$9\times4\div3$$

第二，探究新知。

理解、总结两级混合运算的运算顺序。

这是河北省的一个冬奥运动场馆（幻灯出示图片）。

师：大家想不想知道该运动场馆的门票多少钱？请看大屏幕，成人票 68 元，学生票半价。

师：刘老师和他的两个同事去该运动场馆，付给售票员 300 元买票，应找回多少钱？

学生列式计算，教师板书。

$$\begin{aligned}&300-68\times3\\=&300-204\\=&96\text{（元）}\end{aligned}$$

师：之前我们所学的综合算式都是按从左往右的顺序计算的，为什么这道题先算后面的乘法呢？

生一：因为我们必须先知道买 3 张票花的钱数，才能再算出要找回的钱数。

生二：要想求出找回多少钱，必须在总钱数里减去 3 张票的价钱，而不是减掉一张票的价钱，所以要先算后边的乘法。

师：也就是说，这道题是求从 300 里减去 68×3 的积，差是多少，所以要先算乘法，再算减法，对吗？

出示信息：周末，爸爸妈妈带着李明去该运动场馆游玩。购买门票需要花多少钱？请列式解答。

学生列式计算。

$$68+68+68\div 2$$

$$68\times 2+68\div 2$$

$$68\times 3-68\div 2$$

师：说一说每种解答方法的运算顺序，并尝试总结出其共同点。

练习：五一假期 8 名学生去参观天文馆，共付门票费 240 元，每人乘车用 3 元。平均每人花了多少钱？

$$\begin{aligned}&240\div 8+3\\=&30+3\\=&33\text{（元）}\end{aligned}$$

出示两组题目。

第一组：15－9＋14。

9×4÷3。

第二组：300－68×3。

68＋68＋68÷2。

师：仔细观察第二组算式，这些算式与第一组相比有什么不同点？它们是按什么顺序计算的？

生一：第一组的每道算式中只有加减法或只有乘除法，而第二组的算式中既有加减法，也有乘除法。

生二：第二组算式都是先算乘除法，再算加减法。

师生总结：在没有括号的算式中，既有乘除又有加减运算时，一般情况下先算乘除，后算加减。

出示：在没有括号的算式里，有乘除法和加减法，要先算乘除法，后算加减法。

加法与乘法运算定律

运算定律指基本运算律，是运算体系中具有普遍意义的规律，包括加法运算定律和乘法运算定律，它与四则运算是有机的整体。运算意义是运算定律的基础，运算定律是对数的运算过程中的基本规律的归纳与总结。

运算定律是理解和确定算理和算法的重要依据，沟通着数的概念与数的运算之间的关联，突出了“数”与“运算”的一致性，同时也是解决问题的重要工具。所以，运算定律的教学不能简单地等同于简便计算教学，要通过实际问题和具体计算引导学生理解和把握运算定律的本质，在此基础上学会运用运算定律进行简便计算，并能用所学的知识解决简单的实际问题，形成初步的代数思维。

一、运算意义是研究定律的基础

（一）加法运算定律

加法交换律和结合律的本质是加法的意义，而加法的源头实际上是自然数的计数。“数源于数”，加法是计数求和的过程。从本质上说，求和的结果和先后顺序无关，这是自然数计数原则中的顺序不相干原则。因此，加法交换律和结合律虽然对算法的侧重点不同，但算理上是相同的，即加法运算结果与其运算顺序无关。

案例片段一

教师出示李叔叔骑车情境图。学生从中找到数学信息并提出数学问题：“李叔叔上午骑了40千米，下午骑了56千米，一共骑了多少千米?”

在解答后得出40＋56＝56＋40。

这时，老师继续追问：为什么结果不会改变呢?

学生从情境中的数量关系说出理由：因为上午骑行的千米数＋下午骑行的千米数＝一天骑行的总千米数，而下午骑行的千米数＋上午骑行的千米数＝一天骑行的总千米数。

师：不改变问题情境，但改变李叔叔骑行的千米数，你能再编一个问题，并写出一个这样的等式吗？

生：李叔叔上午骑了 45 千米，下午骑了 50 千米，一共骑了多少千米？列出等式 45＋50＝50＋45。

师：脱离这个情境，根据我们的感觉，你能再写出一个这样的等式吗？

生：70＋80＝80＋70，100＋120＝120＋100……

师：你能用自己喜欢的方法表示出这个规律吗？

生：甲数＋乙数＝乙数＋甲数，■＋▲＝▲＋■，a＋b＝b＋a……

师：无数个等式能用一个式子表示，很神奇，数学上通常用“a＋b＝b＋a”来表示，这就是加法交换律。

从运算的意义来说，加法的本质是合并，即把两个数合并成一个数的运算。学生在关注等式的过程中，既聚焦了数，对“加数没变，和没变，加数的位置变了”有了充分的直观感知；同时聚焦了加法运算的意义，交换加数的位置只表示形式上的不同，不论左边加右边，还是右边加左边，都是把两部分合起来，因此和不变。

在教学加法结合律时，我们以加法交换律为例子，教会学生沿着“解决实际问题—发现数学现象—大量举例验证—抽象概括本质—符号表示规律”这样一个路径去探究学习。学生在大量等式中感知，同样都是几个数相加，不同的是运算顺序不一样。这样帮助学生逐步建构一个模型：只要是求和，就不分先后。这就是加法交换律和加法结合律的本质。

（二）乘法运算定律

乘法是加法的简便运算，所以乘法交换律和结合律的本质也是乘法（加法）的意义。加法交换律、结合律和乘法交换律、结合律在形式结构上相似度很高，学生学了加法的运算定律，可以迁移类推乘法交换律、结合律。

乘法分配律涉及两级运算，但其本质依旧是和乘法意义相关，乘法运算结果与其运算顺序也无关。

案例片段二

教师出示情境：在学校组织的跳蚤市场上出售手工牛轧糖，花生味 8 盒，芝麻味 12 盒，每盒 5 元，这些牛轧糖一共多少钱？

师：你会求吗？会用几种方法求？

学生呈现两种方法：8×5+12×5 和（8+12）×5。

两种方法写成等式是 8×5+12×5=（8+12）×5。

师：两个式子“相等”体现在哪里？

生：都是求 20 个 5 是多少，所以两个式子是相等的。

师：你能用画图、写意义、算结果等多种方法来表示这两个式子都是在求 20 个 5 吗？

学生实践，表达交流。

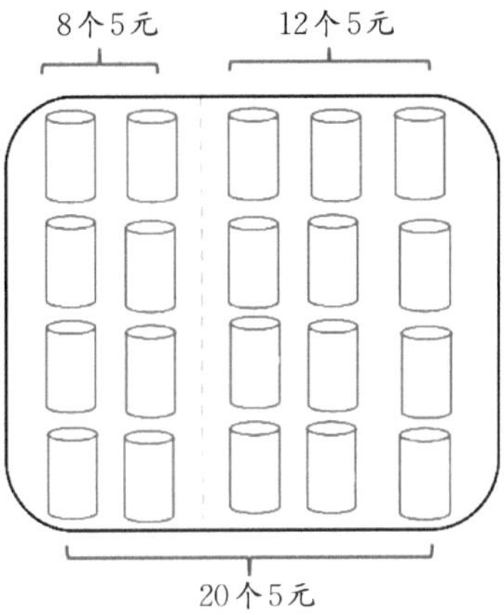

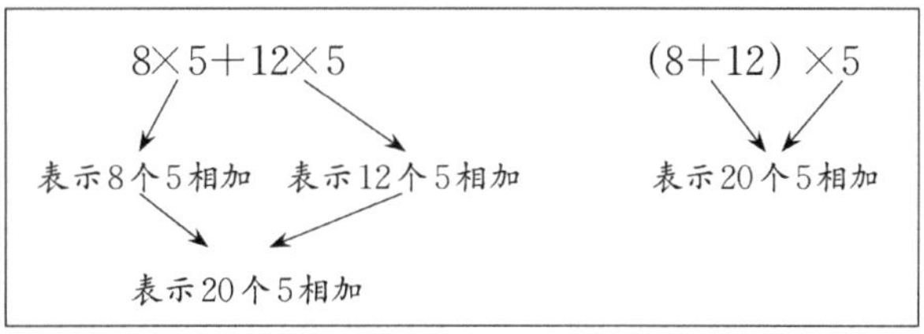

8×5+12×5	（8+12）×5
=40+60	=20×5
=100	=100

乘法分配律“先求和，再相乘”与“分别乘，再相加”的结果是相等的，即无论是从（a+b）×c 到 a×c+b×c 的分解式思考，还是从 a×c+b×c 到（a+b）×c 的合并式思考，都可以结合乘法的意义来理解，都是求几个相同加数的和。在借助实例初步归纳出运算定律的基础上，教师可以借助生活表征、图形表征、符号表征等方法提炼定律的形式结构。

二、运算定律是研究运算的依据

（一）沟通联系，实现结构化教学

运算定律需要遵循四则运算规则，在对四则运算的原式进行变式的过程中必须确保变式前后式与式的对等关系。这样看来，运算定律不仅仅是为了简算，它也是后续数学学习的基础。沟通知识之间的联系，能让学生从整体上把握知识形成与发展的脉络，使数学知识结构化、系统化。

案例片段三

师：我们在过去的学习过程中，什么时候用到过这两个加法运算律？

生一：一年级的时候，我们根据图形“左边 2 个圆，右边 3 个圆，求一共有多少个圆”，可以列出两个加法算式，这就是运用了加法交换律。

生二：笔算加法时，我们可以交换两个加数的位置再算一遍进行验算，我觉得这也运用了加法交换律。

生三：在学习 27 加 5 的时候，把 27 拆成 20 和 7，先算 7 加 5 等于 12，再算 20 加 12 等于 32，这就是运用了加法结合律。

……

师：同学们举的例子都很棒。下面请大家继续思考，加法有交换律和结合律，那么你认为其他运算中有可能存在这样的运算规律吗？

生：我觉得乘法也有交换律和结合律。

师：你怎么想到乘法有交换律和结合律，而不想到减法和除法呢？

生：因为乘法是求几个相同加数的和的运算，应该跟加法相似。

师：你的想法很有道理，研究起来肯定也很有意思。

案例片段四

师：下面是乘法口算和求长方形的周长。你能从中看到乘法分配律吗？

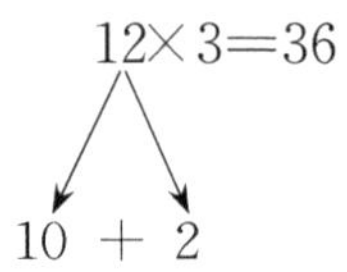

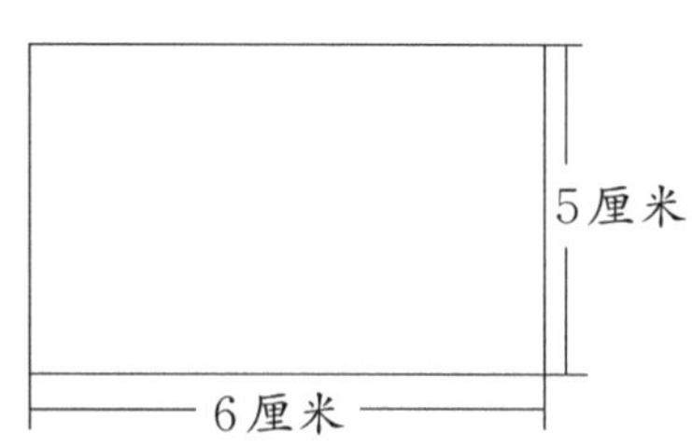

生：口算 12×3 时，把 12 分成 10＋2，先算 10×3 和 2×3，合起来就是 12×3。

生：长方形的周长计算方法，可以是 6×2＋5×2，也可以是（6＋5）×2。

运算定律并不是学生在四年级下册才第一次接触，其实很早就进入了我们的数学课堂。可以说运算定律在验算、口算、竖式计算等领域以及图形的周长、面积、体积计算公式与相遇问题等领域，都发挥着重要的作用，保障了运算的合理性。在未来的学习中，我们还要推广到小数和分数的运算中。

（二）对比辨析，促进内涵理解

简便计算要根据算式和数的特点，依据四则运算的性质，在不改变运算结果的前提下灵活处理运算程序，以达到简便易算的目的。

案例片段五

教师出示两道算式：(1) 25×（4+20），(2) 25×（4×20）。

学生先独立完成，然后再交流算法，比较辨析。

生在计算（2）时，出现以下三种算法。

①25×4+25×20；②（25×4）×（25×20）；③（25×4）×20。

师：以上不同的答案，你们同意哪一个？

生：第③个，因为它是求 80 个 25 是多少。

生：第①个是在算第（1）题。

师：第（2）题能用乘法分配律吗？

生：不行，应该用乘法结合律。因为用分配律的方法算出来的得数和原来的不一样。

师：乘法分配律和乘法结合律的式子看起来有点像，谁有什么好办法，让大家一眼就分辨出来？

生：括号里是加号的时候用乘法分配律，括号里是乘号的时候用乘法结合律。

生：乘法分配律有乘和加两种（两级）运算，而乘法结合律只有乘法一种（一级）运算。

针对乘法分配律变式多、与乘法结合律容易混淆这一学习难点，教学时可以通过“计算原式得数、算式要素比较、运算意义理解”等多种途径，对两种运算定律进行区分，从而加深对内涵的理解。

所以，在运算定律的教学中，我们不仅要关注如何使学生会“算”，更要通过探究“算”的过程，引导学生学会辨析和思考，体会计算过程的合理性、简洁性和逻辑性，从而提升学生的简算意识和研究计算问题的兴趣。

数量关系1——加与乘

小学阶段在数量关系模块所有模型中，有两大重要模型，即加法模型和乘法模型。可以认为，这两大模型是在抽象、概括的基础上发现的重要关系，它既概括了小学低年级阶段用加减乘除意义解决问题的基本数量关系，同时对后续用字母表示关系或者规律、性质等起到了铺垫作用。

所谓加法模型就是“总量＝分量＋分量”，而乘法模型可大体分为与个数有关（总价＝单价×数量）和与物理量有关（路程＝速度×时间）的两种形式。

一、为什么这样定义

我们定义加法模型为“总量＝分量＋分量”，为什么不是“总量＝分量1＋分量2＋分量3＋分量4……”呢？现在假如有4个量，即数量1、数量2、数量3、数量4，要求其和。我们可以先求数量1和数量2的和，这个结果作为新的分量再与数量3求和，新的结果再作为分量与分量4求和。或者可以先将数量1和数量2、数量3和数量4分别相加，各自结果作为两个新的分量再求和。

通过以上分析，我们可以看到无论是怎样的顺序或者方式，每一步的计算都是以“总量＝分量＋分量”这一模型为根基。模型的建立是精简的，是具有高度概括性的，其实这就是我们建立加法模型的意义所在。

“总量＝分量＋分量”这一模型应用非常广泛。在告知了标准量和差量，求比较量的时候可以根据此模型公式解决。在告知了部分量和部分量，求整体的时候也可以根据此模型公式解决。

案例片段一

师：和平小学是一所百年名校，同学们请看大屏幕，你发现了什么信息？

生一：图中呈现了和平小学的东、西两个校区，并且我发现西校区有800人。

生二：我发现东校区比西校区多200人。

师：同学们观察得可真仔细，针对图中提供信息，你能提出什么问题呢？

生：我想知道和平小学东校区有多少人？

师：东校区的人数该怎么计算？同学们以小组为单位相互讨论。

师：哪个小组可以派代表分享一下你们的成果呢？

生：因为和平小学西校区有 800 人，东校区比西校区多了 200 人，所以东校区的人数为 800＋200＝1000（人）。

师：这位同学回答得非常正确。题中涉及了东、西两个校区，西校区给出了具体的人数，我们称为标准量，两个校区相差的 200 人，我们称为差量，东校区待求人数称为比较量。所以标准量、差量和比较量三者之间应该是什么关系？

生：标准量＋差量＝比较量。

师：现在，东校区和西校区的人数都知道了，如果要求和平小学总人数，你们打算怎么计算呢？

生：西校区 800 人，东校区 1000 人，所以总人数为 800＋1000＝1800（人）。

师：这里，东校区和西校区人数都是部分量，和平小学总人数为总量。所以部分量和总量之间的关系应该是什么？

生：部分量＋部分量＝总量。

乘法模型大体分为与个数有关（总价＝单价×数量）和与物理量有关（路程＝速度×时间）的两种形式。乘法模型中，我们要重点感悟模型中量纲的意义。

假如一个儿童从青少年宫到博物馆做匀速直线运动，那么这个儿童在一定时间内所经过的路程与其速度之间有如下关系：路程＝速度×时间。

这个公式是一种基本的数学公式，用于计算运动过程中的路程、运动速度和运动时间。这个公式在日常生活中经常被使用，例如我们在开车、跑步等运动中，都需要用到这个公式来计算我们所经过的路程和运动速度。

总价＝单价×数量公式是指在进行商品交易时，购买一定单价的物品需要支付的总价钱与购买物品数量之间的关系。这个公式在我们的日常生活中也经常用到，可以说生活中无处不在。

举例说明，小明每秒走 0.5 米，他走了 15 分钟到玩具店买圆珠笔。圆珠笔 3 元/支，小明买了 4 支圆珠笔。买圆珠笔花了多少钱？小明家到文具店距离是多少？

在求总价时，根据总价＝单价×数量，我们不难求出总价为 3×4＝12（元）。

根据公式路程＝速度×时间，可求距离为 0.5×15×60＝450（米）。

我们知道，乘法可以认为就是加法的简便运算。这里，单价是每一份的价钱，数量就可以理解为份数。根据乘法的意义，每份数量×份数自然就是总数量。我们可以认为总数量是每份个数伴随数量的叠加，这里总价就是单价伴随数量的叠加。

同样，假如把速度认为是每秒所走的距离（每份数量），那么时间就是份数，根据前边所述“总数量是每份个数伴随数量的叠加”，总路程就是速度伴随时间的叠加，自然速度、时间二者的乘积就是路程。

当然，与个数相关的总价模型和与物理相关的路程模型稍有不同。总价模型中，数量是一份一份的，是“孤立”的。而在路程模型中，时间是“连续”，前边“总量=每份个数×数量”的思路虽然可以帮助我们理解此模型，但实际上是强行将时间按份数“数量化”。

二、基本数量关系引出的减法、除法数量关系

通过前边的阐释，我们已经对加法模型和乘法模型有了一定的了解，对总价公式和路程公式有了较为深刻的认识，运用两个公式解决相关题目也游刃有余。我们说学习能力中有很重要的一项就是逆向思维能力。我们知道了两个分量可以求总量，那知道了总量和其中一个分量可不可以求另一个分量呢？知道了单价和数量可以求总价，知道了速度和时间可以求路程，如果告诉了我们总价和数量能不能求单价？告诉了总价和单价能不能求数量？或者告诉了路程和速度能不能求时间？告诉了路程和时间能不能求速度？

我们以乘法模型中的路程公式举例说明：萱萱坐车从保定去南京用了 10 小时，已知保定到南京的距离约为 1000 千米。试求萱萱所乘汽车的速度。因为“路程=速度×时间”，所以“速度=路程÷时间”，不难求出萱萱的速度为 1000÷10=100（千米/小时）。如果已知路程和时间，可以计算速度。

其实，如果已知路程和速度，也可以通过公式来计算时间。还是上述例题，告知保定到南京的距离是 1000 千米，萱萱乘车从保定到南京的速度是 100 千米/小时，可根据“时间=路程÷速度”计算萱萱乘车时间为 1000÷100=10（小时）。

乘法模型总价公式和加法模型中，也是同样的道理和方法。每个公式都涉及 3 个量，知道其中 2 个量可以求出第 3 个量，也就是对原始公式的变型应用。加法模型公式是加法运算，变型后为减法运算；乘法两个模型是乘法运算，变型后为除法运算。

案例片段二

师：和平小学是一所体育强校，让我们走进赛场去领略运动员的风采吧。

在丰富多彩的体育活动中，最受同学们喜欢的就是田径比赛。田径比赛这个项目比的是什么？

生：速度。

师：你们觉得什么是速度？

生：跑得快，就是速度快。

例题：学校需要选一名运动员参加今年的区级田径比赛。根据下表的信息，你认为该选谁，请说明理由。

姓名	距离	时间
君君	21 米	3 秒
乐乐	21 米	4 秒
桐桐	24 米	4 秒

小组讨论后反馈。

师：大家认真观察这张统计表，你认为该选谁，请说明理由。

生一：君君比乐乐跑得快。因为同样 21 米的路程，君君用了 3 秒，乐乐用了 4 秒，君君用的时间更少。

生二：路程相同，用的时间少就说明速度快。

生三：桐桐比乐乐跑得块。因为同样 4 秒的时间，桐桐跑了 24 米，乐乐跑了 21 米，桐桐跑的距离更远。

生四：时间相同，跑的路程更多就说明速度快。

师：刚才大家运用推理很快就比出快慢来，路程相同就直接比时间，时间相同就直接比路程。

师：经过两次的比一比，你有结果了吗？

生一：君君和桐桐所用时间不同，路程也不同。

生二：所用时间不同，路程也不同，就无法比较了吗？

师：请大家带着这个问题继续思考，完成之后小组分享各自的想法。

师：请大家分享一下各组的想法。

生：我是通过计算比较出来的。君君同学 21 米除以 3，每秒跑 7 米。桐桐同学

24 米除以 4，每秒跑 6 米。所以君君速度快。

师：这里求出来的 7 米、6 米表示什么？

生一：表示速度。

生二：通过画线段图也可以比较，君君每秒跑的线段更长，所以君君的速度更快。

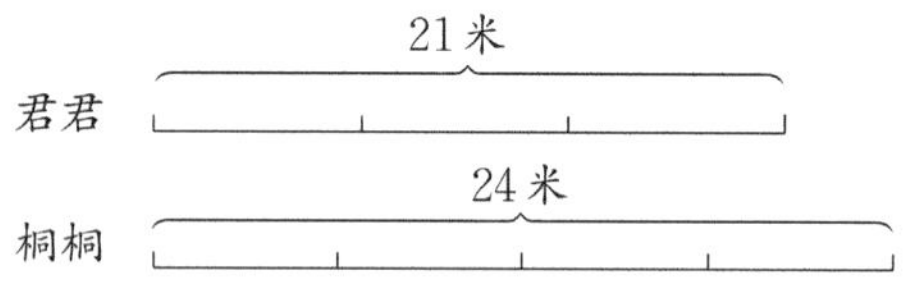

生：路程不同，时间也不同，也可以比出速度的快慢，只要对比相同时间跑的路程就行。

师：你们同意他的观点吗？你能结合线段图说说他的意思吗？

生一：线段图的每一段都表示多少时间跑的路程？

生二：1 秒跑的路程。

师：在比较过程中，无论通过计算还是画线段图，都可以比较出每秒跑的路程。每秒跑的路程，在数学上就是什么？

生：速度。

师：在路程和时间都不相同的情况比快慢，就是比什么？

生一：速度。

生二：速度＝路程÷时间。

三、不常用的数量关系

乘法模型中的总价模型和路程模型是我们相对常见的两个数量关系，当然还有一些不常见但是也很重要的数量关系。例如我们以后要学习的另一种数量关系：工作效率×工作时间＝工作总量。

工作效率是单位时间内的工作量，可以类比总价模型中的单价或者路程模型中的速度（或者乘法意义中的每份个数）；工作时间可以类比总价模型中的数量或者路程模型中的时间（或者乘法意义中的份数）；工作总量可以类比总价模型中的总价或者路程模型中的路程（或者乘法意义中的总量）。

数学是一门知识体系很强的学科，教学内容看似不同，实则是一个体系。在这部分内容的教学中，我们要善于将零散的知识组合成互联、整体的构架，引导学生经历建立模型和应用模型解决问题的过程，体会模型的价值，发展模型意识。而模型意识指导下的教学，要让学生知道“数学模型可以用来解决一类问题”，并感受模型的普适性，要突出解决现实世界中的“一类”问题，这样的认识会更加扎实与深刻。

数量关系 2——倍比、分率与比

数学是研究数量关系和空间形式的科学。数量关系是课程标准中由相关内容整合而成的一个主题。数量关系主要是用符号（包括数）或含有符号的式子表达数量之间的关系或规律。以数量关系为核心的问题解决在小学学段初步分为三个阶段，在理解运算意义的基础上建立“加法模型”“乘法模型”等，进而进行模型的拓展应用。所以，数量关系教学重点在于用数和符号对现实情境中数量之间的关系和规律进行表达，凸显用数学模型解决现实情境中的问题。

数量关系中的倍比问题包括倍、分率和比，作为乘法模型及其拓展和组合，教学重难点在于两个“量”——“标准量”和“比较量”的认识和突破。这就需要遇到此类问题时基于核心概念的支撑，紧扣数量关系分析和实施教学，从而培养学生的应用意识、模型意识和符号意识。同时三者相互融通，建立关联，从而形成结构，凸显本质的一致性；帮助学生优化认知结构，培养结构化思维。

一、以分析数量关系为支撑，认识本质，建构体系

倍比问题中的倍、分率和比看似变化多端，其实有着万变不离其宗的内在联系。倍比问题基于理解两种量之间的数量关系进行研究，可以从三大要素展开，即单位“1”（一倍量）、对应分率（倍数）和对应数量（多倍量）。也就是已知其中两个量，求第三个量。所以，认识倍比问题的本质，寻找知识间的联系，有利于学生在问题解决中从整体的视角思考问题，建构新的知识体系，培养结构化思维。

案例片段一

创设情境：妈妈从水站购买桶装水，1 桶水的体积是 12 升，妈妈买了 3 桶。打开第一桶后，第一天先喝了$\frac{1}{2}$桶，第二天还剩$\frac{1}{4}$桶。请你帮忙算一算。

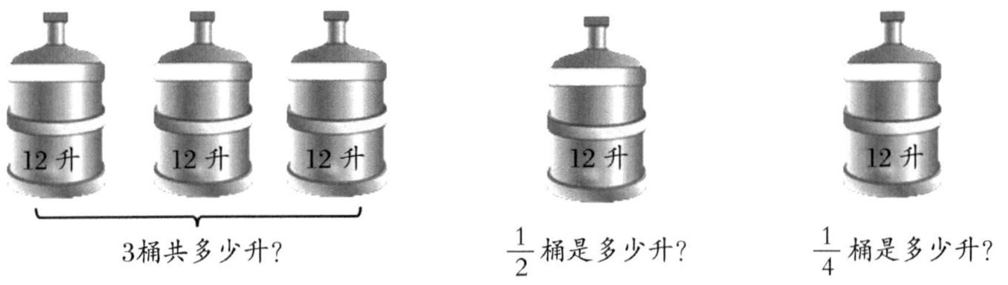

师：同学们，认真读题，第几个问题用我们以前学过的知识就能解决？

生：第 1 个问题用学过的知识能解决，12×3。

师：为什么用 12×3 来解决？这个算式表示什么呢？

生：1 桶水 12 升，3 桶水多少升？就是求 3 个 12 是多少，所以用 12×3。

师：有理有据，求几个几用乘法。谁还有不同的想法？

生：1 桶水 12 升，3 桶水多少升？就是求 12 的 3 倍是多少，所以我也用 12×3。

师：你想到了求一个数的几倍用乘法，真了不起。

小结：看来，求几个几和求一个数的几倍，其实是一回事儿，都是知道一份是多少，也就是标准量。有几份就是几倍，再求几份是多少也就是比较量的时候，用乘法就可以了。

板书：

12×3=36（升）→3 个 12 升　12×3=36（升）→12 升的 3 倍

师：那第 2 个和第 3 个问题，你们能尝试解决吗？请先独立思考，再写一写、画一画，最后在小组内交流一下自己的想法。

学生展示汇报。

$\frac{1}{2}$桶就是半桶，可以看作$\frac{1}{2}$个 12 升是多少。

师引导：你很会举一反三，那还可以用倍来说吗？

生：12 的 $\frac{1}{2}$ 倍是多少。

板书：

$12\times3=36$（升）→3 个 12 升
↓
$12\times\frac{1}{2}=6$（升）→ $\frac{1}{2}$ 个 12 升

$12\times3=36$（升）→12 升的 3 倍
↓
$12\times\frac{1}{2}=6$（升）→12 升的 $\frac{1}{2}$ 倍

师：认真观察，为什么 $12\times\frac{1}{2}$ 算出的结果比 12 升小？

生：因为 $12\times\frac{1}{2}$ 表示 12 升的一半。

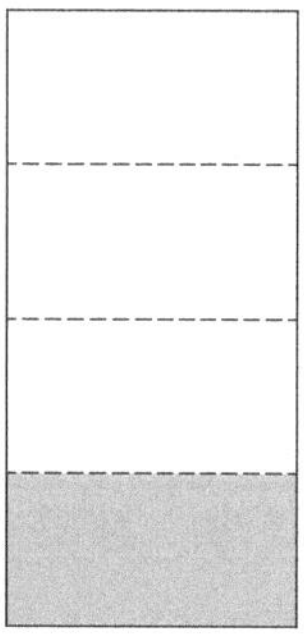

剩下的 $\frac{1}{4}$ 桶是 $\frac{1}{4}$ 个 12 升或 12 升的 $\frac{1}{4}$。

用 $12\times\frac{1}{4}=3$（升），结果也比 12 升小。

师：同学们的迁移运用能力真强，由 $\frac{1}{2}$ 桶水想到了 $\frac{1}{4}$ 桶水怎么解决。当不到 1 倍（小于 1 倍）时，我们通常省略“倍”字，直接说 12 的 $\frac{1}{2}$ 是多少，12 的 $\frac{1}{4}$ 是多少。

这第 2 个和第 3 个问题是我们今天学习的新知，你静下心来边观察边思考：求 12 的几分之几和求 12 的几倍，有什么联系？

生：好像是一样的，只不过几倍都是大于 1 的数，几分之几是小于 1 的数。

师：你是个善于观察和思考的孩子，发现了这两个问题其实是同一类型，求一个数的几倍和求一个数的几分之几都是在研究两个量之间的数量关系。这里的几分之几叫作“分率”。“倍”和“率”只是同一个问题的两种不同说法。

分数解决问题中的数量关系归根结底就是倍比关系。分数乘法意义列出的数量关系是：分率对应的量＝单位“1”的量×分率。以前所学的倍比关系的数量关系是：多倍量＝一倍量×倍数。理顺这两者之间的数量关系，单位“1”的量就是倍比关系中的一倍量，分率的含义就是整数“倍”的含义的扩充，分率只是非整数倍。这样将“倍”“率”统一起来，认识到“倍”和“率”只是倍比关系中的两种说法，本质是一致的。

二、在问题解决中综合运用，正向迁移，实现转化

读懂情境、正确理解情境中的问题，是理解数量关系的基础；从情境中发现并提出问题，找出数量间的关系，是问题解决的关键；能否将数量关系用数学算式表达出来，是衡量学生是否具有模型意识的一个重要标尺。

基于分数意义的联想，教师应在问题解决中引领学生立足真实问题情境，经历发现和提出问题、分析和解决问题的过程，能用数和符号来表达实际情境中的数量关系，并建立恰当的数学模型，实现从四则运算意义的理解到模型建立的抽象过程，以及问题解决从个别化到一般化的过程，从而突出本质，不断扩充完善对倍比关系的认识，训练思维的灵活性、深刻性，推动学生核心素养的发展。

案例片段二

呈现任务：1班有女生25人，男生的人数是女生的$\frac{4}{5}$，__________？

师：寻找题目中的已知数学信息，并提出一个数学问题。

生：已知数学信息有女生25人，男生的人数是女生的$\frac{4}{5}$。

生：男生有多少人？

师：男生的人数与谁有关系？有什么样的关系呢？

生：男生的人数与女生有关系，男生人数是女生的$\frac{4}{5}$，也就是把女生看作单位“1”，平均分成5份，男生相当于这样的4份。

师：你从分数的意义角度，分析得头头是道。我们怎么表示出男生与女生人数

之间的这种关系呢？

生：可以画线段图。

师：先画谁？再画谁呢？

生：先画女生人数，因为这是单位“1”。

学生动手画出线段图。

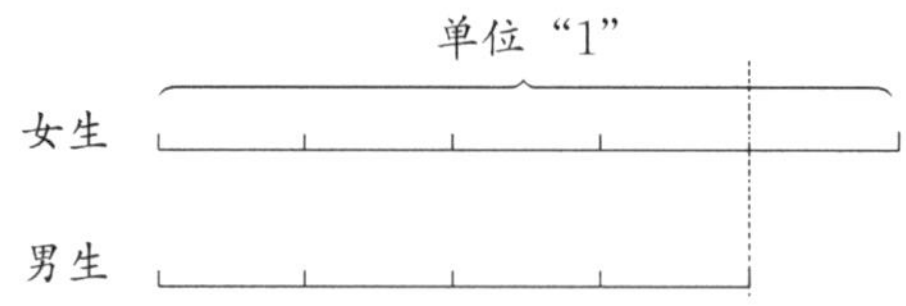

师：通过男生与女生人数之间的这种倍比关系，你还能看出什么？联系以前学过的知识，比一比哪个小组有新发现。

在学生的交流讨论中，根据女生是单位“1”，有 5 小份，男生有这样的 4 小份，得出全班有 9 小份，女生比男生多 1 小份。确定的单位“1”不同，可以产生不同的分数表示其中的倍比关系。也可以把分数表述为比的形式，利用比与分数的联系，解决倍比关系的问题。

利用知识间的内在联系进行合理统整，通过训练帮助学生把握知识内在的结构关系，借助结构的支撑，建立知识点之间的关联，迁移重组，建构新的知识体系。

案例片段三

解决问题：小明看一本《趣味数学》，第一天看了一部分后，已看页数与未看页数的比是 3∶5；第二天又看了 42 页，这时已看页数正好是未看页数的 2 倍。这本《趣味数学》一共有多少页？

师：这个题目既有“比”，又有“倍”，而且题中已看页数和未看页数都在发生变化，该从哪里入手解决呢？

老师给同学们两个小提示：第一，抓住题目中的一个不变的量；第二，可以把题目中的比、倍和分率进行相互转化。

生：题中有一个不变量是总页数。

师：对，已看页数和未看页数是前后变化的，但总页数是不变的。抓住这个不变的量作为单位“1”，如何求出它呢?

学生先独立思考、分析，再分小组讨论、交流。

第一小组展示汇报。

生一：第一天看了一部分后，已看页数与未看页数的比是3∶5，表示第一天看的页数是3份，未看的页数是5份，总页数就是这样的3+5=8份，已看的页数占总页数的$\frac{3}{8}$。

生二：第二天又看了42页，这时已看页数正好是未看页数的2倍，此时未看的页数是1份，两天已看的页数是2份，总页数是这样的2+1=3份，两天已看的页数占总页数的$\frac{2}{3}$。

生三：要求总页数也就是单位“1”，就要找42页所对应的分率。已看页数所占分率由开始的$\frac{3}{8}$变为后来的$\frac{2}{3}$，就是因为又看了42页。所以量率对应，用量÷对应的分率=单位“1”的量，$42\div\left(\frac{2}{3}-\frac{3}{8}\right)$。

师：同学们抓住总页数这个单位“1”不变，将题中的“比”和“倍”都转化成“分率”，找到了42页这个数量所对应的分率，进而求出了这个单位“1”的量。

第二小组展示汇报。

生一：我们组把已看页数是未看页数的2倍，转化为已看页数与未看页数的比是2∶1。

生二：开始已看页数与未看页数的比是3∶5，总页数是8份；又看了42页后，已看页数与未看页数的比变为2∶1，总页数是3份。总页数这个单位“1”是不变的。

生三：3∶5=9∶15，2∶1=16∶8，这样就把总页数统一成了24份，42÷(16−9)先求出1份是多少页，再乘24，求出总页数。

师：你们的想法真独特，把倍数转化为比，利用比的基本性质，统一总页数的份数，进而找到42对应的份数差。

分数乘除法问题是倍比关系问题的一部分，教师应引导学生把比、倍、分率进行相互转化，围绕“单位‘1’×分率=对应的数量”“对应的数量÷分率（份数差÷总份数）＝单位‘1’”的基本模型进行知识的不断重组和构建，利用好知识的正迁移，形成模型链。

同时，把分数乘除法问题解决提升到“问题解决”的系统建构上来，从整体上认识这个问题，让分数乘法意义、分数计算、数形结合的教学推动解决问题的教学。

图形与几何篇

线段、直线和射线

线是几何图形中最基础的元素，也是抽象化的数学概念。学生接触几何图形的初始并不是认识线，而是从体到面，再到线。在“线的认识”板块中，“认识直线、射线和线段”是起始课，“认识线的属性和特征”需要精耕细作。在欧几里得几何学中，直线是几何学中的基本概念，是点在空间内沿相同和相反方向运动的轨迹。射线指直线上任一点一旁的部分，线段是介于两点之间的直线部分。小学数学教材中没有对直线、射线和线段给出严格的定义，而是借助具体生活实例直观引出直线、射线和线段的特点。现实生活中有“线段”的实物原型，但直线涉及无限的概念，在现实生活中没有实物原型，这就需要通过想象进行初步抽象，加深对直线的认识。相对直线而言，射线虽然也涉及了无限的概念，但能够在生活中找到实物原型，如手电筒射出的光。因此，这部分内容的教学难点还在于认识直线上。

一、对接学生的生活经验认识线

数学知识虽源于生活，但并不是生活的摹本，不简单等同于生活。在实际生活中，并不存在“直线”这种生活现象，学生心中的直线也只是一条直直的线，并不涉及无限的概念，实际是数学中的线段。所以这部分知识教学我们要对接学生的生活经验，把学生的经验改造成数学知识，进而认识线的本质属性。

案例片段一

师：同学们，生活中我们通常会用哪些词来描述一条线啊？

生：弯曲的线和直直的线。

师：也就是说曲、直。

生：有粗有细。

师：粗、细。

生：有的长，有的短。

师：我们也经常用长短来描述线。今天我们就来研究这些直直的线。

师：这些线有粗细吗？

生：有。

师：这位同学上来，我们两个都画这条线。你来画这里，我来画这里。

师：为什么画的一样的线，却一条线细，一条线粗呢？

生：粉笔粗，画的就比较粗，粉笔细，画的就比较细。

师：请问线有粗细吗？

生：没有。

师：好棒！请问线有长短吗？

生：没有。

师：（拿出一本数学书）这是一条线（宽），这是一条线（长），谁长？

生：竖着的线长。

师：谁短？

生：横着的线短。

师：线有长短吗？

生：有。

师：线无粗细，但有长短。

以往的教学我们注重对线段、直线和射线概念的教学，忽视了学生对线的本质属性的理解。在操作中，学生意识到线的粗细不是线的本质属性，只有长短才是线的本质属性。从学生的已有认知经验出发，在活动与讨论中把线无粗细这一非本质属性去除，留下线有长短这一本质属性。

案例片段二

师：线有长短，你能从生活中找出两条线，比一比长短吗？

生：课桌的长和课桌的宽，课桌的长长一点。

生：教室的长更长。

师：还有比它更长的吗？

生：操场的长。

师：再找一条比它长的线，更长的呢？再长呢？

生：再长就不知道了，因为都看不到头。

师：刚才列举的那些能看到头不？

生：能。

师：能看到几个头？

生：两个。

师：看不到头的有什么情况？

生：可能一端看不到头，可能两端看不到头。

师：根据线能看到头和不能看到头，我们给它分分类，即能看到两个头的线、能看到一个头的线和看不到头的线（看到零个头的线）。

师：你能把这三种线画成图吗？

生：能（画图）。

师：课件出示三种线，这三种线分别是哪一种？

师：数学上我们把这个头叫端点，通常用一个点来表示。能看到两个头的就有两个端点。

生：我知道了，能看到一个线头的有一个端点，看不到头的没有端点。

师：我们把有两个端点的线叫线段，只有一个端点的线叫射线，没有端点的线叫直线。

生活中对线的描述——“看不到头”，学生接受起来比较容易，因为“看不到头”是一种真实的生活体验。

二、在区别与联系中认识直线、射线和线段

对于直线、射线和线段的认识，我们还要引导学生在不同中找相同，在相同中找不同，从而得到一些基本事实。

案例片段三

生活中的哪些线是线段？

生：黑板的边、课桌的长、教室的宽……太多了。

师：线段其实都长在形状中，我们以前学过的长方形、正方形、三角形中都有线段。

师：线段有长短吗？

生：有。

师：怎样才能知道线段的长短呢？

生：可以用尺子测量。

师：射线有长短吗？

生：因为有一边看不到头，不知道它有多长，不能测量。

师：看不到头数学上叫无限长，可以向一个方向延长、延长，一直延长。射线有长短吗？

生：有长短，但是不知道有多长。

师：不知道有多长就叫无限长，射线有什么特点？

生：有一个端点，无限长。

师：非常好。那直线呢？

生：它可以向两端无限延伸，它也是无限长。

师：对，直线可以测量吗？

生：不能。

师：直线有什么特点呢？

生：没有端点，无限长。

师：看来线段、直线和射线有联系，又有区别。我们一起看下面这个表。

线段	射线	直线
有两个端点 不能向两端无限延伸	有一个端点 可以向一端无限延伸	没有端点 可以向两端无限延伸
有限长	无限长	无限长

自然界中看不到无限，数学中却有无限的概念，数学学科本质决定了数学来源于生活，数学需要无限。线段容易借助生活中的实物原型抽象得到，因为射线、直线是不可度量的，可以无限延伸，所以射线、直线概念的获得需要学生借助语言描述，通过直观想象形成概念表象。这也是学生首次感知无限，对学生的认知经验是一次挑战与突破。最后，学生通过列表，在对比中更深刻认识直线、射线和线段。

三、在活动中感受线的基本性质

在学生认识了直线、射线和线段后，我们可以安排一些有意思的活动，在活动中再次感受它们的性质。

案例片段四

活动：用一个图钉把一张硬纸条钉在木板上，硬纸条可以转动吗？用两个图钉把一张硬纸条钉在木板上，硬纸条可以转动吗？

师：同学们拿出准备的东西，小组合作，完成上面的活动。

学生汇报。

生：用一个图钉把一张硬纸条钉在木板上，硬纸条可以灵活转动，用两个图钉把一张硬纸条钉在木板上，硬纸条不能转动了。

师：如果现在我们把这图钉看成点，过一点可以画出多少条直线？过两点可以画出多少条直线？

在具体的活动中，帮助学生认识到：过一点能画无数条直线，过两点只能画一条直线。为了让学生认识到“两点之间线段最短”，我们可以安排下面的活动。

力力从家到学校有多少条路可以走，走哪条路最近？

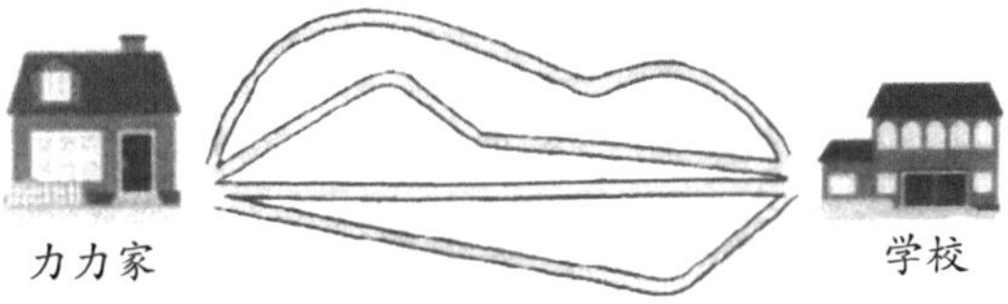

在这样的具体情境中更有利于学生对于两点间线段最短的认识。学完两点之间线段最短这一知识之后，了解了这一基本事实，也就对公理化体系建立形成了图形几何领域的认知起点，它可以为以后学习三角形的三边关系等知识做准备，同时在几何求极值或者最大值、最小值时起举足轻重的作用。

“线的认识”教学打破传统教学观念，一定以学生的生活经验和认知经验为起点，在学生已有的经验基础上进行想象，进而感受无限。学生通过活动感受线的性质，为后续学习平面图形和立体图形的特征、图形的测量及图形的运动积累数学活动经验，奠定知识基础。

认识角

一、从静态、动态两个角度介绍角的形成过程

角是生活中经常见到的图形，五星红旗上的五角星、少先队员系的红领巾、时钟上的两个指针所构成的图形都是角。那么什么是角呢？教科书上在不同的学段对这个概念有不同的描述，不过基本可以分为两种描述，即小学、初中阶段的静态描述和高中及以上阶段的动态描述。

（一）从静态角度认识角的形成过程

在小学二年级阶段，角的概念是："有一个顶点和两条边，像这样的图形称为角。"这个概念中的"边"是什么？我们只知道是一个类似于"线条"的东西，并无具体概念。而到了四年级阶段，学生学习了线段、直线和射线，我们便明确了二年级阶段角的概念中的"边"其实就是射线，于是有了相对更精确的概念，即"从一点引出的两条射线可以构成角"，或者初中阶段的"具有公共端点的两条射线组成的图形叫作角"。众所周知，无论是边也好，射线也好，都具有确定的方向。给定了一条边或者一条射线，方向也就确定了，所以两条"边"或者两条射线所夹的角度就确定了，从而这个角是一个定值。这就是"静态"二字的含义。

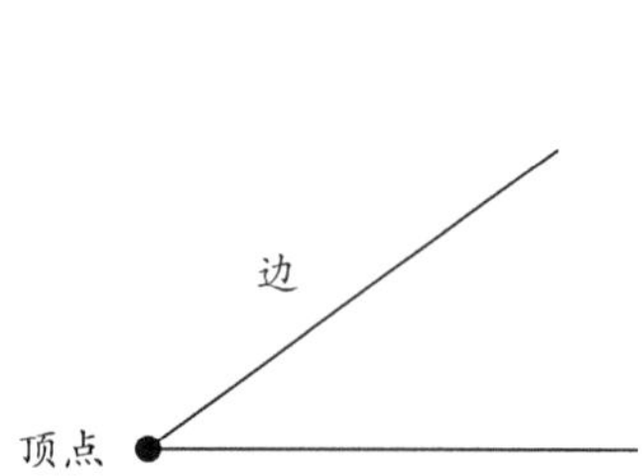

（二）从动态角度认识角的形成过程

高中阶段与初中阶段不同，此阶段给出了一个动态的定义："一条射线绕着它的端点从一个位置旋转到另一个位置所形成的图形。"大家应该注意到，高中阶段

的概念中，形成角的射线的条数从两条变成了一条，并且这条射线有个初始的位置和方向。这条射线绕着端点沿顺时针或者逆时针方向旋转，它的初始位置和最终位置形成了角。之所以称这个概念是动态的定义，究其原因，不外乎两点：第一，这个概念中的角是射线在动态转动过程中形成的；第二，射线转过多少度，也是不确定的，所以射线的新、旧位置，也就是形成角的大小也是不确定的，是一个动态的角。我们不能说这些定义哪个正确哪个错误，这些定义都是根据学生在不同阶段的认知发展水平提出的，都比较符合学生的发展规律。

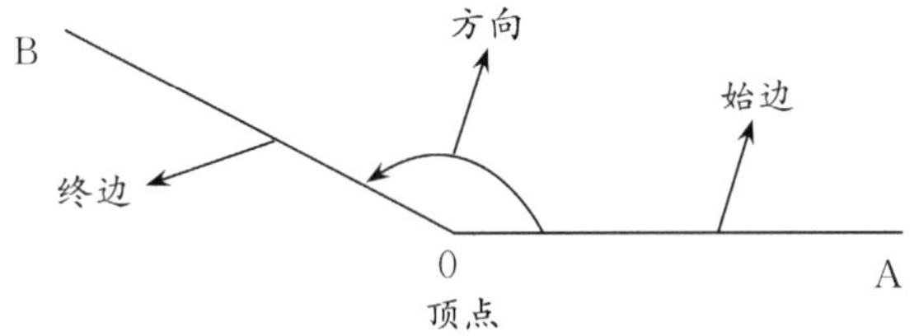

案例片段一

师：今天我给同学们带来一位好朋友——喜羊羊（幻灯展示喜羊羊）。你们看，喜羊羊也是一位光荣的少先队员呢。我们来找一找红领巾的面上有没有角。

生：有三个角。

学生用手势表示红领巾上的角。

师：我们刚才在红领巾的面上都找到了角，你们看看还有角吗？

学生找角。

师：同学们可真聪明，对，这些都是角。那么你们能找出三角板面上的角吗？找出角，并用手势表示给你的同桌看，好吗？

师：摸一摸，有什么感觉？

生：尖尖的。

师：对，尖尖的地方我们叫它顶点。

师：有什么感觉？

生：直直的。

师：直直的，我们叫它边。那么角有几个顶点和几条边呢？

生：一个顶点、两条边。

师：根据角的特点，同学们能够自己画一个角吗？

多媒体演示喜羊羊画角过程，接着让学生按照喜羊羊画角的方法再画一个角，将自己所画角的顶点和两条边指给同桌看一看。

教师拿出提前准备好的教具——活动角，并改变角的大小。

师：这个角能变大变小，我们把这个角叫活动角。角变大了，看看角的两边叉开得怎样了？

生：叉开得大了。

师：角变小了，角的两边叉开得怎样了？

生：叉开得小了。

师：所以角的大小与角的什么有关？

生：与角的开口大小有关。

师：你们能做一个比老师的角大的角吗？再做一个比它小的角，可以吗？

学生动手操作，教师巡视。

师：你们能做出一个和它一样大的角吗？

教师和一名学生做的角来比较大小，再请一名学生自己上台比较大小。

师：刚才我们比角的大小，有的角我们用眼睛就可以看出大小，但是有的时候不能一眼看出，我们就可以用重叠法来比较。

二、角的学习过程中对于学生标准意识的渗透培养

学生在学习新知识的时候，之所以感到困难，有很重要的一个原因就是没有知识的附着点。如果我们能够将新学习的内容和已经学过的知识相结合，或寻其联系，或找其区别，可能对于知识的理解、掌握和记忆会有很大的帮助。这里，不妨给这个知识的附着点取一个新的名称——“标准”。因为后续知识的学习无论是找联系还是找区别，都是以此为参考的。我们以 0°—180°角的分类举例说明。在小学阶段，角可以分为锐角、直角、钝角三大类，对于这三类角的概念，不同的学段有不同的描述。在低年级阶段，先是介绍直角并将之作为一个比较的基准。直角就是一个直直的角，随便拿出一个角，很容易和这个“标准”进行大小比较。钝角是比标准大的角，锐角是比标准小的角。正是因为有了直角这个“标准”，我们向学生讲解锐角和钝角的时候才不会那么无所适从。因为在角的认识初学阶段，还没有学习角的具体的度量，如果不借助直角这个“标准”，很难想象锐角和钝角有更直接

有效的给出方式。

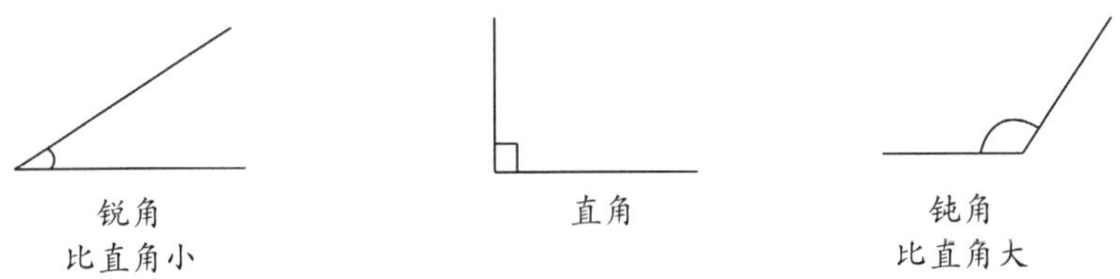

案例片段二

师：这是什么图形？它由几部分组成？角的大小与什么有关？

生一：这个图形是角，角由顶点和两条边组成。

生二：角的大小和角的开口大小有关。

师：你们见过这样的角吗？这个角有什么特点呢？

生：这个角叫作直角。它的两条边相互垂直。

师：对，在数学王国里，我们把这样的角叫直角，这节课我们专门来研究它。

师：下面这些物体中的直角你找到了吗？请把你找到的直角圈出来，并仔细观察，然后把你的发现与同桌交流。

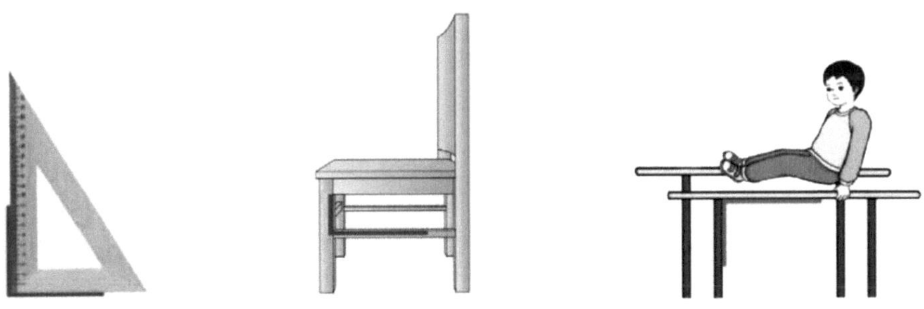

师：哪位同学愿意将你找到的直角说给大家听？

学生回答。

师：你还在哪些地方见过这种角？说给小组的同学听。

生一：课桌表面上的角是直角。

生二：数学书封面上的角是直角。

师：在你们的三角尺上找一找哪个角是直角，用手摸一摸直角的顶点和边，然后闭上眼睛想一想直角的样子。

师：同学们，现在我们已经知道了什么是直角，你能用纸折出一个直角吗？同桌讨论一下折角的方法。

学生上台演示用纸折直角的方法，教师指导学生画上直角标志。

师：用什么方法来验证我们折的角是不是直角呢？

生：要知道一个角是不是直角，可以用三角尺上的直角比一比。

师：现在同学们不仅认识了直角，还会判断一个角是不是直角。请你用三角尺上的直角比一比，看一看周围物体表面上的角是不是直角。

师：直角有什么特点？

同学们交流汇报：直角有一个顶点，两条边；直角的大小是一定的。

我们从静态、动态两个角度帮助学生认识了角，并且知道了角的构成要素以及直角的判断方法。在角的分类介绍中，强调了标准意识的培养，以某一标准为附着点，将其他知识与之对比、结合，从而将知识整合成一个整体网络，方便学生理解、掌握。

认识长方形、正方形

图形的认识是“图形与几何”学习领域的内容之一。图形的认识主要是对图形的抽象。学生经历从实际物体抽象出几何图形的过程，认识图形的特征，感悟点、线、面、体的关系，积累观察和思考的经验，逐步形成空间观念。因此，图形的认识的教学要让学生通过观察、感知、操作、思考等数学活动认识图形的特征，比较图形之间的共性与区别，形成空间观念。

“长方形、正方形的认识”是在学生初步认识了长方形、正方形、边、角、米和厘米的基础上进行教学的。这部分知识也是后面学习周长、面积等相关知识的基础。纵向观看“图形的认识”大单元教学课程设置，学生的认识从点到线到面再到体，均遵循螺旋上升、逐段递进的认知规律。

空间观念是形成空间想象力的基础。三年级“长方形和正方形的认识”教学，是学生从“眼见为实”的定性描述走向理性实证的定量刻画的一次跨越。

案例片段：从图形要素中来认识

三年级的“长方形和正方形的认识”要求学生从“角”和“边”的两个维度来刻画图形的特征，学生的思维需要经历从表象认识到理性思考的跨越。诚如郑毓信教授指出的那样，对于图形的认识不应停留在“经验的认识”，特别是相关概念的现实原型或直观表象，而应帮助学生清楚地认识到这一点：几何抽象也是一个重新构建的过程。

谈话：观看图片，大家知道这是哪里吗？对，这是学校里的一片小树林。

师：需要爱护吗？

生：需要。

师：爱护环境人人有责。这

是我班的“环保小卫士”制作的警示牌，有你认识的图形吗？有什么图形？

师：一年级我们就认识了长方形和正方形，生活中也有各种各样的长方形。

出示课件。

师：这些图形高矮胖瘦一样吗？

生：不一样。

师：这些图形虽然高矮胖瘦不一样，但都叫长方形，你心目中长方形是什么样子的呢？闭上眼睛想一想。

生：它们都有四条边，都有四个尖尖的角。

师：我发现咱们班同学学习数学的感觉非常好，能从长方形的边和角来说长方形的样子。你心目中的长方形是这样的吗？

板贴：长方形。

任务一：拼一个长方形，比一比谁拼得又快又对！

师：同学们想不想自己动手做一个长方形呢？

生：想。

师：用小棒代替长方形的边，拼一个长方形，需要几根小棒？

生：4根。

师：有4根小棒你一定能拼出一个长方形吗？

师：我们就拼拼看！看哪个小组拼得又快又对！拼完张贴在黑板上。

学生动手拼。

展示：黑板上张贴拼好的长方形。

师：这是你心目中长方形的样子吗？哪个小组拼得最快？说一说你的想法。

生：颜色一样的对着放。

师：也就是一样长的对着放。谁和谁一样长？还有吗？

生：上下一样长，左右一样长。

板书：上下，左右。

师：还有两个小组没有拼好。这是为什么呢？我们一起来帮一下好吗？

请一个小组的同学在黑板上展示。

师：为什么拼不成？

生：不一样长。

师：可以调换小棒，换根一样长的试试。

师：拼成了，真棒。

再请一个小组的同学在黑板上展示。

师：为什么拼不成？

生：4根小棒都不一样长。

师：咱也换换小棒再试试。换怎样的小棒？换一根小棒行吗？

生：不行，对着的两根小棒一样长才行。

师：拼成了，掌声送给他们。

师：通过拼小棒，我们发现上下边一样长，左右边一样长。上下这两条边就跟我和同学们一样对着面叫作相对，上下相对。还哪里相对？

生：左右相对。

师：一共有两组。

师：对边相等。

师：对边相等就一定是长方形吗？

教师演示。

生：不是，边歪了。

师：边歪了，这两条边围成的角就不是直角了。

师：长方形的角是什么角？

生：直角。

师：有几个呢？数一数。

师：长方形的四个角都是直角。

任务二：比一比谁的方法多。

验证：长方形两组对边分别相等，四个角都是直角。

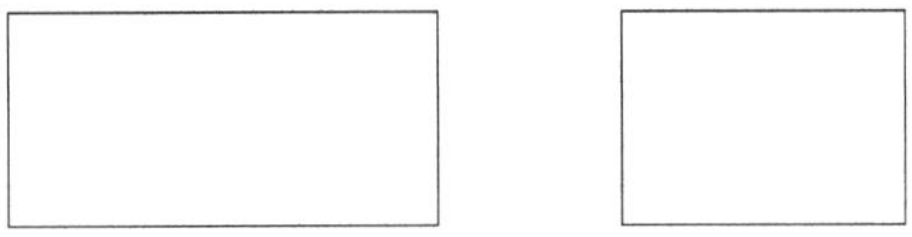

谈话：在拼摆小棒的过程中，我们不仅关注了长方形的边（张贴：边），还关注了角（张贴：角），通过观察我们发现长方形对边相等，有四个直角。生活中所有的长方形，边和角都是这样的吗？还需要验证。光观察行吗？我们还得再寻找更科学严谨的方法进行验证。

出示课件。

师：同桌两人有一个长方形，想办法证明，比比谁的方法多。

学生利用直尺和三角板，通过量、折、比的方法进行验证。

师：我发现有个同学找到了验证“长方形的对边相等”的方法。

生：我量一量上面这条边是5厘米，下面这条边也是5厘米。

师：这种量的方法可行吗？你也快试试他这种方法。

师：通过量的方法，哪个小组验证了长方形的对边相等？

师：通过量一量的方法，能验证对边相等。谁还有不一样的方法？

生：我是通过折一折上下边重合、左右边重合验证的。

师：这种折的方法可行吗？你也快试试他这种方法。

师：通过折的方法，哪个小组验证了长方形的对边相等？

谈话：同学们手中的长方形颜色不同，大小各异，但通过折一折或量一量、数一数都能证明对边相等。

师：“长方形对边相等”你还有疑惑吗？咱把问号去掉。

师：我发现有个同学找到了验证“长方形的四个角都是直角”的方法。

生：我是用三角板上的直角和长方形的四个角比一比，发现正好重合，都是直角。

师：这种比的方法可行吗？你也快试试他这种方法。

师：通过比的方法，哪个小组验证了长方形四个角都是直角？把你的长方形举起来。

师：“长方形四个角都是直角”你还有疑惑吗？咱把问号去掉。

师：同学们，如果对边不相等，如果四个角不是直角，那还有可能是长方形吗？现在，我们可以非常坚定地说长方形有什么特征？

生：对边相等，四个角都是直角。

师：生活中那么多长方形还用再一一测量吗？生活中高矮胖瘦不一样的形状，为什么都叫长方形呢？

师：同学们再闭上眼睛想象一下长方形的样子，现在长方形的样子是不是很清晰了？

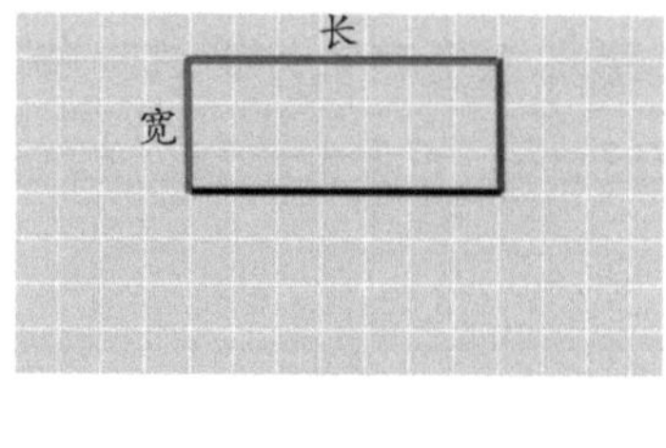

师：调皮的悟空拿走长方形的一条边，你能想象拿走的那条边有多长吗？

师：根据什么知道边长？

生：对边相等。

师：再少一条边，你还能想象出它的样子吗？比画比画。

师：有的胖胖的，有的瘦瘦的，不能确定长方形的样子。

师：看来相邻两条边是长方形中非常重要的两个因素，这两条边的长度决定了这个长方形的大小。我们把较长的这条边的长称为长，较短的这条边的长称为宽，长和宽是决定长方形大小的两个重要因素。

课件展示。

师：当长方形的长不变，宽变长，长方形会怎样变？长不变，宽再变长些，长方形会怎样变？

师：当宽不变，长变长，图形成什么样？当宽不变，长继续变长。长方形又成什么样了？长继续变长，还能想象它的样子吗？

师：长和宽变了，长方形就会改变。同学们，现在长方形的样子是不是已经印在你的脑子里了？

小结：同学们通过用小棒拼长方形，合理猜想出长方形的特征，猜想是否正确呢？我们选择生活中常见的长方形，通过量、折、数、比等方法对长方形的边和角的特征进行验证，从而得出科学的结论。

在长方形变化的过程中产生正方形，学生初步感悟“方出于矩”，并将长方形折、量、比方法迁移到正方形特征的验证中来，注重方法的结构化。同时，在对比中进一步明晰长方形和正方形的特征，能够认识到正方形是一种特殊的长方形。

师：下面老师给同学们变一个魔术，大家仔细看。

出示课件。

师：什么变了？

生：长变了，宽没变。

师：还有什么没变？

生：角没变。

师：继续观察，什么变了？

生：长变了，宽没变。

生：角没变。

师：这是什么形状？

生：正方形。

师：同学们继续想一想，如果宽变长了，像这样，变成了一个什么图形呢？

生：也是正方形。

师：你心目中正方形是什么样子的？闭上眼睛想一想。是这个样子的吗？

板贴：正方形。

师：正方形是从长方形中变出来的，它有几个直角？

生：四个直角。

师：有四个直角同长方形一样，但是正方形有没有和长方形不一样的地方？

生：正方形的四条边都相等。

师：是真的吗？动手验证一下。

学生验证。

师：正方形的四条边都相等吗？

学生：相等。

师：你是用什么方法验证的？

生：量一量。

师：还有不一样的方法吗？

生：折一折。

师：这样折只能说明对边相等，再临边对折才能说明四条边全相等。

教师演示折一折的方法。

师：在验证正方形边的特征时，同学们把验证长方形边的方法——量一量、折一折方法很自然地迁移过来。

师：现在同学们再闭上眼睛想象正方形的样子，是这样的吗？

师：现在只有正方形的一条边，你能想象出这个正方形吗？

生：能。

师：你是怎么想象的呢？

生：正方形的四条边一样长。

师：我们只要知道正方形的一条边就能想象出正方形的样子。正方形的这条边也有名字，即边长。

板书：边长。

师：这节课我们认识了正方形和长方形的特征（揭示课题），大家一起来比较一下长方形和正方形有什么相同点和不同点。

生：长方形和正方形都有四个直角、四条边。

生：长方形是对边相等，正方形不仅对边相等，邻边还相等，也就是四条边都相等。

生：正方形就是一种特殊的长方形。

师：现在老师手里有三个椭圆，举起最大的椭圆。如果用这个椭圆表示四边形，再举起比第一个椭圆小且大小不同的两个椭圆，你们觉得这两个椭圆，哪个应该表示长方形？

生：我觉得大的应该表示长方形，小的应该表示正方形。

学生将表示长方形的椭圆贴到了表示四边形的椭圆的外面。

生：我觉得这么贴不对。

师：你觉得应该怎么贴？请你上来贴给大家看一看。

学生将表示长方形的椭圆贴到了表示四边形的椭圆的里面。

生：因为长方形也是四边形，所以可以把长方形贴到四边形里面。

师：那剩下的这个椭圆可以表示什么呢？

生：正方形。

师：谁能把正方形贴上去？

学生把表示正方形的圆贴到了表示长方形的椭圆的里面。

师：这样我们就清楚地看出了它们三者之间关系。

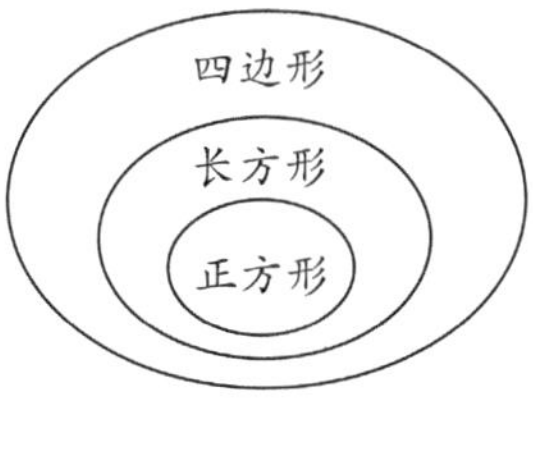

总之，小学阶段“图形的认识”教学需要遵循小学生认识图形的规律，重视引导学生经历图形抽象、特征分析和概括的过程，积累探索和认识图形特征的经验，发展空间观念。

认识平行四边形和梯形

“图形的认识”是小学数学“图形与几何”领域的重要内容，是小学阶段数学学习的大概念之一。图形的认识需要从生活经验中立体图形的整体认知，抽象出平面图形，再到通过边、角等元素刻画图形特征，从而了解图形间的联系与区别，逐步培养学生的空间观念和推理意识。

基于这样的学习路径，需要从线的位置关系及点到直线的距离等抽象的视角来认识平行四边形和梯形，实现学生对四边形的研究从整体感知到元素分析，从直观水平到描述水平。具体而言，通过数学元素刻画平行四边形和梯形特征时，要关注角的大小关系，关注边的长短关系和位置关系，从而明晰它们之间的联系与区别，促进学生积累活动经验，培养结构化思维。

一、基于生活经验及认知视角，从生活情境感知平行四边形和梯形

在日常生活中，学生身边的物品有许多平行四边形和梯形的原型，如伸缩门、扩缩尺、升降机上都有平行四边形，梯子、堤坝、体育器械的横截面上都有梯形。对这些熟悉事物的直观感知，是学生认识平行四边形和梯形的教学起点。生活经验对接课堂教学中的图形分类，是低年级学生认识平行四边形和梯形的初步整体感知阶段，还停留在直观形象层面。

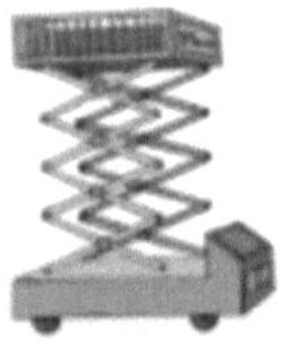

 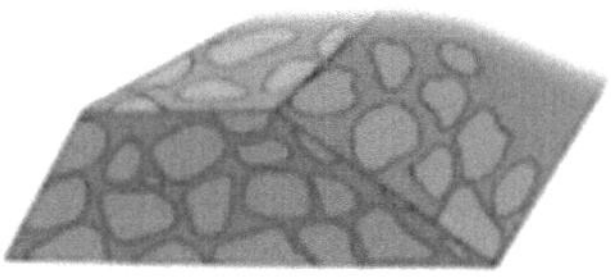 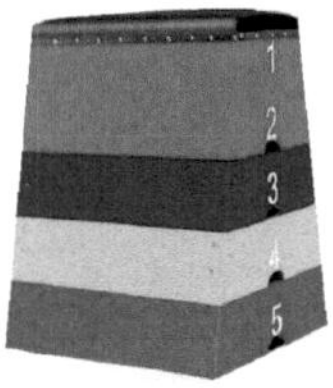

案例片段一：生活中的平行四边形和梯形

师：除了教材上所列举的伸缩门、扩缩尺、升降机上有平行四边形，梯子、堤坝、体育器械的横截面上有梯形，生活中你还在其他地方见过平行四边形或梯形吗？

生：楼梯扶手上有平行四边形，也有的把车位画成平行四边形。学校足球场的球门上有梯形，妈妈的包包有一个是梯形。

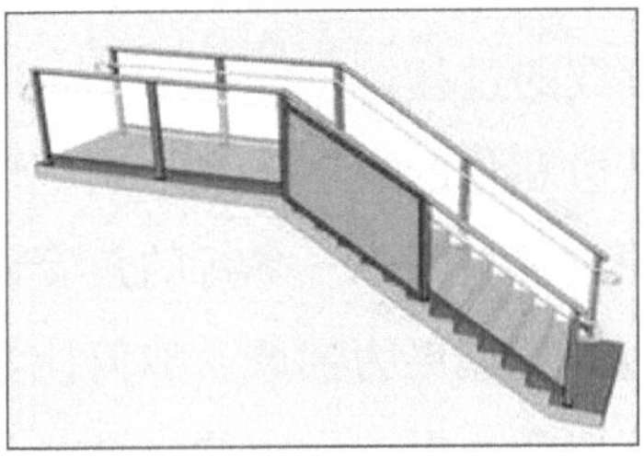  

师：楼梯扶手和停车位为什么设计成平行四边形而不是长方形呢？梯子、足球门侧面等为什么要设计成梯形呢？跟小组同学说说你的想法。

小组讨论交流，指名分享。

生一：楼梯扶手设计成长方形，上面手扶的杆就不光滑了，就会像台阶一样反而硌手。停车位设计成长方形，汽车出入拐弯是直角，不如平行四边形的停车位更方便汽车出入。

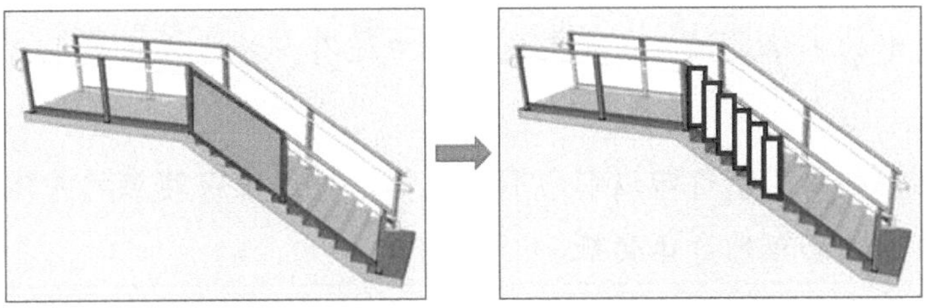 

生二：梯子、足球门等这种上窄下宽的形状，有它这样设计的好处。比如人站在梯子上面，整体的重心不易落到梯形在地面上的两支撑点以外，这样就不易侧倒，其实这也是三角形稳定性的变式应用，也正因为这样所以一般不用矩形梯子。球门侧面设计成梯形也是出于稳定性的原因，如果球门侧面是三角形就不安全了。

这些生活经验的累积将随着学生认知水平的提升，不仅助力学生从数学的视角解读生活现象，还能加深学生对平行四边形和梯形在生活中应用价值的认识。

二、基于数学视角，以元素分析刻画平行四边形和梯形的特征

观察生活实物中存在的平行四边形和梯形，是学生用数学眼光观察实物图形，是生活经验的累积；从这些生活实物的原型中抽象出平行四边形和梯形的几何图形，从边、角的数学元素刻画这两个平面图形的特征，是学生用数学的思维认识图形，是数学学习经验的累积，是思维进阶与空间观念形成的过程。

之前学生在学习长方形和正方形的特征时，已有从边和角的数学元素认识图形的经验，对平行四边形特征的研究是学生第一次从边的位置关系——平行的角度认识四边形。对学生而言，边的位置关系比图形大小、边的长短更为抽象。如何让学生关注到从边的位置关系去研究，又如何利用平行来认识四边形，从边的位置关系来描述四边形特征显得尤为重要。有这个研究方法作为支撑，才有后面对梯形的研究，才能建立关键元素边和角与图形的联结，了解四边形之间的关系。

案例片段二：平行四边形的认识及平行四边形特性的应用

师：观察伸缩门、扩缩尺、升降机这些物体有什么共同特点。

课件出示图片。

生：这些物体上都有若干个平行四边形；这些物体都可以伸长或缩短，都是可以变形的。

师：这就是平行四边形的不稳定性。在我们的生活中还有哪些地方用到平行四边形的不稳定性？

生一：我的玩具鳄鱼钳利用了平行四边形的不稳定性，可以使得鳄鱼的身体弹出来变长，也可以收缩紧凑使鳄鱼的身体变短。

生二：可折叠多功能衣架也是利用平行四边形的不稳定性原理，通过折叠和移动控制挂钩之间的距离。

生三：我家小区门口的起落杆也是利用了平行四边形的不稳定性，从而使得起落杆可以折叠升高，也可以展开放平。

师：看来平行四边形的不稳定性在生活中的应用很广泛。请同学们在方格纸上画一个平行四边形，并说说平行四边形有什么特点。

学生尝试画图后，组织交流、汇报展示。

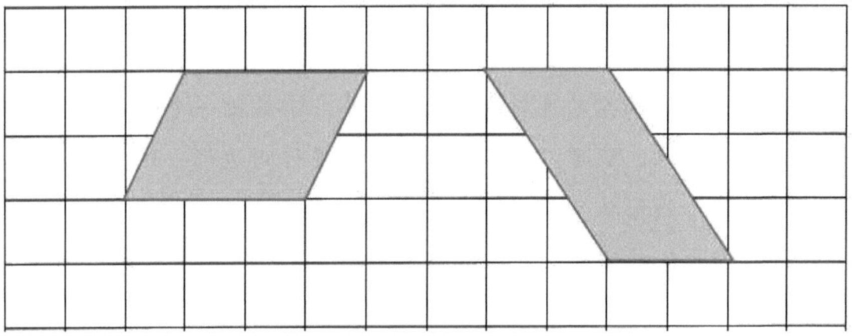

生一：平行四边形有4条边、4个角；从方格纸上能看出，平行四边形的上、下两条边永远不会相交，是相互平行的；左、右两条边也平行，所以说平行四边形的两组对边分别平行。

生二：数一数小方格的个数，我发现平行四边形的两组对边长短分别相等。

师：像这样两组对边分别平行的四边形叫作平行四边形。请同学们拿出手中的平行四边形纸，折一折、剪一剪、比一比边和角，你发现了什么？跟同桌说一说。

学生动手操作，同桌交流后，组织汇报。

生一：我发现平行四边形无论怎样对折，折痕两侧的部分都不能完全重合，所以说平行四边形不是轴对称图形。

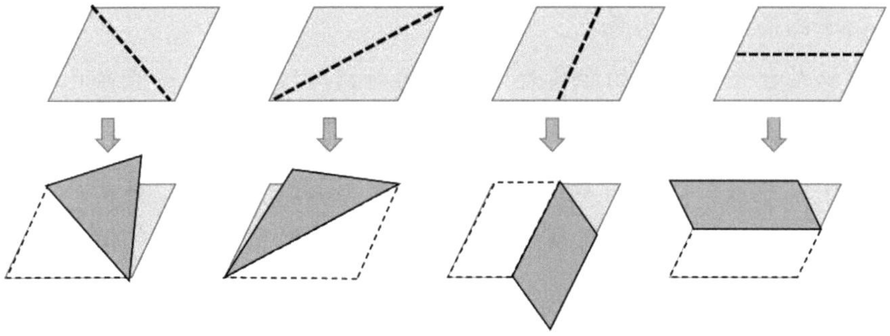

生二：我把平行四边形纸剪成两部分，重叠在一起比较，发现平行四边形的两组对边长度分别相等，两组对角分别相等。

师：我们通过观察方格纸上的平行四边形知道了对边平行且相等的特点；又通过动手剪一剪或折一折，对比发现平行四边形的对角相等。同学们再次观察平行四边形，思考一下平行四边形的这些特征与它的不稳定性有没有关系呢？如果平行四边形的特征与其不稳定有关系，又有什么关系呢？有了想法可以与小组同学交流。

学生独立思考后小组内交流。

师：哪位同学愿意代表小组分享你们交流的结果？

生：平行四边形的不稳定性与边的长短无关。例如把一个长方形框架捏住两个对角向相反的方向一拉，就可以变成不同大小的平行四边形。这个过程中边的长度没变，但平行四边形的形状却发生了改变。

师：能拉动就是不稳定吗？拉不动就是稳定吗？“拉不拉得动”是图形稳定性的判断标准吗？

生：“拉不拉得动”作为图形稳定性的判断依据不一定合适。我们觉得平行四边形的不稳定性与角有关。三角形具有稳定性，其本质是说三角形可以通过三边唯一确定一个三角形。而平行四边形的四条边确定，还要将角固定，这个平行四边形才能唯一确定。

师：同学们的意思是说，平行四边形不稳定性与角的大小关系密切。那么平行四边形的不稳定性除了带来角的变化，还有什么会发生变化呢？

生：长方形框架捏住两个对角向相反的方向一拉，变成不同大小的平行四边形时，除了角的大小变了，还能观察到平行四边形一组对边之间的距离也变了。

师：是啊，平行四边形不稳定性直接对应的是一组对边之间距离的变化，这段距离就是平行四边形的高。你能画出平行四边形的一条高吗？找到所画高对应的底。

学生动手画高后，分享交流。

学生能够结合平行线间的距离处处相等的知识与过直线外一点画已知直线垂线的方法，尝试画出平行四边形底边上的高。

师：从平行四边形一条边上的任意一点向对边引一条垂线，这个点和垂足之间的线段就是平行四边形的高，这条边就是平行四边形的底。同学们结合自己画高的经验，或者观察方格纸上平行四边形的高，想一想平行四边形指定底边上只能画出一条线段表示高吗？

生：不是，平行四边形指定底边上可以画无数条线段表示这条底边对应的高；而且平行四边形指定的底边不同，对应高的长度也可能不相等。

引导学生迁移运用研究长方形、正方形、三角形特征的活动经验，从对边平行且相等以及对角相等的维度，刻画平行四边形的特征，并结合直线外一点画已知直线的垂线的方法自主探究平行四边形高的画法。这样学生对平行四边形的认识就从表象层面、整体层面，进阶到了从边、角元素理解平行四边形的本质概念。同时，从线的平行关系的角度认识图形特征是几何学习的开始，学好平行概念是今后应用平行解决问题的基础，为后续进一步学习几何推理、几何证明等做铺垫。

有了研究平行四边形等平面图形的活动经验，明确它的本质属性，即两组对边之间的关系，能够从实质上促进对梯形特征的认识。研究梯形的特征，可以放手让学生自主探究，教师做好适时点拨。平行四边形和梯形之间的区别和联系，它们与其他四边形之间的关系，都取决于边的位置关系，其本质特征是平行。重点关注梯形是只有一组对边平行的四边形，平行四边形是两组对边分别平行的四边形，从而能够对图形进行正确分类，认识其本质。教师应帮助学生实现知识的有效联结，发展学生的空间思维能力。

三、从图形分类角度丰富对平行四边形和梯形的认识

学生对于长方形、正方形、平行四边形、直角梯形、等腰梯形等这几种图形的并列、从属等关系的理解，其实是非常困难的。因此，应在基本概念建立后再学习图形间的联系，帮助学生真正建立起关键元素与图形的联结，实现从知识到方法到数学思想的提升。

案例片段三：长方形和正方形是特殊的平行四边形

师：我们认识了平行四边形和梯形，老师想送大家一个神秘的礼物，它也是个四边形，你觉得它属于哪一类？

从神奇的礼包里飞出长方形。

师：先独立思考再跟小组同学说说你的想法。

学生小组交流后，指名学生汇报。

生一：我觉得长方形属于平行四边形，就像正方形是特殊的长方形一样，长方形也是特殊的平行四边形。

生二：我同意长方形属于平行四边形。因为长方形符合平行四边形对边平行且相等、对角相等的特征，所以说长方形也属于平行四边形。

师：之前的学习我们知道正方形符合长方形对边相等、四个角都是直角的特征，所以正方形是特殊的长方形；今天的探究我们又知道了长方形符合平行四边形对边平行且相等、对角相等的特征，所以长方形是特殊的平行四边形。它们之间的关系可以用下面的集合图来表示。

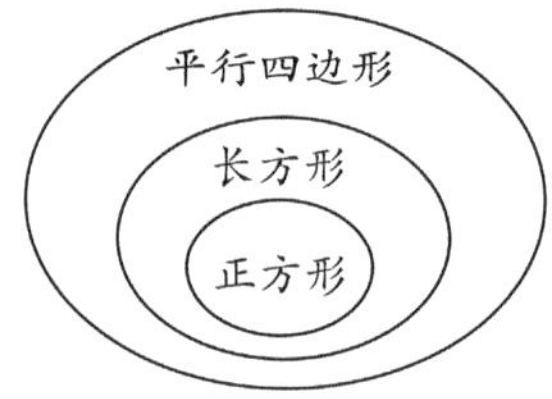

借助之前探究正方形和长方形的学习经验，引导学生讨论交流长方形为什么属于平行四边形，既明晰了这几种平面图形之间的隶属关系，又促进了学生对图形特征的理解。

案例片段四：直角梯形和等腰梯形都是特殊的梯形

师：结合自己认识图形的经验，在小组内仔细观察手中的图形，说一说你发现了什么。

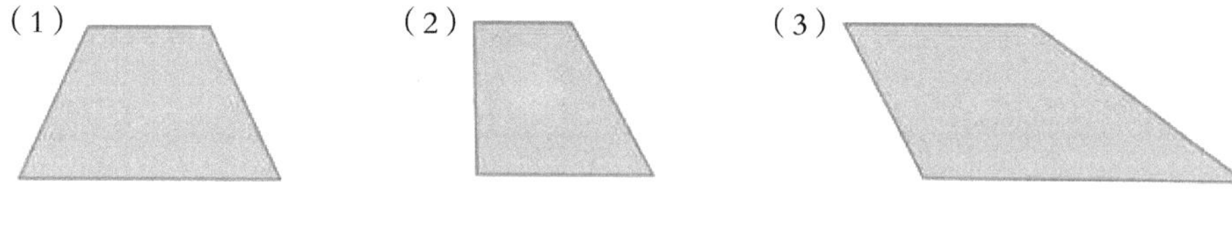

学生进行小组讨论后，指名汇报交流。

生一：图形（1）和图形（2）都是梯形，但是图形（1）的梯形通过对折我们发现，折痕两侧的部分完全重合，是轴对称图形；这个梯形左、右两边的长度相等。

生二：我们用直尺上的角与图（2）的梯形左侧的两个角比较，发现图（2）这个梯形中有两个角是直角。

生三：我们觉得图（3）也是梯形。把这个图形放在方格纸上会发现这个图形上、下两条边是互相平行的，只有一组对边平行的四边形是梯形，所以我们认为图（3）也是梯形。

师：既然它们符合梯形“只有一组对边平行”的特征，就说明都是梯形。像学习三角形一样，我们可以把像图（1）这样的梯形叫作等腰梯形，像图（2）这样的梯形叫作直角梯形。它们之间的关系可以用集合图怎么表示呢？

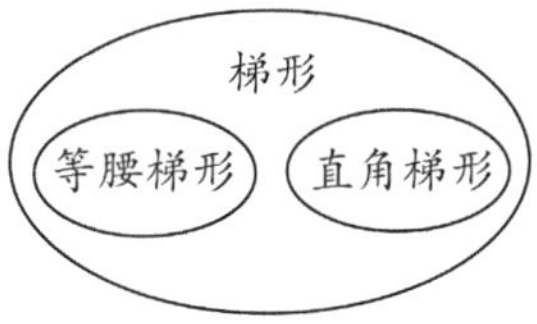

教师应在操作探究中引导学生基于图形特征进行多次思辨，突破学生的思维障碍，使学生对比所学平面图形之间的异同，总结它们之间的隶属关系、平行关系。正如范希尔理论阐述的学生几何思维发展水平，学生经过基于生活经验的整体感知，进阶到了从数学元素边和角的维度描述平行四边形和梯形的特征，又经过进一步的推理分析，明确了长方形、正方形和平行四边形之间的关联，平行四边形和梯形之间的区别与联系，直角梯形、等腰梯形与一般梯形的关系等。教师在层层深入的研究中，促进学生更加深刻地认识图形特征，在进一步思辨中沟通理解，培养学生用数学思维理解图形的本质特征的能力。

认识圆和扇形

数学是研究数量关系和空间形式的科学，图形认识的教学正是让学生从形的方面加深对周围事物的理解。它是小学数学课程中重要的组成部分，占有十分重要的地位，具有无可替代的现实意义。它有利于学生更好地对生活空间进行认知、了解与交流。学生在立体图形和平面图形的转化等活动中，不断建立空间观念，在欣赏丰富多彩的图形世界的同时，体会图形在现实世界中的广泛存在。

小学阶段，“图形的认识”教学经历从立体到平面再到立体的过程。学生先从直观上认识立体图形，再认识平面图形，又从平面图形回到立体图形，进一步从图形的特征、性质等方面深化对图形的认知，深入感受点、线、面、体的关系。从直观辨认到探索图形的特征及其关系的进阶，符合学生的认知规律，学生的思维也从低阶水平逐渐提高到描述、分析、抽象和演绎等高阶水平。教学中教师要循着这条主线，落实每个“结点”，不“逾矩”，促进学生不断深入，逐级进阶地认识图形特征，培养学生的空间观念。

“圆的认识”是在学生已经学习了长方形、正方形、三角形、平行四边形、梯形的特征及面积计算，以及直观地认识过圆的基础上进行教学的。一年级下册学生已初步认识圆，本单元开始正式学习圆的有关知识，这也是小学阶段认识的最后一个平面图形，也是学生从研究直线图形到研究曲线图形的跨越。因此，学生不仅需要掌握圆的一些基础知识，还需要通过学习感受极限思想等数学思想方法，进一步发展数学思维能力和问题解决的能力。

一、在操作中认识圆的特征

圆作为生活中常见的一种图形，对小学生来说并不陌生。然而在课堂上问及圆的概念时，小学生往往只能用手比画出圆的图形，无法给出一个精准的定义。因此，在概念引入阶段，教师需要结合生活化的场景，以学生为课堂主体，引导学生自主探索和总结圆的概念。

案例片段一

（PPT 出示课件）今天聪明、善良的阿凡提又遇到一件事。士兵们抓住一个偷金币的小偷，他只交代把金币藏在距离菜地中心 2 米的地方，士兵们向阿凡提求助。金币会藏在菜地的什么地方呢？阿凡提想考考大家。

师：请大家仔细看图，你发现了哪些信息？金币可能藏在菜地的哪个位置？

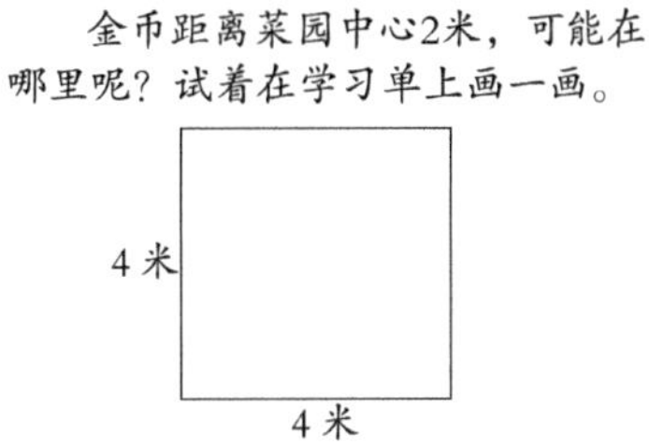

生：菜地是边长为 4 米的正方形，金币距离菜地中心 2 米，正好是菜地边长的一半。菜地中心到四条边的距离是 2 米，这四个地方可能就是藏金币的地方。

生：我觉得距离菜地中心 2 米的地方应该不止 4 个，还有许多。

师：同学们看得仔细，分析得头头是道。看来藏金币的地方还不少！请大家在学习单上画出藏在菜地的金币位置。

指导学生认识：图上 1 厘米表示实际 1 米，那么图上 2 厘米就表示实际的 2 米。

学生独立完成，教师巡视指导并收集作品。

金币距离菜地中心 2 米，试着画出它的位置。

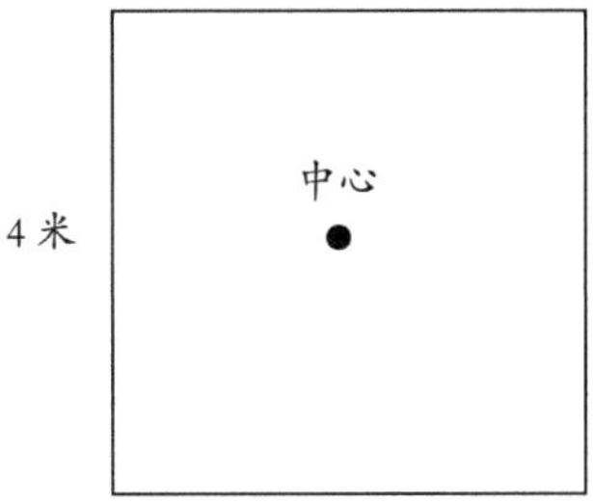

投影仪展示学生作品。

师：你是怎么画出来这么多藏金币的点呢？

生：以正方形菜地的中心为中心，向任何方向延伸 2 厘米处就是藏金币的地方。

生：用尺子量出距离菜地中心 2 厘米的地方打上点作标记，这样的点可以画出许多个。

师：这些点围起来是什么形状？

生：这些点围成了圆。

师：那宝物可能在哪里呢？

生：在圆的范围内，在圆的这条线上。

师：你刚才的说法很有意思，先说“在圆的范围内”，后来改成“在圆的这条线上”。如果在范围内，距离不够 2 米，如果在圆上，距离够 2 米。那你怎么让其他同学明白？

生：在这个圆的周长上取任意一点，这个地方也许就是藏金币的地方。

师：同学们同意吗？真厉害。就像你们画的那样，藏金币的地方是距离菜地中心 2 米的圆。

板书：圆的认识。

师：这个圆怎么画呢？

生：以圆点为圆心，画一个半径为 2 米的圆。

师：同学们同意吗？真厉害。刚才这位同学说到两个词，一个是“圆心”，还有一个是“半径”。

生：半径是 2 米。

师：用上这两个词，就很准确地表达了圆的位置。如果只说以圆点为圆心，不说半径 2 米，行不行？

生：不行。

师：为什么不行？

生：如果只告诉圆心的话，那圆可以画无数个。

师：也就是说圆的半径没定，圆的大小没定，对不对？

生：对。

师：那如果不说“以圆点为圆心”行不行？

生：不行，那样圆的位置就不能确定。

师：除了说“以圆点为圆心，半径为 2 米的圆”，还可以怎么说？生活中听说过吗？

生：也可以说直径是 4 米。

师：同意吗？

生：同意。

师：可以说以圆点为圆心，直径为——

生：4 米。

师：对。这个“直径”也能表达圆的大小。

师：为什么宝物可能所在的位置会是一个圆呢？

生：因为在一个圆内，所有的半径都相等。

生：我觉得圆有无数条半径、无数条直径。

师：我们说图形的特点的时候一般要和以前学过的图形进行比较。一句话，有比较才有结论。

二、在推理中认识圆特征的本质

案例片段二

教师用圆规示范，画出一个定长 2 厘米的圆，并规范画法。

师：定点在圆的什么位置？

生：中心。

师：定长 2 厘米的线段有什么特征？

生：一端在圆心，一端在圆上。

师：像这样的线段有多少条？

生：无数条。

师：为什么？

生：因为圆上有无数个点都能和圆心连成这样的线段。

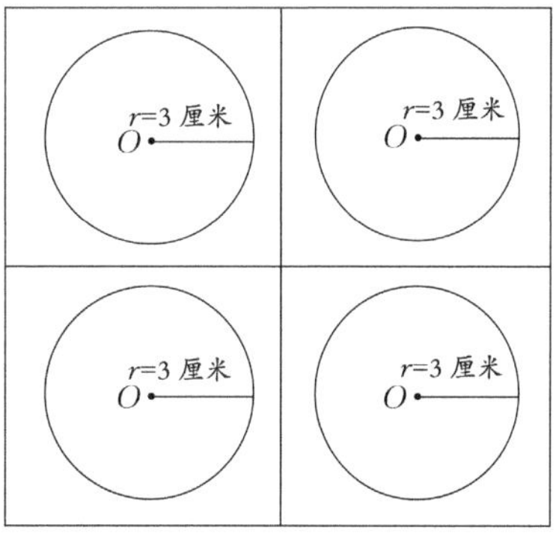

交流互动中揭示圆心、半径概念以及字母表示，请学生画一个半径 3 厘米的圆，并标出圆心和半径，展示几幅作品。

生：这些圆一样大，因为半径相等。

师：请同学们在刚才画的圆基础上，保持

圆心不变，再画一个不同的圆。

再展示几幅作品，观察交流。

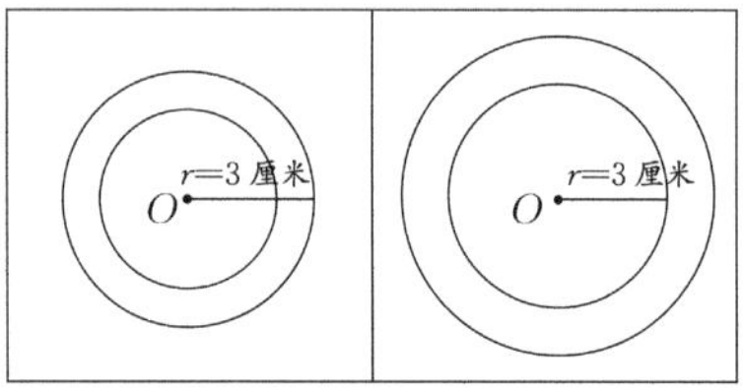

生：可以联想到水波扩散与树木年轮图片。

生：发现半径变短，圆变小，半径变长，圆变大。

生：半径决定圆的大小，圆心决定圆的位置。

两次画圆，一方面巩固了学生规范的画圆方法；另一方面，将不同学生的作品巧妙地同屏展示，形成数学现象，引发交流反思，不同的心智图像在积累中组合，渐渐概括出半径、圆心的作用。

师：小组讨论圆有多少条半径，所有的半径有什么关系。

生：通过折一折发现，有无数条半径并且所有的半径都相等。

生：我们对折一次后发现，圆完全重合了。这说明圆是轴对称图形。

生：通过画一画和量一量发现有无数条半径，并且所有的半径都相等。

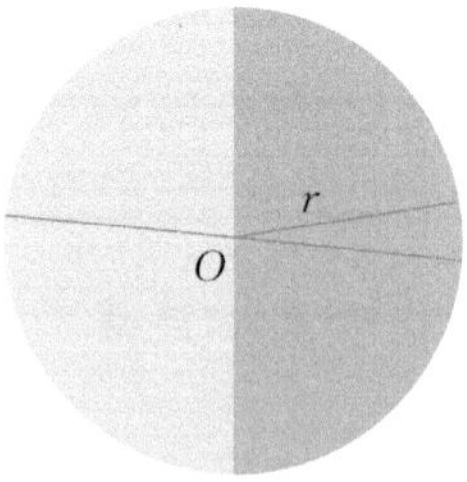

生：因为连接圆心和圆上任意一点的线段叫作圆的半径，而圆上有无数个点，所以这样的线段也有无数条。

生：观察画图的过程，发现所有的半径都相等。

生：我有一点补充。因为不同的圆，半径其实是不一样长的，所以应该加上

“在同一圆内”。

追问：那所有的直径呢？半径和直径又有什么关系呢？

生：直径也有无数条，并且长度都相等，直径等于半径的2倍。

师：大家从这些图中发现这么多有价值的知识。老师有个疑问，你们刚才说所有的半径都相等，所有的直径都相等，有其他证据证明吗？

生：我先把圆形纸片对折两次，找到圆心，拿尺子的0刻度线对准圆心，量了这几条半径，它们都是2厘米。

生：我不用量，我这样对折对折再对折，你们看这些半径都是重合的，说明它们是相等的。

生：我还发现，两条半径加起来就是一条直径，所以直径也是相等的。

生：我还发现，其中一条半径是一条直径的一半，那么所有的半径的长度应该是所有直径长度的一半。

师：给你一条线段AB，你能画一个圆，使圆周经过线段端点A、B吗？

生：应以线段AB的中点为圆心，线段AB的一半长度为半径画出一个圆。

师：说说你的理由。

生：因为圆周要经过AB，所以AB应该是直径，因为半径是直径的一半，所以圆心应该在直径的中点。

师：这样的圆能画多少个？

生：只能画一个，因为圆心和半径都是固定的。

教师鼓励学生思考是否有不同的想法。

生：如果圆心在线段AB的中心，这样的圆只有一个。能不能这样，通过线段AB的中点做一条垂线，在这条垂线上点一点C，以C为圆心，CA为半径，圆周会经过点A与点B。

生：对，因为三角形ABC是一个等腰三角形，CA、CB都是半径。

生：这样的圆就会有无数个。

看来我们与古人研究的结果不谋而合，真厉害！你们知道吗？我国古代这一发现，远远比西方早1000多年。

通过折一折、量一量、画一画的探究过程，学生自主发现圆的半径与直径的数量、长度关系，以及圆是轴对称图形的特点。学生在表达交流中进行思维的碰撞和融合，进一步内化圆的结构特征。

三、在迁移中认识扇形

“圆的认识”和“扇形的认识”同属于“图形的认识”模块，两节课虽在教材中处于一前一后的位置，但两种图形的研究方向具有相似性，研究方法具有共同点，且都是指向“几何直观”这一核心素养。

生：圆形有无数条对称轴。

生：扇形的大小和圆心角大小有关，也和半径长短有关。

追问：关于扇形和圆形，你有什么想说的？

生：扇形是圆形的一部分。

生：圆形有无数条对称轴，扇形只有一条。

生：圆形的大小与半径有关，扇形的大小与半径和圆心角有关。

生：扇形和圆形既有联系，也有区别。

总之，“图形的认识”学习呈现出“立体—平面—立体”的整体学习进程。第一学段，初步认识立体图形和平面图形，是从实际物体中抽象出立体图形，进而从立体图形中抽象出平面图形，重点是直观辨认，感受二维与三维图形之间的关系。第二、三学段，从图形各要素之间关系的角度认识并刻画常见的平面图形和立体图形，重点是探索图形特征，沟通平面图形之间、立体图形之间以及平面图形与立体图形之间的联系，核心是刻画图形各要素之间、图形之间（尤其是二维和三维图形之间）的关系。

认识长方体、正方体

一、长方体、正方体从生活到数学中的抽象

（一）形体上的抽象

生活中处处可见立体图形的身影，各种各样的立体图形组成了我们这个多姿多彩的世界。生活中有圆柱形的花盆、棱柱形的笔筒、圆锥形的沙漏……每一样物品都是经过精心设计的，而设计的原理则关系着许多许多的知识，从数学到物理、化学，甚至还涉及许多人文方面的知识。拿建筑行业盖房用的砖块举例，无论砖块是何种材质构成，也无论砖块是什么颜色、砖块上有什么图案，或者砖块烧制过程中工艺多么考究，其主体形状都是长方体或者正方体。生活中还有很多的立体图形，都可以抽象为数学中的立体图形——长方体或者正方体。

（二）元素的抽象

所有的物体都可以抽象为几种特定的立体图形。同样，无论是哪种立体图形，我们都可以从更细微的共性角度——图形构成元素的角度去认识。所谓图形构成元素指的是顶点、棱、面等方面的内容。在长方体或者正方体中，面与面相交的线段叫作棱，棱与棱相交的点叫作顶点。给定一个特定的长方体，交汇于同一个顶点的3条棱也有特定的名称，分别称为长方体的长、宽和高。长和宽表示底面图形的大小，高表示这个立体图形在竖直方向上的高度。3条棱互相配合，共同表征了这个立体图形在三维空间内的“大小”。

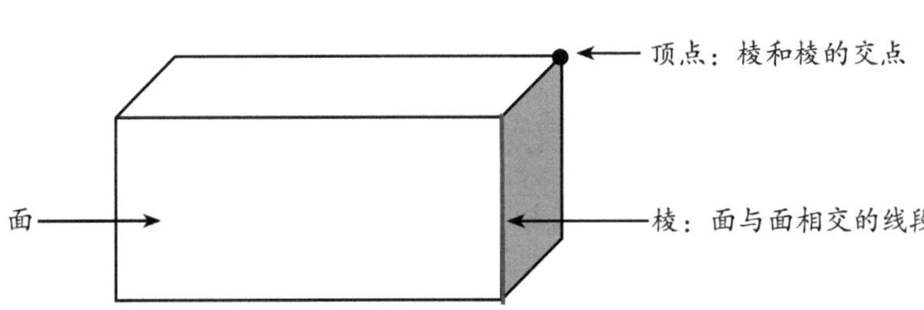

案例片段一：认识长方体各部分名称

师：请同学们拿出准备的长方体，用手摸一摸，你摸到了什么？

生一：我摸到的长方形平平的表面。

生二：我摸到了长方体凸起的一条线。

生三：我摸到了长方体尖尖的角。

师：通过同学们的回答，老师知道大家认真操作了，并且也用心思考了。刚才大家所说的这些都有固定的名称。

师：长方体上平平的面我们称它为长方体的面，面与面之间凸起的这条线称为长方体的棱，几条棱交汇的这个尖尖的地方我们称为长方体的顶点。

师：观察一下，长方体的棱是几个面相交的地方？

生：棱是两个面相交的地方。

师（指着长方体的顶点）：这个地方是长方体的顶点，请同学们仔细观察一下，长方体的顶点是几条棱相交的地方？

生：顶点是 3 条棱相交的地方。

师：我们已经认识了长方体的面、长方体的棱、长方体的顶点，那么，长方体有多少个面、多少条棱、多少个顶点呢？

师：下面借助手中的长方体，以小组合作的形式用数一数、量一量、比一比等方法研究面、棱、顶点的特征。然后把你们组的发现填在老师课前发的表格中。比一比，看哪个小组观察得最有序、最科学。

学生探究交流，教师巡视。

师：谁能把你们小组的讨论结果汇报一下？

生一：长方体有 6 个面，每个面都是长方形。

生二：长方体有 6 个面，每个面都是长方形，也可能有两个相对的面是正方形。

师：为了描述方便，我们把正对着我们的这个面叫前面，和它相对的叫后面。还有左面、右面、上面、底面。

现在谁来告诉老师长方体的面有什么特征？

生：长方体相对的面大小相等。

师：你怎么知道的？

生一：我用剪刀把相对的面剪下来比较。

生二：我测量了相对面的长方形的长和宽，长和宽的长度分别是相等的。

生三：我们是沿着一个面描一个长方形，再把相对的面和这个长方形比较。

师：同学们都有一双数学家的眼睛，发现了许多有价值的问题，请看屏幕。

课件动态演示 6 个长方形的面围成的长方体，相对面移动后重叠的过程。

师：刚才我们发现了长方体的面的特征，关于长方体的棱，你们发现了什么？

生：长方体有 12 条棱。

师：可以分成几组？说说你的理由。

生：可以分成 3 组，每组有 4 条，因为每组的 4 条棱长度相等。

师：那么，每组长度相等的 4 条棱在长方体中的位置又有什么样的关系呢？

生：4 条长度相等的棱互相平行。

师：刚才我们了解了长方体的面和棱的特点，现在谁来告诉大家长方体有几个顶点？

生：长方体有 8 个顶点。

师：长方体就是由 6 个长方形围成的立体图形（特殊情况下有两个面是正方形）。在一个长方体中，相对的面完全相同，相对的棱长度相等。

二、在数学维度关系搭建中深化对长方体、正方体的认识

数学知识不是孤立的，前后的学习有着非常紧密的联系。先前的知识为后续内容的学习做了重要铺垫，后续知识的学习是对先前知识的补充和总结。具体到“图形与几何”模块来说，因为学生认识了线和长方形、正方形，所以在学习长方体、正方体的时候才有了新知识的附着点，不至于感觉生疏；反过来，长方体、正方体的学习也促进了长方形、正方形相关知识的巩固。如果从更本质的内容上来分析的话，我认为可以从维度的相互转化角度来认识这个问题。

最简单的图形，不外乎一个点，这个点沿着某个固定方向放射，便形成了一条线。这条线无限延伸到哪里，它总离不开这条固定的“轨道”，只能沿着“轨道”向前或者向后两个方向，我们将之称为“一维空间”；如果这个点不再满足于只能沿着向前或向后两个方向，而是在给定的固定平面内随意移动，显然，一条线上的两个方向就不够用了，我们称一个平面的空间为“二维空间”；这个点在平面内任意“行走”，就形成了长方形、正方形、平行四边形、梯形、三角形、圆形或者其他不规则的复杂图形。至此，尽管我们可以在平面内画出各种各样的复杂图形，但

是我们应该注意到一个问题——这些图形只能存在于这个固定的平面。如何让点或这些图形跳出这个“束缚”从而占有一定空间呢？那就不得不引入“三维空间”的概念了。

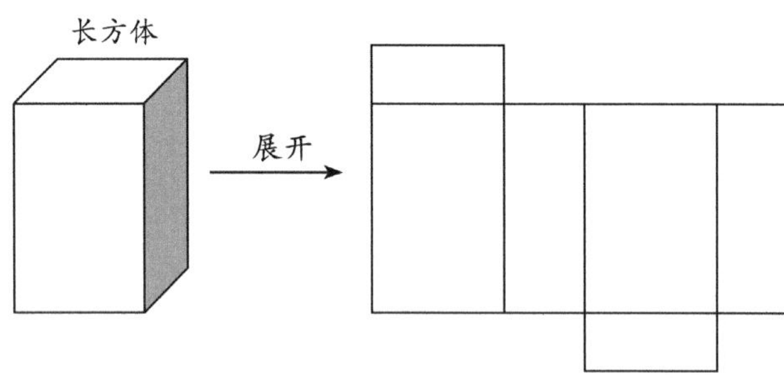

图形的形成从简单到复杂，经历了一维、二维到三维的过程，而复杂图形相关问题的解决却要通过转化到低维图形来解决。以长方体为例，求面积时，需要把长方体拆开成一个平面图形，于是三维图形的问题解决转化为二维问题。展开后的这个图形的面积如何计算呢？通常的做法是按面将之切割成 6 个小长方形。长方形问题的解决离不开长和宽，长、宽是一维的范畴，于是问题通过逐级降低维度得以解决。体积的求法也是一样的道理。

案例片段二：认识长方体的长、宽、高

师：同桌合作，从学具袋中选取 12 根长短不一的小棒，搭一个长方体框架。大家在搭建的过程中，发现了什么？

生一：相对的棱互相平行。

生二：从长方体的一个顶点出发有 3 条棱。

生三：相交于一个顶点的 3 条棱相互垂直。

师：相交于一个顶点的 3 条棱分别叫作长方体的什么？

生：长、宽、高。

师：为什么这样想？

生：因为长方形不同的两条边称为长和宽，而长方体有高度，所以这条棱就叫高。

师：习惯上，长方体的位置固定以后，我们把底面中较长的棱叫作长，较短的棱叫作宽，和底面垂直的棱叫作高。长、宽和高共同构成了长方体的整体框架。

师：刚才，大家通过用小棒搭建长方体的过程认识了长方体的长、宽和高，现在老师再给大家布置一个任务，以同桌为单位，把刚才搭建好的长方体拆一拆，拆的过程注意观察框架的变化，思考决定长方体大小的因素是什么。

学生拆长方体框架，教师巡视。

师：哪组可以派代表说一说，你们组的拆解情况和发现？

生一：我拆掉了一根小棒，还能想象到由这些小棒搭成的长方体框架。

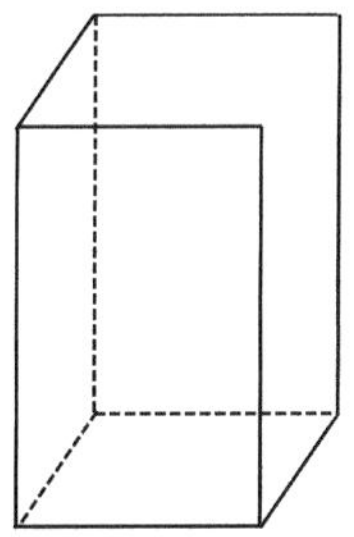

生二：我拆掉了一个面上的 4 条棱，发现长方体的整体轮廓没改变。

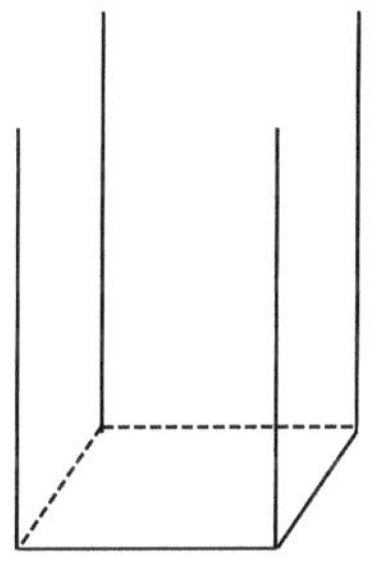

生三：我们拆掉了最上边一个面上的 4 条棱，同时拆除了竖直方向 4 条棱中的 3 条棱，可以想象出下面这个面向上平移得到了原来长方体上面的那个面，仍然能够想象到刚才长方体的大小。

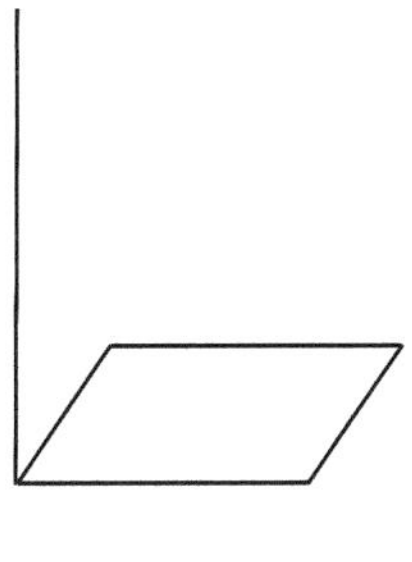

生四：我们只保留了底面一个点出发的 3 条棱，拆掉了其余所有的棱，感觉也能想象出长方体的轮廓和大小。

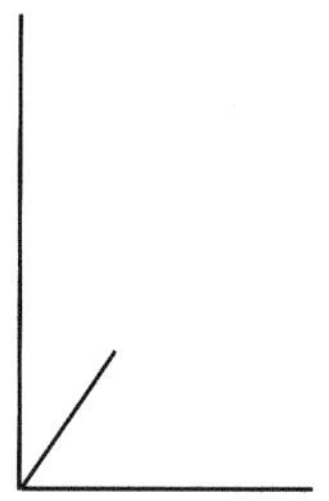

师：同学们拆得很认真，观察得也非常仔细，老师从你们身上看到了未来数学家的影子。

师：刚才最后一组同学说，他们组拆分长方体，只保留从一点出发的 3 条棱，也能看出长方体的轮廓和大小。下面让这组同学上讲台给大家说明，如何能看出长方体的轮廓和大小。

生（演示）：虽然现在的图形只有从一点出发的 3 条棱，但是我们可以看出，和这 3 条棱中每一条相同的各有 3 条被拆掉了。

师：所以，如果给长方体的棱分组的话，可以分为几组？

生：4 组。

师：具体是怎样的 4 组呢？

生：每组是从一个顶点出发的长、宽和高。

师：所以，一个长方体有几条长、几条宽、几条高？

生：每组各有一条长、宽、高，共有 4 组，所以长有 4 条，宽有 4 条，高有 4 条。

师：长方体的 4 条高、4 条宽、4 条长在不同的长方体中不仅位置发生改变，长短也会发生改变。请看这几个长方体（课件出示），你能指着说一说这几个长方体的长、宽、高吗？

师：通过观察我们可以看到长方体的大小是由什么决定的？

生：长方体的长、宽、高。

上述案例片段中，每根小棒都属于一维空间内的物体，长方体属于三维空间内的图形，小棒搭建长方体的过程，印证了图形的形成从简单到复杂，经历了一维、二维到三维的过程；对长方体逐步拆解，直到留下从一个点放射出的 3 条边（小棒），我们依旧可以从剩下的小棒框架中想象到原来长方体的轮廓和大小。这恰好说明了对三维的立体图形——长方体的认识，可以通过转化为一维图形——长、宽、高 3 条棱长来加以认识。

三、长方体、正方体之间的关系

长方体、正方体不是孤立存在的，它们之间有着紧密的联系。我们从维度的角度来理解，长方体可以认为是平面上的一个长方形，沿着竖直方向拉伸得到的，平面上长方形的长和宽称为长方体的长和宽，在竖直方向上拉伸的高度称为长方体的高。如果平面上的这个四边形是正方形，并且在竖直方向上拉伸的高度和正方形的边长相等，那么这个立体图形就变成了正方体。所以，正方体的长、宽、高相等，可以认为正方体是特殊的长方体。

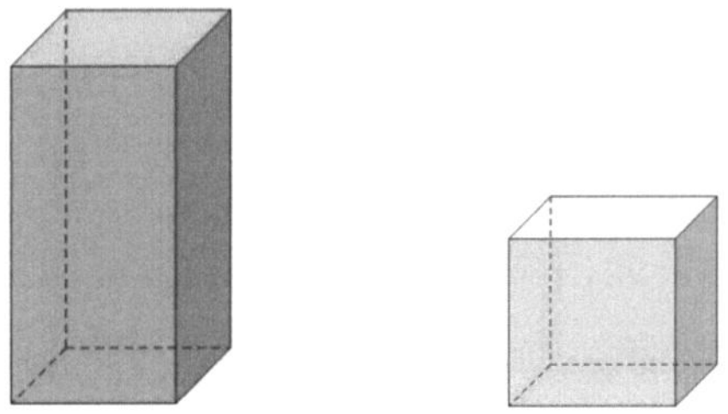

线的位置关系

“平行与垂直”的教学内容是同一平面内，两条直线的位置关系范畴，是几何图形从一维向二维过渡的两个重要概念，属于“图形与几何”领域的起始课，是学生认识平行四边形、梯形、长方体、正方体等几何图形的基础，同时也为学生培养空间观念提供了一个很好的载体。学生对生活中的平行与垂直现象有一定的感知，但是由于平行与垂直描述的是同一平面内两条直线的位置关系，“关系”一词就是抽象的，因此，学生建构概念时要基于理解，经历由具体事例到抽象本质的过程，将学生从感性的认知引导到理性的辨析中去。

一、绘图中建立平行与垂直的表象

平行与垂直均为同一平面内两直线位置关系的特殊情况，如何理解这种特殊性，可以通过绘图来形成表象。通过直线外一点，可以画出无数条直线，只有一条直线与原直线没有交点，从而引出平行的特殊性；通过直线上一点，可以画无数条直线与原直线相交，产生两组对顶角（一组锐角、一组钝角），其中只有一条直线与原直线垂直，产生4个直角，从而引出垂直的特殊性。

案例片段一

师：请你在点子图上，按照要求画出如下作品。

第一，通过直线a外一点P，画直线。

第二，通过直线b上一点O，画直线。

仔细观察，并说说你有什么发现。

师：下面我们来欣赏一下同学的作品（通过直线a外一点P，画直线）。

生一：我发现通过直线外一点可以画出无数条直线和直线a交叉在一起。

生二：我发现画了这么多直线，只有一条不和直线a交叉。

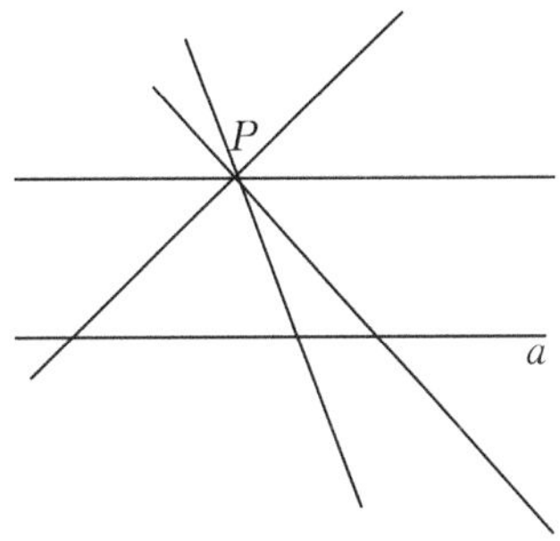

师：数学上我们把交叉这种现象叫作相交。我们知道直线可以向两端无限延长，如果把不和 a 相交的这条直线继续延长，会相交吗？

生：继续延长，也不会相交。

师：我们把这种无论怎么延长也不相交的两条直线叫作互相平行。

师：同一平面内，两条直线的位置关系会出现哪几种情况？

生：会出现相交和平行两种情况。

师：哪种最特殊呢？

生：平行最特殊。

师：你们分析得非常正确，平行是相交的一种特殊情况。

师：我们再来仔细观察这些作品（通过直线 b 上一点 O，画直线），并说说你有什么发现。

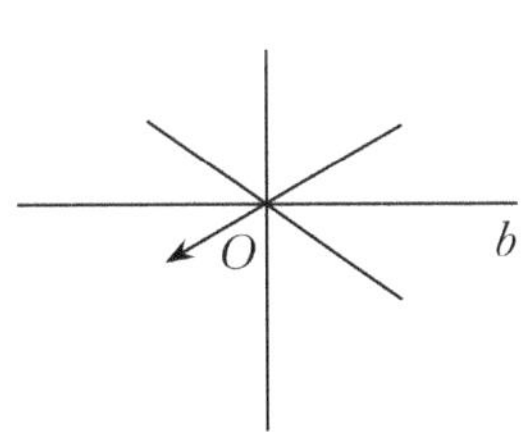

生一：通过直线 b 上一点 O，可以画无数条直线。

生二：这无数条直线都相交于一个点 O。

生三：这相交的两条直线组成了 4 个角，其中有 2 个锐角，2 个钝角。

师：你发现这些相交的直线中有特殊的情况吗？

生：只有一条直线和原来的直线相交成直角，其他都组成的是锐角和钝角。

师：你怎么确定是直角？学习需要严谨的态度，我们怎样验证一下呢？

生：用三角尺或量角器量一量。

师：你刚才只测量了一个直角，怎么就知道4个角都是直角呢？

生：刚才我们已经发现相邻的两个角是平角，知道了一个角是90°，我们就知道这个角的边上的角就是180°－90°＝90°；同时，刚才发现相交的情况下对角相等，于是我们可以推导出另外的两个角也是90°。

师：真了不起，你用推理的方法发现，两条直线相交时，形成的4个角中，如果有一个角是直角，那么其余也都是直角。

师：这时候我们就说这两条直线互相垂直，其中一条直线叫作另一条直线的垂线，这两条直线的交点叫作垂足。

师：通过我们刚才的探究，发现平行很特别，相交就很普通。那么垂直特殊吗？

生：垂直也很特殊。

师：为什么？

生：因为只有两条直线垂直时才出现4个直角，其他的相交情况，出现的不是2个锐角就是2个钝角，所以垂直也很特殊。

师：那么在同一平面内，相交、平行、垂直三者的关系你能用韦恩图来表示一下吗？

生上台展示，贴出如下关系图。

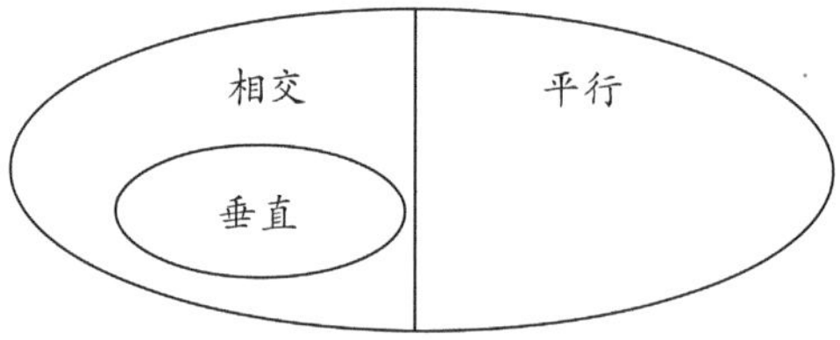

在以上绘制的过程中，学生能够通过观察、想象、工具的测量等方式辨析平行与垂直位置关系的特殊性。由于平行与垂直在数学、生活中经常出现，所以我们对两条直线的这两种特殊的位置关系特别关注。

二、操作中深化平行与垂直的本质

在学生建立平行与垂直的概念后，借助学生的生活经验，组织学生开展充分的操作活动。在操作活动中逐步深化对平行与垂直本质的认知，手脑并用，以“动”促“思”，助力推理意识的形成，达到知识的迁移和应用，使学生的空间观念、空间想象能力、推理意识等数学素养得到发展。

案例片段二

师：4 个人玩抢凳子游戏，参加活动的 4 个人的位置如图，看到这样的位置安排，你有什么想说的？

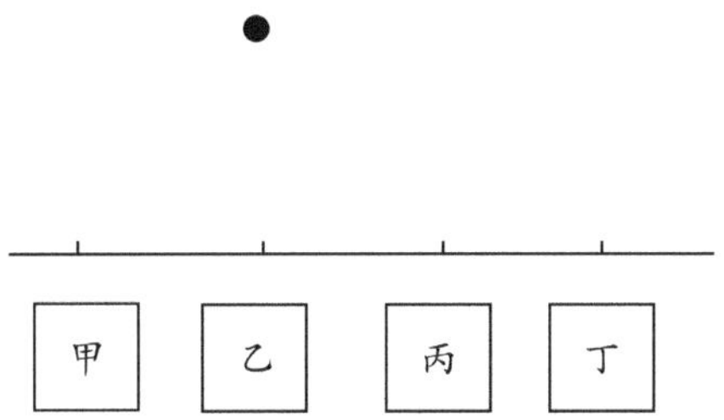

生：这样太不公平了，乙离凳子最近，一定是最先抢到的。

师：真的是这样吗？数学需要严谨，你有什么方法来验证你说的就是对的呢？

生：用尺子量一量这 4 个人到凳子的线段长就知道了。

学生反馈如下。

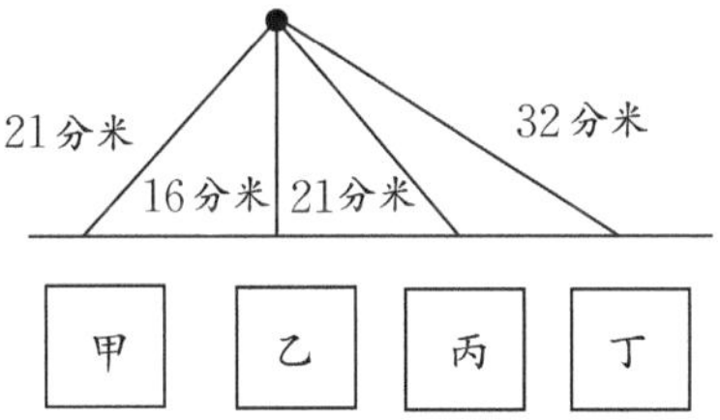

师：从这个点到这条直线还能画多少条线段？

生：有无数条线段。

师：能不能找到比乙更近的线段呢？

生：我们又画了 3 条，通过量，发现不能找到比乙更近的线段了。乙是到凳子的距离最近的。

师：只画 3 条就能确定吗？不是有无数条可以画吗？

生：因为我们发现，从凳子这个点开始，越往左，画出的线段越长，越往右，画出的线段也越长，所以，乙到凳子的线段是最短的。

师：这条线段与其他线段有什么不同？

生：这条线段与原来那条直线是垂直的。

师：过直线外一点能画几条线段与已知直线垂直？

生：只能画一条。

师：从直线外一点到这条直线可以画无数条线段，其中垂直线段最短，这条垂直线段的长度叫作这点到直线的距离。

师：怎样改一改，可以让抢凳子游戏更公平呢？

生：可以再添 3 个凳子，让每个人到凳子的距离都相等。

师：这 4 个凳子应该摆在什么位置才公平呢？请你在图上画出来。

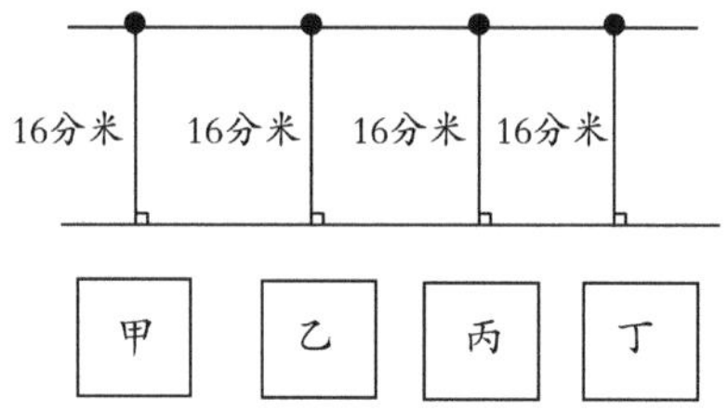

师：这些点的位置有什么特点？

生一：我发现这些点连起来，在同一条直线上。

生二：连起来的这条直线与原来的直线互相平行。

生三：我发现这些点到原来直线的距离都相等。

生四：这两条直线间有无数条垂直的线段，而且这些线段长度都相等。

师：怎么验证一下你们的发现是否正确？

生：可以用三角尺量，两条平行线之间的小线段都相等。

师：怎么验证这两条直线是互相平行的？

生：想象两条直线无论怎么延长都不会相交，所以就互相平行。

师：刚才我们验证两条平行线间的这些垂线段都相等，就说明，这两条直线是不会相交的，就是互相平行的。平行线之间的垂直线段的长度就叫作平行线之间的距离。

师：刚才我们在研究抢凳子游戏公平不公平的时候，就已经画出了平行线，想一想，你是怎么画出来的？

生：画已知直线的垂线，多画几条，都画成一样的长度，再把点连起来。

通过创设情境，放手让学生根据已有知识经验来自主探究，通过动手操作，发现其规律：点到直线的距离垂线段最短，平行线之间的距离处处相等。这样的操作活动能够让每个学生都充分参与到学习当中去，感受到平行与垂直的本质关联，又为画平行线和垂线打下基础。

三、生活中感悟平行与垂直的特殊性应用

平行与垂直不仅是几何学中非常基本且非常重要的概念，还在我们生活中广泛应用，它们是构建三维空间的基础，因此数学教学应从学生的现实生活出发，精心营造一个学生熟悉的空间，从身边的事物入手，让学生感悟真实世界中平行与垂直的特殊性应用。

生活中平行与垂直的特殊性应用有很多，比如测定跳远成绩时，为了保证跳远成绩的准确与公平，测量的尺子和起跳线应该保持互相垂直的状态；教室课桌摆放为了整齐美观，需要把每行摆得互相平行；等等。接下来，看看我们的小同学是怎么利用垂直与平行来解决生活中遇到的实际问题吧！

案例片段三

师：同学们，学校的文化艺术节要到了，我们要布置一块展板，老师请你们利用垂直与平行的知识来解决实际问题，帮忙把大家的美术作品贴到展板上，要保证贴得又快又正哦！

生一：展板那么大，我们要怎么贴才能又快又正呢？

生二：我想啊，要让作品上面那条边和展板上面那条边互相平行，贴出来才整齐美观。

生三：我们可以先用三角尺在展板左右两侧量出同样长的一段，分别固定一颗钉子，然后把两颗钉子上系上一条绳子，把绳子拉紧，这样就形成了长方形。绳子和展板上边的边是平行的，最后沿着绳子贴美术作品，就可以保证又快又正地完成任务了。

师：你们太会想办法了，真的做到了学以致用！

学生经历丰富的动手活动，真正参与到学习过程中，逐步深化平行与垂直的本质特征，真切感受到平行与垂直是两条直线的特殊位置关系，二者在分类中虽不是同级，但是在生活中、实际应用中却双双出现，互相影响，互相关联。

总之，我们应该遵循教学规律，以探寻数学本质为追求，以有效的数学活动为载体，以培养学生核心素养目标，努力寻找学生认知起点与有效的教学策略，让课堂成为学生积极思考、认真实践、合作创新、获得个性发展的主阵地，让学生真正成为自我教育和发展创新的主人。

长度的度量

长度的测量属于“图形与几何”领域的内容，测量的本质是“度量”，它包括一维度量、二维度量以及三维度量。不管是几个维度的度量，它的本质就是相应度量单位的累加。

一、厘清度量的概念

什么是度量？学生对度量很难下一个定义，而且对于度量有着各种模糊的概念。比如说，不知道量的对象是什么，也不知道测量的方法是什么，更不能通过一个带有单位的数值来描述结果；有的学生认为度量表示长度，度量就是几米、几厘米，度量就是长和短的比较；等等。我们在教学时，要让学生充分暴露这些模糊概念，帮学生厘清度量的概念。

其实，度量是人创造出来的数学语言，是人认识、理解和表达现实世界的工具，是看被测量对象中包含多少个测量单位，也就是测量单位的累加过程。度量强调通过测量或者计算，用一个带单位的数值来描述物体的属性，如长度、面积、容积、体积、角度、质量等。有了度量，我们就可以对物体的长度、图形的大小等进行描述，对生活中的一些量进行表达。

二、走进长度的度量

长度的测量是度量的起始课，我们在教学时要让学生明白统一度量单位的必要性、长度测量的方法、长度测量结果以及培养孩子的量感等，这些对于后续关于面积、体积等相关知识的教学起着重要作用。

（一）统一度量单位的必要性

学生通过一年级的学习，对长短这个概念有了初步的认识，会通过直观观察的方式判断物体的长短，但不能进行量化比较。通过一年级的学习，学生也积累了部分动手活动经验，能在动手、交流中学习数学概念。

案例片段一

师：同学们，你们知道咱们的课桌有多长吗？

生：我们可以用尺子量，是 60 厘米。

师：除了用尺子，我们还可以怎样量出课桌的长度呢？（做“一拃”的动作）

生：我用拃量是 4 拃多。

生：我用拃量是 5 拃。

师：用尺子量是 60 厘米，用“拃”做单位来量是 4 拃多，还有的 5 拃，听了这些数据，你有什么疑问吗？

生：我们的课桌应该是一样长的呀，怎么测量的结果不同呢？

师：谁来解释一下其中的原因呢？

生：因为用尺子量时，1 厘米是这么短，用“拃”量时，拃这么长。

生：我们同样是用“拃”量，为什么有 4 拃多的，还有 5 拃的呢？

生：因为我们每个人手指长度不一样，一拃的长度也就不一样，所以测量出来的结果就不一样。

师：同学们，明白了吗？也就是我们刚才测量时，用的长度单位是不统一的，所以结果就不一样。同样的桌子，长度是一样的，那怎样才能得到一样的结果呢？

生：我们可以用一个固定的长度去量。

生：我们可以都用尺子来量。

生：我们用同一根小棒来量也行。

师：是呀，测量物体长度的单位必须是统一的，不然就会出现很多个答案。

通过“让学生们用尺子和‘拃’来量课桌有多长”这样的探究活动，学生们发现测量的结果不同，存在问题，引出疑问，为什么同一个课桌的长，所测量的结果不同呢？由此引起认知冲突，用不同的标准去量结果不同，体验统一度量单位的必要性。

（二）认识长度单位

单位是什么？我们在计数的时候就学过计数的单位——一，一的反复累积就形成了数的大小，所以单位是一个计数的标准。我们在量身高、称体重时也用到了单位（如米、厘米、千克等），虽然学生们对这些单位很熟悉，但缺少对单位标准的认识。数的单位有多种，一、十、百、千等，那我们在测量长度时根据长度的大小也会制定几个大小不同的长度单位，以便我们在生活中更方便操作。

案例片段二：厘米的认识

师：通过之前的测量我们知道需要有统一的长度单位，今天我们就来学习一个统一的长度单位——厘米。它就藏在我们的直尺中。先来看看直尺上有什么。

生：有数字，有长长短短的线，还写着字母“cm”。

师：大家观察得真仔细，你知道尺子上的“cm”是什么意思吗?

生：厘米。

师：从 0 到 1，像这样的长度就是 1 厘米。在自己的尺子上找到 1 厘米，感受一下 1 厘米有多长。

师：我们认识了 1 厘米有多长。生活中哪些物体的长度大约是 1 厘米?

生一：食指的宽度大约是 1 厘米。

生二：田字格的宽度大约是 1 厘米。

生三：图钉的长度大约是 1 厘米。

……

师：你还能在尺子上找到其他的 1 厘米吗?

生：从刻度 2 到刻度 3 的长度是 1 厘米。

生：从刻度 3 到刻度 4 的长度是 1 厘米。

生：从刻度 4 到刻度 5 的长度是 1 厘米。

师：刻度 2 和刻度 5 之间的长度也能说是 1 厘米吗?

生：不是 1 厘米，在直尺上，相邻两个刻度数之间的长度是 1 厘米。

师：和周围的同学比一比，你们尺子上的 1 厘米都一样长吗?

生：一样长。

师：老师的尺子比较长，老师尺子上的 1 厘米和你们的一样长吗?

学生动手验证。

生：我们尺子上的 1 厘米和老师长尺子上的 1 厘米一样长。

师：不论是长尺、短尺、直尺、卷尺、国内的尺子、国外的尺子，任何一个尺子上 1 厘米都是一样长的。因为厘米是国际统一的长度单位，也就是全世界统一的长度单位。

厘米是学生认识的第一个统一的长度单位，为了让学生理解“统一”，我们在教学时，让学生利用直尺上的1厘米互相比、和老师的长尺子上的1厘米比，感受1厘米的长度的统一，建立1厘米的空间表象。

案例片段三：米的认识

师：你们知道咱们的教室有多长吗？如何测量呢？

生：我们可以用直尺量一量。

生：用直尺量太麻烦了！

师：（出示米尺），用这个尺子来量方便吗？这是米尺，它的长度刚好是1米。

师：拿出手中的米尺，用双手比一比，看看1米大约有多长。

生：把米尺立起来，正好到我脖子的位置。

生：张开双臂，两手间距离的长度，大约是1米。

师：找一找教室中什么物体的长度大约是1米。

生：地板砖的边长大约是1米。

师：观察米尺，在米尺上看一看1米有多少个1厘米。

生：100个1厘米。

师：1米＝100厘米，记作1 m＝100 cm。

师：现在我们用米尺再来测量教室的宽是多少。

生：6米多。

生：6米20厘米。

生：6米22厘米。

测量活动可以让学生直观感受到用厘米量较长物体的不便利，从而产生需求，这就需要选择更大的长度单位——米。我们量较短的物体的长度时，可以用厘米做单位，量较长物体的长度时，可以用米做单位。有了米可以量得快，但不一定量得准，于是有了米和厘米的合作。在量较长的物体时，我们用米和厘米的合作，不仅量得快，而且量得更加精细。有了米的价值，可以让我们快速地量出较长物体的长度；同时有了厘米的价值，可以让不是整米的长度量得更加精细。有时有了厘米和米也不能满足测量的需求，需要分米和毫米单位的出现。长度单位的出现，可能指向的是长短，不同长度的度量，可能还会指向的是测量的精确程度，这些得根据生活的需求。

如果测量更长的物体的长度时，用米做单位也不能满足我们的需求，所以就会出现千米。在学习千米时，可以带领学生到操场上沿着长度为 100 米的跑道走一走，数一数分别走了多少步、花了多少时间，再根据推理与估计，推算出 1000 米大约要走多少步、花多少时间。我们学习千米时，又省略了百米和十米，其实它十进制的原型是存在的，这与计数的系统相吻合，只是我们要根据生活的需要来确定单位学习的内容。

（三）长度测量的方法

孩子们测量的思维惯性就是，遇到测量一般都会从 0 刻度开始，看另一端对准几厘米就是几厘米。其实“1 厘米”到“几厘米”的实质是单位长度累加的过程，而学生恰恰最容易缺失这一部分的体验。部分学生在测量从“与 0 刻度对齐”到“不与 0 刻度对齐”时，会出现量感迷失的情况。因此，加强在同一测量情境下的不同结果的比较，有助于学生体会测量本质，建立几厘米的表象。

案例片段四

师：我们如何用直尺来量物体的长度呢？

生：测量物体长度时，要把刻度尺和所测的物体水平贴合。

生：把物体的一端和尺子上的 0 刻度线对齐，不要和尺子的最左端对齐。

师：为什么要和 0 刻度线对齐呢？

生：0 刻度线左边没有刻度，所以从 0 刻度线开始测量。

师：你知道下图铅笔有多长吗？

生：5 厘米。因为 6 厘米少了 1 厘米就是 5 厘米。

生：4 厘米。如果铅笔是和刻度 0 对齐，那就是 6 厘米，可是没有对齐，少了 2 厘米，6 厘米就剩 4 厘米，6－2＝4 厘米。

生：铅笔的长度包含了 4 个 1 厘米，所以就是 4 厘米。

师：这位同学分析得真好！

师：同学们请看，下面是一把破损严重的尺子，只有 4 个清晰的刻度了，还能测量长度吗？能量出哪几种长度？

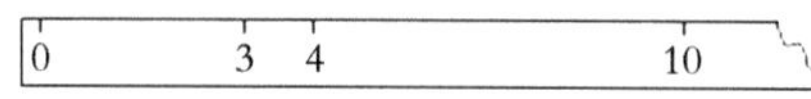

生：3 种长度，分别是 3 厘米、4 厘米、10 厘米。

生：从 0 刻度出发可以量出 3 厘米、4 厘米和 10 厘米 3 种长度，从 3 刻度出发能量出 1 厘米和 7 厘米 2 种长度，从 4 刻度出发还能量出 6 厘米的长度，所以能量出 6 种长度。

师：测量一个物体的长度是几厘米，应该看它的长度里包含几个 1 厘米，不一定非得利用 0 刻度线。

师：用直尺测量时，物体的左端对准的是 0 刻度线，直接看右端的刻度数，就是物体的长度。如果物体的左端对准的不是 0 刻度线，就需要用右端的刻度数减去左端的刻度数才是物体的长度。

师：如果量树叶一周的长度，该怎么量呢？

生：可以先用一条线围绕树叶一周，标上记号，然后把线拉直，用直尺量出线的长度，这个长度就是树叶一周的长度。

师：像这种想要测量一个弯曲物体的长度，可以用一根线使其与物体完全重合，再测量拉直后这条线的长度，这种方法叫“化曲为直法”。

学生经历了用统一的长度单位测量物体长度的过程，同时，通过对“在直尺上，两个刻度数之间的长度就是 1 厘米”的纠错的过程，加深了对长度单位的理解，既积累了测量的方法，又有利于发展学生的量感和空间观念。

三、在量、估、比中建立长度量感

量感是一种对于多少、大小的感觉，这种感觉是通过实践活动经验积累的。长度量感可以表现为对物体的长度进行推断，或推断用某个单位表示的量与实际物体的长度相比较的一种感觉。我们可以在不同的操作活动中建立长度的量感，比如估一估、量一量或通过比较建立量感。生活中的估测很多时候是借助熟悉的长度表象来进行推断的。特别是估测比较长的物体时，推断是最好的估测，估测的过程就是发展量感的过程。

案例片段五

出示一块橡皮。

师：这块橡皮大约有多长？

生：可以用尺子量一量。

生：我可以用指甲盖比一比，这块橡皮的长度有2厘米多。

师：我们感知了指甲盖的宽度大约是1厘米，可以用指甲盖再去量橡皮，就能判断橡皮的大致长度。

师：奶盒大约有多高呢？

生：用指甲盖去比一比，大约是7厘米。

生：我可以用刚才的橡皮去跟奶盒比一比，大约有3块橡皮那么高，就可以判断奶盒有7厘米高。

师：到底是几厘米高呢？和我们的尺子比一比。

生：8厘米。

师：谁推测一下这个水杯大约有多高。

生：水杯的高度比奶盒高一点，我认为是10厘米。

生：我的一拃大约是12厘米，水杯的高度比我的一拃低一点，我认为是10厘米多。

生：我用刚才的橡皮量，4块橡皮，大约是10厘米。

师：用尺子量是多长呢？看，我们看直尺来读一读。

同学们用不同的估测方法，对物体进行了估测，采用的估测工具不一样，有的长有的短，量的次数也会不一样，但都是以1厘米或几厘米的表象为参照物。在一次次的比较、思辨中，估测变得更简单，学生的长度量感也在这个过程中逐步建立起来。

总之，“长度的测量”这部分内容重点是让学生在动手操作中去感受度量的本质，同时在多元化的测量、比较、操作等过程中，培养并发展学生的量感。儿童量感的形成是一个漫长的过程，教师要抓住学生度量学习的机会，开展有效的度量活动，帮助学生经历动手操作的学习过程，积累“量”的活动经验，渗透度量思想，最终实现学生的深度学习。

角的度量

度量是小学数学中的重要内容，是人类认识、理解和表达现实世界的工具。度量，也称测量，是指用一个带单位的数值来描述可测量物体或现象的某一属性，从而形成某个具有特殊含义的“量”，比如长度、角度、面积、体积、容积、质量等。明确量的属性是用数描述量的基础，而描述量的大小需要在量的大小比较中实现。可见，理解度量的意义包括三个方面。

一是需要明确度量的属性，即度量的对象是什么。

二是要直接比较量的大小，能结合不同情境选择合适的方法进行。

三是描述量的大小，不能直接比较时，能选择一个标准进行间接比较，标准的个数就是量的大小，即用数来描述量的大小。

基于对度量意义的理解，“角的度量”需要经历这样的过程，即在学生已有的度量经验基础上，通过对“度量属性”与“角的大小度量”的思考，从角的动态定义出发，认识度量的本质，创造度量方法，从定性认识量上升到进行定量描述，进而培养学生的量感和空间观念。

一、明确度量对象

角是一种比较抽象的几何图形，是学生学习其他平面图形的基础。学生在二年级初步认识角时，以形象思维为主，通过“操作—比较—想象—辨析”积累数学活动经验，实现从“模仿学习”到“本质理解”的蜕变。

案例片段一

师：同学们，下面指针形成的角哪个比较大？

生：第三个。

师：其他同学呢？

生：感觉第二个角最小，第三个角最大。

师：请同学们张开双臂，模仿一下钟面上的角。来，我们一起开始，第一个，第二个，第三个。你们做哪个角时感觉双臂最费劲？

生：第三个。

师：为什么呢？

生：因为两个胳臂张得很大。

师：真好，所以角有大有小，角的大小和两条边张开的程度有关。

角的大小与两条边张开的程度有关，学生理解起来存在困难。学生通过模仿角，感觉到两只手臂张开得越大自己越累，让抽象的词语变得具体形象，从而明白其中的数学道理。

案例片段二

师：同学们，我们来比一比下面的两个活动角，看看哪个角大。

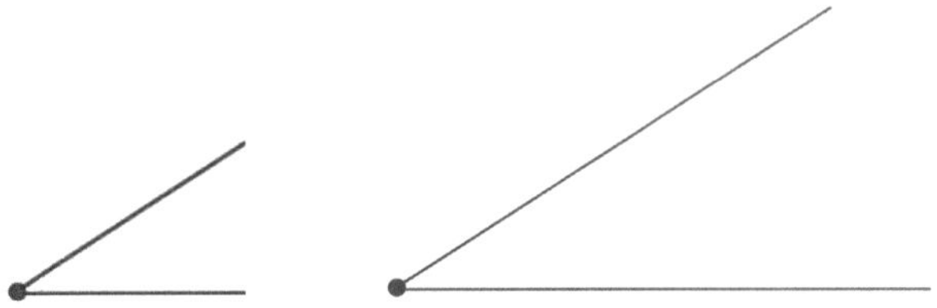

生一：第二个角大，因为第二个角看着大。

生二：我感觉第二个角不一定大，因为我们模仿过角，它们两个差不多。

师：也就是我们不好看出到底哪个角大。那有什么办法让我们比出结果呢？

生：可以把两个角画下来比一比。

生：可以把两个角放在一起比一比。

师：同学们，咱们就用你们说的办法动手试一试。

一组学生在黑板上把两个角画下来，但还是不能比较出大小。

师：这样画下来还是比不出角的大小，怎么办？

一组学生拿过两个角重叠在一起比。

师：也就是说不管是画也好，放在一起比也好，都要怎么做才能比出角的大小？

生：要对齐着画，对齐着放。

师：怎样对齐？你快来试试。能比出结果吗？

生：一样大。因为两个角叠在一起了。

师：那我们在比较角的大小时，是看张开的程度还是看边的长短？

生：张开的程度。

师：所以角的大小是看边张开的大小，不是看边的长短。

作为起始课的“角的初步认识”，没有给出角的定义，也没有点明什么是角的大小。学生通过观察、操作、比较等活动，借助“儿童化的语言”进行感性表达，促进对角的本质的理解，提升数学思维。

从“角的初步认识”到“角的度量”，学生基于原有度量长度的经验，自然而然地想到用直尺去度量角。追根溯源，主要是他们不知道度量角的大小究竟应该度量哪里，用什么标准、什么工具去度量。所以，学生首先明确角的两条边的张开程度是一个新的度量对象，用原来的方法已经行不通了，需要产生新的度量单位和工具。

二、掌握度量方法

角的度量是学生的空间观念从一维到二维的跨越，是对角的定性认识到定量刻画的一次飞跃。量角的学习起点依然是角的结构认识，量角是角概念的思维派生。

（一）认识测量的工具

案例片段三

师：同学们，这节课我们学习“角的度量”。要测量角的大小，用什么样的工具呢？

生：量角器。

师：看到这三个字，你想到什么了？每个字分别是什么意思呢？

生：看到“量”想到了测量，看到“角”想到了角度，看到“器”想到了工具。

师：我们知道量角器是用来量角的，请你观察量角器，你看到了什么？

生一：量角器是半圆形的，里面一圈外面一圈，里面和外面都有度数。

生二：量角器这里有一个端点，可以把角的端点和这个端点对齐，然后再看量角器的另一条线。你可以看里面也可以看外面，最后读出这个量角器指着的数。

生三：量角器中间的 90 度是直上直下的。

生四：里面一圈的数字 0 刻度是在右边，外面一圈的 0 刻度是在左边。

师：量角器和直尺有什么相同点和不同点呢？

生经过交流，得出两者的相同点：都有刻度线、数，还有测量单位。

师：对于两者的不同点，你有什么疑问？

生一：为什么直尺是直的，而量角器是半圆形的呢？

生二：为什么量角器有两条零刻度线呢？

将量角器作为测量工具，以测量角度为契机发展学生的空间结构，积极创设思维发展的学习平台与环境。而从研究量角器的构造联想到直尺，引发学生思考异同。问题引领学生进一步深入研究量角器的构造，把握数学知识的内在关联，做到举一反三，学生思维结构得到不断完善。

（二）建立量角的标准

案例片段四

师：我们从量角器上还看到了 1 度的角，1 度还有一种写法，先写“1”，再在右上角写一个小圆圈“°”。你能在量角器上看到 1 度的角吗？你来画出那个 1 度的角。看仔细了，看看他怎么画的，最好一边画一边介绍。

生：1°的角是右边从 0 度往上移 1 个小格。

师：你们感觉那个 1°的角怎么样？因为这个笔太粗了，画的几乎看不出来了。一小格对应的这个角是多少度？

生：一小格对应的这个角是 1°。

师：那这个量角器上有多少个 1°的角？

生：180 个。

师：如果有两个 1°的角拼起来，那是多少度？5 个 1°的角拼起来是多少度？10 个 1°的角拼起来是多少度？

生：两个 1°的角拼起来是 2°，五个 1°的角拼起来是 5°，十个 1°的角拼起来是 10°。

师：10°的角是由 10 个小格拼起来的，还可以说由一大格组成的。

师：从量角器上找到 10°的角，看谁找的多。

师引导生把找到的 10°角用笔描出来。

师追问：这些角形态各不相同，为什么都是 10°的角呢？

互动交流后，学生领悟到：这些角都包含着 10 个 1°的角。

师揭示测量的本质：角中包含多少个 1 度角，它的度数就是多少。

在学习“角的度量”之前，学生已经学习了“测量长度和面积时是有工具和标准的”，学生知道测量角时也要有工具和标准。因此，认识了量角器这个测量角的工具后，学生很自然地联系到量角器的标准量是 1°角，用 1°的角作为测量角的单位（即测量的标准）。

（三）学会量角的方法

案例片段五

学生独立量角，并指名汇报测量结果。

生一：∠1 是 45°，∠2 是 120°，∠3 是 78°。

生二：∠1 是 45°，∠2 是 60°，∠3 是 79°。

生三：∠1 是 45°，∠2 是 120°，∠3 是 78°。

师：有的同学认为∠2 是 120°，也有的同学认为是 60°。如果不用量角器，你觉得哪个度数是对的？

生：我觉得 120°是对的，因为∠2 是一个比直角大的钝角，所以度数肯定大于 90°。

师：那我们请一个同学上来量一量∠2 的度数。

师：那刚才量出 60°的同学，他的问题出在哪里了？

同桌讨论后汇报：估计是看外面的刻度 60，没有看角的这条边对准的是哪条 0 刻度线，所以内外圈搞错了。

师：如果这个角是 60°，那它的另一条边会在哪里？

生一：在 0 刻度线。

生二：在 120 刻度线。

师：这两条边都可以吗？

生：都可以。因为里面都有6个大格。

师：∠3也有不同结果，有人认为78°，有人认为79°，到底是几度？怎样才能读得更准一点呢？

生：把角的这条边延长，那就能读得准了。

师：为什么可以把角的一条边延长？

生：延长后角的大小不变。

师：你们把边延长后再来测量一下∠3的度数。

量角器的内外圈测量方法容易引发学生正确取值的混淆，但这为学生批判性思维孕育了生长环境和契机。在测量∠2度数到底是120°还是60°的讨论中，教师积极引导学生阐述自己的理解与判断，鼓励学生相互质疑与评价。学生在互相纠错中逐步获得学习主体的身份认同感，强化检验的元认知经验，独立思考的意识和理性思辨的能力不断完善。

三、描述度量结果

度量角就是以一种统一的度量单位为标准，描述角的大小。

案例片段六

师（出示长方形）：如何知道它的长？

生：用直尺量。

师（出示直尺）：1厘米、2厘米……8厘米。要知道它的面积呢？

生：量出长和宽，再用长乘宽。

师：对，也就是用面积单位来量。

师：要知道这个角的大小呢？

生：用量角器来量。

师（出示量角器）：以前我们说它是直角，现在我们可以说它是90°的角。

师：测量长度、测量面积和测量角的过程，有什么共同之处？

师生交流得出：度量都要经历一个过程——定标准、会测量、得结果。

师：数学家华罗庚说过“量（liàng）起源于量（liáng）”，意思就是说要表达一个数量，总是先要找到一个度量标准，再数有多少个这样的标准，就能得出结果。

数学思想方法通常蕴藏在数学知识形成、发展和应用的过程中，学生只有经历了结构化的学习历程，才能感悟其中蕴含的数学思想。通过“测量长度、测量面积和测量角的过程，有什么共同之处?”这一异中求同的问题，凸显了度量的本质，也让学生感受到结构中蕴含的数学思想。这样，学生在生活中遇到其他需要度量的事物时，就会调动所获得的认知经验来解决问题。这就把度量技能教学的层次上升到了度量意识的培养。

面积的测量

面积是基本的几何学概念，也是小学数学几何学习的一条主干线。关于面积的定义，《辞海》（第六版）的解释是："几何学的基本度量之一。是用以度量平面或曲面上一块区域大小的正数。通常以边长为单位长的正方形的面积为度量单位。"这里强调面积是一个数，这就体现出了面积度量的本质。图形的大小需要通过度量来确定，度量的关键是建立单位，而度量的实际操作就是测量。度量单位的确定、测量过程的经历及测量结果的获得，能帮助学生由对物体的定性描述发展到对物体的定量刻画，有助于学生在理解常见的量的基础上用数量描述现实生活中的简单现象，发展量感；有助于学生在对图形大小的描述与表示中，在对图形的转化、想象、分析与推理中发展空间观念。

"面积"是对二维物体大小的一种度量，学生由线到面，要经历从一维到二维的一次质的飞跃，对于学生空间观念的形成是一次很重要的过程。人们最初关注面积源于古埃及对于土地的测量需要。而从测量的角度来说，面积具有运动不变性、有限可加性和正则性，面积的教学我们围绕以上观点进行。

一、在多重体验中建构面积模型

（一）基于生活经验认识面

面积的学习要紧密联系生产生活，小学生对于面和面积的认识有一定的生活经验，但这种认识是零散的、模糊的、感性的，我们要在学生已有的认知经验基础上抽象出面积的概念，形成面积的表象。

案例片段一

联系生活情境，出示雪地上两对脚印的图片。

师：你能说一说，哪个是小明的脚印，哪个是爸爸的脚印吗？

生：蓝色的是爸爸的，绿色的是小明的。

师：说说你是怎么判断的。

生：爸爸是大人，脚印大，小明是孩子，脚印小。

师：看来脚印在雪地上构成了一个面，面是有大有小的。接下来请你从身边找一找哪些物体上有面，并找两个面比一比，说一说谁大谁小。

生：我找到了数学书的封面（同时摸一摸）。

生：黑板面、铅笔盒的表面（同时摸一摸）。

生：桌面比数学书封面大。

生：墙面比黑板的面大，铅笔盒的面比橡皮的面大。

师：铅笔盒有几个面？

生：有6个面。

师：分别是什么？

生：前面、后面、左面、右面、上面、下面。

师：这6个面的大小一样吗？

生：前后一样、上下一样、左右一样。

生：上下的面比前后的面大，前后的面比左右的面大。

师：说得真好，还有吗？

生：水杯的面（同时摸一摸）。

师：水杯的面有什么不同吗？

生：是弯弯的。

师：弯弯的面有大小吗？

生：也有大小，我的杯子面比同桌的小。

师：通过找、摸这么多物体的面，你有什么感觉呀？

生：我觉得面有的大，有的小，有的是平的，有的是曲的。

师：面有平的、弯的，不论平面还是曲面，通过比较来看面是有大小的。

在学生已有的认知经验中，面是有大小的，我们要充分尊重学生的认知规律，从生活中常见的面引入，这里不回避曲面，淡化面的形状，突出面的大小。

（二）从实物到图形，在抽象中形成面积概念

图形是从实物中抽象出来的，它排除了事物的非本质属性（颜色、材料），抽象出几何概念的本质属性（大小、形状），图形在形成概念时起着重要的作用。我们从学生熟悉的具体事物中找到平面图形，并把它画下来，体会面从体上来。

案例片段二

师：现在你能把你刚才摸的面画下来吗?

生：我画的是橡皮的面。

师：你是怎样画的?

生：我把橡皮放在本子上，比着橡皮的边画下来的。

师：刚才说比着橡皮的边画的，这个边是什么?

生：边是我画的图形的周长。

师：刚才我说的是把这个面画下来，面在哪?

生：在周长的里面。

师：同意吗?（同意）你来摸一摸，那橡皮只有这一个面吗?

师：真好，谁再来汇报?

生：我是比着数学书的封面画的。

生：我画的是黑板的面，黑板太大了，比不了，我就画了一个长方形，因为黑板是长方形的。

师：你也画了一个长方形，面积在哪里?

生：在边的里面。

生：我比着水杯底画的，是一个圆形的面。其实我是想画它的曲面，不知道怎么画。

师：这个问题很好，怎么画呢?

生：你让那个杯子躺下，滚一圈，留下的痕迹就是曲面。

师：真好，现在快速把你画的面涂上色吧!

师：为什么你这么快涂完了?

生：我的图形小。

师：你为啥这么慢呢?

生：因为我的图形大呀。

师：如果涂色速度是一样的，涂色用的时间有长有短那是因为图形有大有小，我们把物体表面或平面图形的大小叫作它们的面积。

通过以上的活动我们看到，学生在“勾”面的时候，其实勾的是面的轮廓，是形，也就是我们以前学的周长。为了更好地让学生体会面，我安排了涂色的活动，涂色的部分就是图形的面。通过涂色（涂色速度一样的前提下）用的时间不同，体会图形的面是有大有小的。面积概念的教学，我们既要联系学生已有的认知经验，还要重视学生的动手操作。把物体上的面画下来，是从实物到图形的抽象，让学生真正体会到面从体上来。同时，通过看、摸、画、涂等一系列活动，学生获得多重体验，逐步感悟，经历面积概念的形成过程。

二、从度量的角度理解面积的本质

（一）探寻测量面积的标准

课程标准把图形的认识与测量整合成一个主题，突出了图形认识过程中的测量本质。图形的测量本质是对“图形属性的度量”，即用“数值”精确地刻画和表征事物的某一属性。面积的本质就是用数值表示一块区域的大小。有测量，就要定标准，面积单位如何确定，学生缺乏生活经验。从长度到面积，学生需要跨越的认知障碍在于测量的对象从一维空间的线转变到二维空间的面，测量的单位也由线变成了面。为什么把正方形作为面积单位，作为测量面积的标准，是学生最为困惑的地方，只有让学生找到度量面积的标准，才能真正理解面积的本质。

案例片段三

师：这些图形的面积谁大谁小？大多少？你能想办法告诉我吗？

老师提供了圆、正方形、三角形等工具，学生根据自己的需要进行选择。

生：我选择正方形，因为正方形正好可以摆进去。

第一个图形摆了 8 个小正方形，面积是 8 个这样的小正方形，第二个图形摆了 12 个小正方形，面积是 12 个这样的小正方形。

生：我选择圆，也能比较出大小，第一个图形摆了 8 个圆形，第二个图形摆了 12 个圆形，面积是 12 个圆的大小。

生：我不同意，圆不能摆满，只能比较大小，不能说是几个圆大小的面积。

生：我觉得三角形也可以，第一个图形摆了 16 个三角形，第二个图形摆了 24 个三角形，第二个图形面积大。

生：我觉得三角形有弊端。

师：有什么弊端？

生：直角三角形还行，一般的三角形边缘的地方可能摆不上，再就是摆得有点慢。

师：大家同意吗?

生：同意。

师：看来把正方形作为标准最合适。

作为比较两个图形的大小的工具，三角形和圆并不是毫无价值的。从比较的需求到度量的刻画，圆形不能密铺，一般三角形可能造成边缘地方不能铺满而受限，所以正方形作为刻画面积的标准最合适。面积的获得就是用单位小正方形去摆，图形里面包含几个这样的面积单位，和单位相匹配的数就是图形的面积。通过“选”确定标准，通过“摆”感悟面积的有限可加性，在“选”“摆”活动创设中，学生逐渐感悟到面积的本质。

（二）明确测量面积的单位

在活动中，学生感悟到把正方形作为测量面积的标准是最合适的，但是这么多的正方形，该把哪个正方形作为标准呢？同一个几何图形，我们用大一点的正方形摆得个数少，用小一点的正方形摆得个数多，那么面积究竟用哪个数来表示呢？所以要有一个统一的标准，这就是面积单位。常用的长度单位是厘米、分米、米等，面积单位的确定是不是可以与之衔接呢？我们看下面的案例。

案例片段四

师：把正方形作为标准最合适，我们就用手中的小正方形量一量手中的长方形的面积有多大，并用一个数来表示。

生：我摆了 6 个小正方形，面积是 6。

生：我摆了 8 个小正方形，面积是 8。

师：那这两个图形哪个的面积大呢?

生：当然是 8 的那个。

师：确定吗?

生：确定。

师：下面我把这两个图形比一比，大家看哪个大。

生：第一个大。

师：刚才不是说面积是 8 的那个大吗?

生：面积是 8 的正方形小，面积是 6 的那个正方形大。

师：为什么个数多的还小啊?

生：因为小正方形的大小不一样。

师：你们觉得怎么解决这一难题呢？

生：我们量长度的时候有统一的长度单位，现在是不是可以有统一的面积单位呢？

师：你的想法真好，你觉得用多大的小正方形作为单位合适呢？

生：长度单位有厘米、分米、米，我们是不是可以用边长是1厘米、1分米的正方形作单位呢？

师：你可是数学家的思维呀！为了方便，我们把边长是1分米的小正方形的面积确定为1平方分米，刚才我们用的这个小正方形就是1平方分米，摆了6个，这个图形的面积就是6平方分米。下面你们用这个1平方分米的单位量一量课桌的面积是多少。

生：长边可以摆6个，宽边可以摆5个，共摆了30个，是30平方分米。

师：那现在用你手中的面积单位量一量黑板的面积是多少。

生：老师，这个单位太小了，太麻烦了！

师：的确有点麻烦，我们是不是可以换一个更大一点的单位。

生：我知道了，是不是可以用平方米？也就是边长是1米的正方形作单位？

师：对呀，边长是1米的正方形面积就是1平方米。那如果我们量橡皮呢？

生：它太大了，得用更小的单位呀！

师：的确如此，为了方便，我们对应长度单位，把常用的面积单位确定为平方厘米、平方分米和平方米，分别是边长为1厘米、1分米和1米的小正方形作为度量面积的标准。

物体的表面有大有小，度量的标准也得有大有小，我们可以用平方分米去量课桌，但如果用这个标准去量橡皮，显然这个标准就有点大了，这就需要确定一个更小的面积单位，于是产生了平方厘米。如果量黑板、量教室呢？就需要更大的标准，于是产生了平方米。量土地呢？有更大的标准——平方千米。面积单位就是在人们的生活需求中产生和不断完善的。如果量平行四边形、三角形呢？就要把它们转化成便于测量的长方形，渗透转化的数学思想；量不规则图形的面积可以转化，也可以通过估一估，确定一个取值范围，渗透极限的思想。

面积的学习，一定要置身于度量之中，丰富学生对度量概念的感知，探寻用标准刻画面积的过程才能真正促进学生空间观念以及量感的发展。

三、在一维和二维的联系与比较中认识长度和面积

从一维的长度到二维的面积，在数学思维以及学习路径上具有一致性，我们要以发展和迁移的眼光来认识长度和面积。我们还可以用点动成线、线动成面动态演示，再次让学生感悟一维和二维的生成。

案例片段五：度量面积

师：这是什么？

生：点。

师：点动起来了，你看到了什么？

生：变成一条线。

师：它有多长？

生：1 分米。

师：用这个标准去量另一条线，这条线有多长？

生：10 分米，也就是 1 米。

师：现在 1 分米的线动起来了，你看到了什么？

生：变高了，变成了一个正方形。

师：它的面积是多少？

生：1 平方分米。

师：1 米长的线也动起来了，它的面积和 1 平方分米比较怎么样？

生：肯定大。（出现一个很窄的面）怎么这么小！

师：怎么才能变大呢？（把 1 米的线继续升高）现在谁的面积大？

生：这个大。

师：具体有多大？

生：用 1 平方分米的小正方形去量，能铺面几个，就是多少平方分米。

师：很好，面积也是量出来的。

由点到线，由线到面，这是从一维到二维的跨越，量长度是由标准的小长度量

大长度，量面积是由标准的小面积量大面积。从测量工具上，我们量长度用尺子，尺子本身就是长度单位的累加。量面积用什么呢？生活中没有这种面积尺，用一个个小小的面量大大的面，这件事在实际测量中是受局限的，因此我们找到了图形的面积与边长的关系。如长方形长边对应着一行的长度单位数，宽边对应着一列的面积单位数，从而推导出长方形的面积公式。在此基础上，基于十进制的长度单位，我们推算出百进制的面积单位。“以线量线”“以面量面”，长度和面积这两个看起来不同的概念，从度量方法上具有一致性，这种一致性还可以迁移到后续学习“以角量角”“以体量体”。站在一致性的角度才可以打通度量知识间的内在关联，使我们对知识的掌握由横向勾连推向纵向深入。

多边形的周长

小学阶段图形的测量路径是初步感知→一维线的测量→二维形的测量→三维体的测量。其学习的核心都是引导学生在度量的过程中认识度量单位，理解度量的本质就是度量单位个数的累加，从而培养学生的度量意识，渗透度量思想，发展空间观念。

周长是对一维空间图形（线）的度量，基于度量意义的理解，需要经历“明确度量对象（属性）—掌握度量方法（选择度量单位＋找准度量工具）—获得度量结果”这样的过程。“周长”中的“周”指平面图形的一周，是度量的对象；“长”指边线的长度，是度量的结果。在度量“边线”长度时，有的图形可以用直尺直接测量，还有一些图形不能直接用直尺测量，这就需要学生想办法将不能直接测量的转化为能直接测量的，其思想就是化曲为直、以直代曲。

一、明确度量对象

在“图形与几何”范围中，周长是图形测量的一个重要内容。周长是对长度学习的延续，是将来学习面积和体积度量的基础。

只有明确度量的对象，才有可能得到度量的结果。所以，建立“周长”的概念，首先要明确度量的对象，即图形的“边线”；然后再度量“边线”的长度。

案例片段一

师：体育课上老师要求同学们“围操场跑一圈”。看，这是三位同学在学校操场跑的路线图。对比观察，你有什么想法？

生：第一位同学跑的不对，他应该沿着操场的边线跑。

板书：边线。

生：第二位同学跑的也不对，他没有跑回起点。

板书：回到起点。

师：大家都认为第三位同学是围着操场跑了一圈。在数学上，这样的一圈我们就把它叫作一周。

学生伸手描一描学校操场的一周。

师：像这样操场一圈的边线，我们就把它叫作操场的一周。

师：知道了什么是操场的一周，那赶快从我们身边来找一找。下面物体的表面或图形有一周吗？如果有，请用红色描出它的一周，再说一说。

学生展示作品并演示描“一周”的过程。

师：为什么最后一个图形大家都没有描呢？

生：因为它是开口的。

生：因为它的边线不是一圈。

师：像这样有开口的图形，叫作不封闭图形，我们找不到它的一周。只有封闭图形才有一周。

师：你们觉得什么是物体表面或平面图形的一周呢？

生：从起点开始又回到起点。

师生共同小结：物体表面或平面图形一圈的边线叫作它们的一周。

“周”在“面”上，图形的一周与图形本身紧紧连在一起。学生通过“辨一辨”“描一描”“说一说”等各种丰富的认知活动，真正“看”到图形的一周边线，从而建立清晰表象，凸显周长概念的“形”的本质，初步发展了量感。

案例片段二

师：同学们真是厉害，把藏在物体表面或图形边线上的一周都找到了。通过刚刚的描红，你们觉得图形的一周像什么呢？

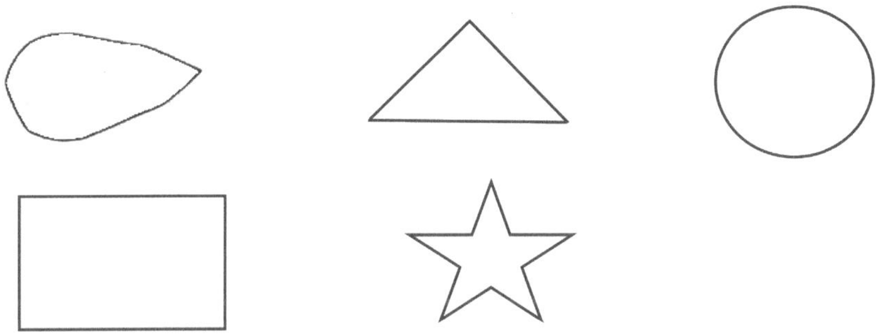

生：很细，像一条线。

师：它们都是平面图形一周的边线，比比看，它们有什么区别呢？

生：它们的形状不一样。

生：它们的大小也不一样。

师：你说的大小指的是什么？

生：长度不一样，有的一周边线长一些，有的一周边线短一点。

师：看来一周边线是有长有短的，我们把它叫作周长。那到底什么是周长呢？

生：一周边线的长。

师：物体表面或平面图形一周边线的长叫作它们的周长。

师：既然图形的周长就是它一周边线的长，是长度就可以度量。那怎样去测量图形的周长呢？

从“面”上剥离出“边线”，明确度量的对象是“边线”，这是学生理解周长本质的起点。通过“描边线”“比边线”，帮助学生明确周长的“外形”，通过观察比较不同平面图形的边线，初步体会到它们除了外形不同，长度也不同，为接下来的测量周长提供操作需求和意义。

二、掌握度量方法

周长的认识是周长测量的基础，周长测量是对周长认识的巩固和深化。周长具有“形”（封闭图形一周的直观表达）和“数”（度量）两方面的特征，说明它可以借助度量工具、度量方法，通过测量而确定。

案例片段三

出示活动要求。

第一，小组合作，在学具篮中选择合适的工具（细线、直尺、圆规、剪刀）和上面的一个图形，测量它的周长。

第二，测量时结果取整厘米数。

学生自主测量并计算。

分组汇报交流。

第一组：我们组用直尺测量出长方形每条边的长度，然后把四条边的长度相加，算出了长方形的周长。12＋12＋14＋14＝52（厘米）。

师从一点出发，依次绕过长方形的四条边，分别追问每条边的长度是多少。每经过一条边就用米尺在黑板上画出一条对应长度的线段，继续经过另一条，继续画出，直到全部画出四条线段相连接的一条长线段。

师：哪个组也是用直尺直接测量的？

第二组：我们组选择的三角形，也是用直尺量出三条边的长度，再相加。16＋17＋17＝50（厘米）。

师依次在黑板上画出三条线段相连。

师：要知道这个三角形的周长，必须量三次，只量一次可以吗？

生：用细线把三角形围起来，再把细线拉直用尺子量出它的长度。

师：把三条线段拼接在一起成为一条线段，量一次就知道了它的周长，确实是一种好方法！如果现在只有直尺和圆规，想一想，有什么办法吗？提示：用圆规将三条线段放在一条直线上，再量出线段的长度。

生尝试用圆规和直尺一次把三角形的三条边画到一条直线上，一次就量出了三角形的周长。

师：看来，我们用圆规和直尺可以将三角形的三条边拼接成一条线段。

第三组：我们组的五角星也是用直尺测量出10条边的长，我们还发现这10条边一样长，都是5厘米，所以它的周长是50厘米。

第四组：我们组用细线把椭圆形围了一圈，把多余的线剪掉，然后拉直细线测量是44厘米。

师：那为什么这个图形不像刚才那样直接用直尺测量呢？

生：这个弯的边不好测量。

第五组：我们组也是用细线把圆形围起来，再把细线拉直测量的，大约是54厘米。

师生共同小结：看来，我们可以根据图形的特点选择适合的方法度量出它的周长。像长方形、三角形、五角星这样的直边图形求周长，我们可以测量出每条边的长度，再把所有边线相加。像椭圆、圆这样的曲线图形，不能直接测量，可以用化曲为直的方法测量周长。

周长的本质其实就是线段的长度。那么线段的长与周长到底有什么联系和区别？学生在“动”中思考，在“做”中理解，能根据图形特征选择合适的方法测量图形的周长，将封闭的一周边线转化成一条直直的线段（有的是直尺一段段画出来的，有的是棉线拉成的），体验转化、化曲为直等方法，切实感受到图形的周长是以“度量单位”量出来的，感知线段长度的有限可加性，不断发展自身的量感。

三、获得度量结果

周长的实质是对一维的线的度量，这时候的“线”可以是以前学习过的“直线”，也可以是没有学习过的“曲线”。获得度量值大小的途径主要有三种：一是度量法，二是用公式计算，三是转化法。

案例片段四

依次出示下面的图形，学生列式求周长。

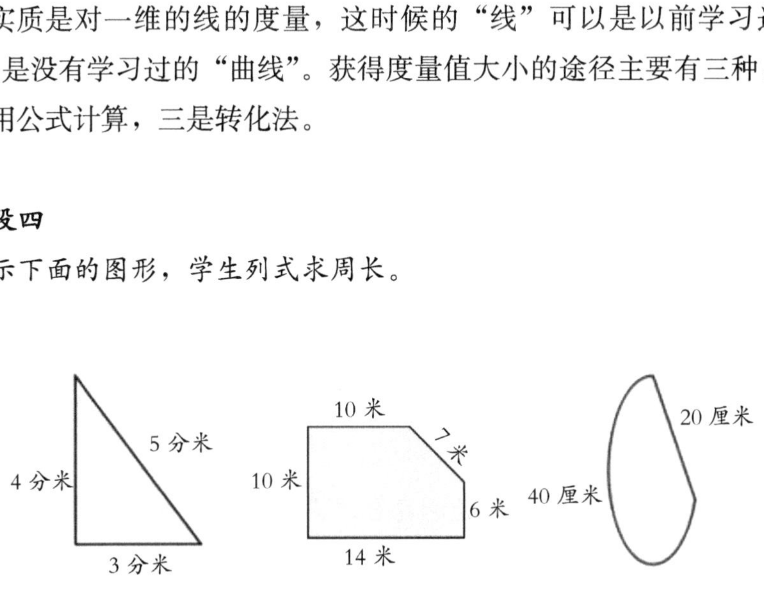

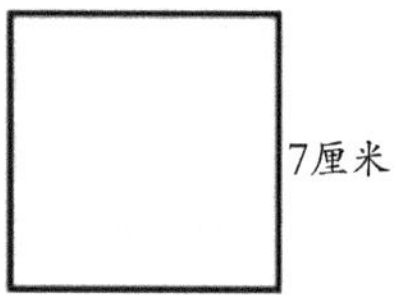

前三个图形，学生都是用连加法。正方形出现后，学生自然出现两种算法，而且认为用乘法更简便。

师：乘法简便，前面的图形为什么不用？

生：因为正方形4条边都一样长。

师：特殊图形的周长，用特殊的方法（乘法）去解决，这些一般的图形呢？

生：用一般的方法去解决。

出示多边形，学生列式求周长。

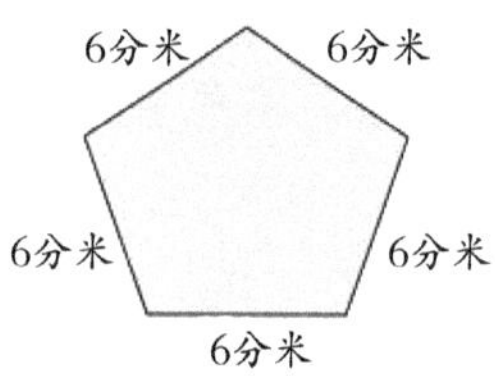

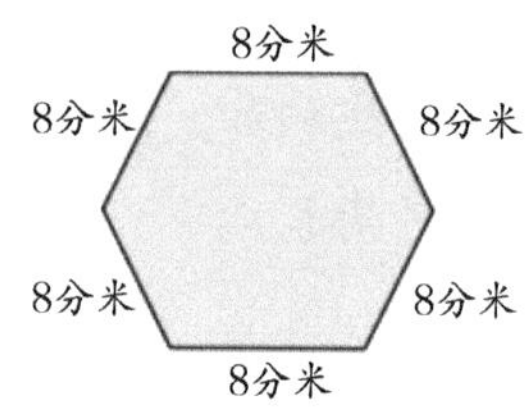

师：它们能用特殊方法解决吗？

生：能，因为它们也是特殊的，所有边都一样长。

师：我们把这样的图形叫正五边形、正六边形。那还有正七边形、正八边形等，这样的正几边形用什么办法求周长？

生：有几条边，周长就用一条边的长度乘几。

出示长方形，学生列式求周长。

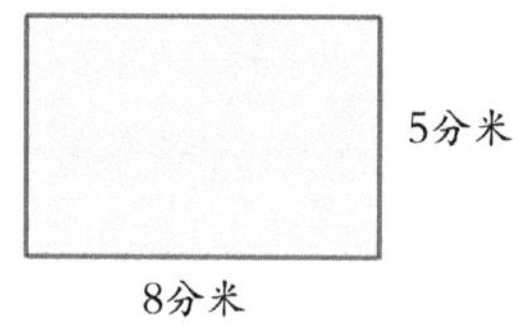

师：你觉得长方形特殊吗？

生：有一点特殊，特殊在它有两个长一样，两个宽一样。所以，可以用8×2＋5×2来求周长。

师：也就是长×2＋宽×2。

生：还有一种算法，这一半长和宽合起来，和那一半长和宽合起来是一样的。所以，可以先求出8＋5＝13（分米），13再乘2。

师：也就是（长+宽）×2。下面这两个图形怎么求周长？

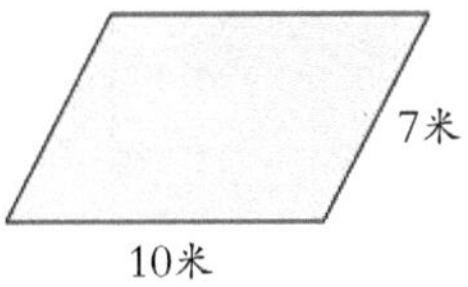

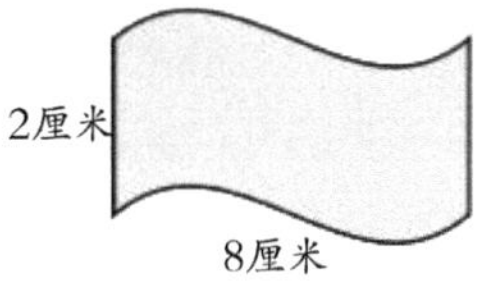

从直线到曲线，从直角到任意角，从四边到多边，学生在计算周长的过程中学会了类推。学生的思维被一次次激活，学会了一般的图形用一般的方法求周长，特殊的图形用特殊的方法解决周长问题。

案例片段五

下面图形（由 6 个小正方形拼成）的周长是多少？

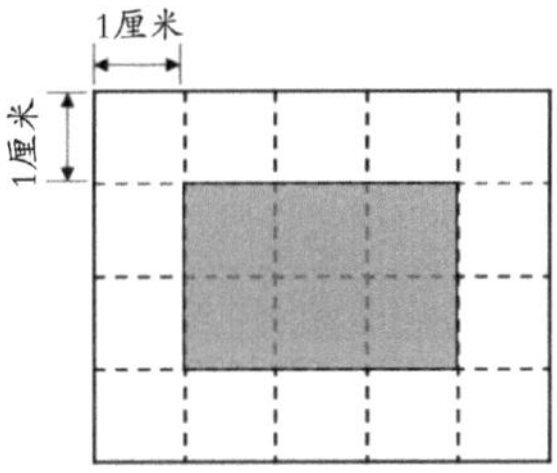

生：周长是 10 厘米。

师：你是怎么得出的？

生：这是一个长方形，长是 3 厘米，宽是 2 厘米，(3+2) ×2=10（厘米）。

生：我是数的，这个长方形的周长就是 4 条边的长，3+3+2+2=10（厘米）。

取走 1 个或 2 个小正方形，使得到的图形（由 5 个或 4 个小正方形拼成）满足下面的游戏规则。

规则一——周长不变。规则二——周长变大。规则三——周长变小。

各小组任选一个游戏规则，动手操作，并交流汇报。

第一组：我们组选择的是规则一。从长方形的 4 个角上任意取走 1 个小正方形，图形的周长是不变的。

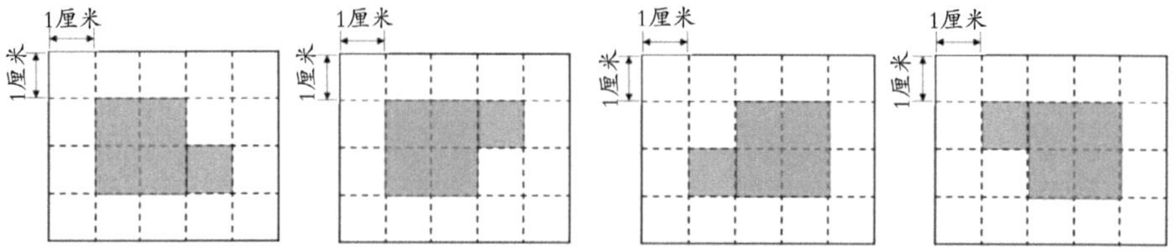

师：哪个小组也是选择的游戏规则一，但和第一组取走小正方形后得到的图形不一样？

第二组：我们组是从长方形的4个角的方向取走了2个小正方形，大家看，这样得到的图形周长还是10厘米。

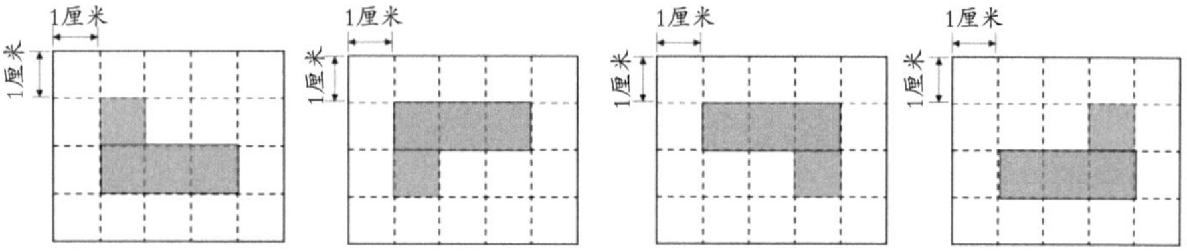

师：认真观察这两个小组的操作，为什么像这样取走1个或2个小正方形后，得到的图形周长不变呢？

生一指图：我发现原来长方形有6个小正方形，第一组取走1个小正方形后还剩5个，虽然少了原来这2条边长，但是取走后这里又多了2条边长。所以周长是不变的。

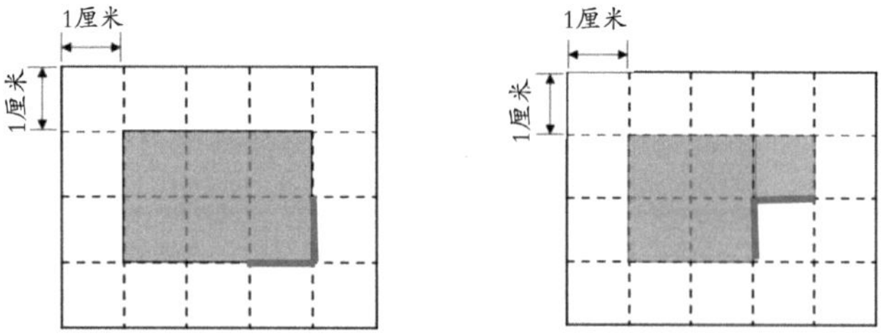

生二：那我们可不可以看成这2条边长平移到原来的位置上，所以周长不变呢？

师：谁能听懂他的意思？上来指一指，怎么平移就可以看出周长确实不变？

生上前面用手指图，将取走小正方形后缺口处的2条边长向下和向右平移，发现周长和原来一样。

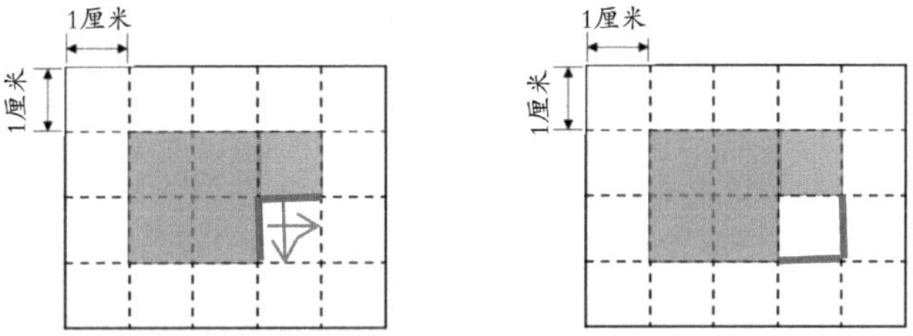

师：那第二组的操作呢？

生：和第一组一样，也可以看成是一条长边（2条边长）和一条短边（1条边长）平移后周长不变。

师：真了不起！在观察、操作、思考中我们发现了图形的变和周长的不变。

第三组：我们组在第一组的启发下，想到了新的取法。既然从长方形的任意4个角取走1个小正方形后，周长是不变的。那像这样，从4个角上分别取走2个小正方形，周长也是不变的。

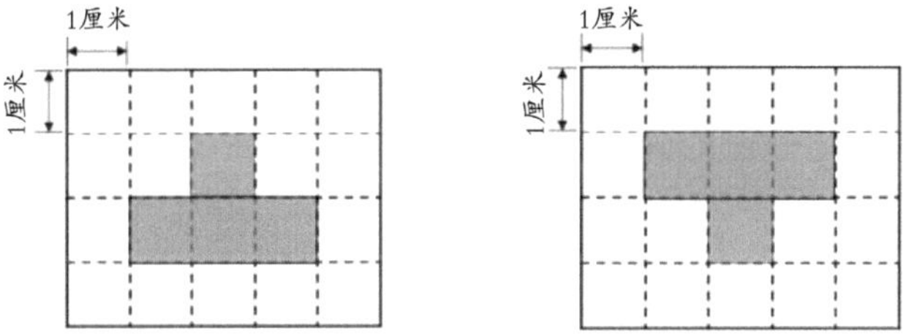

第四组：我们组也想到了，还可以从对角各取走1个小正方形，这样得到的图形周长也不变。

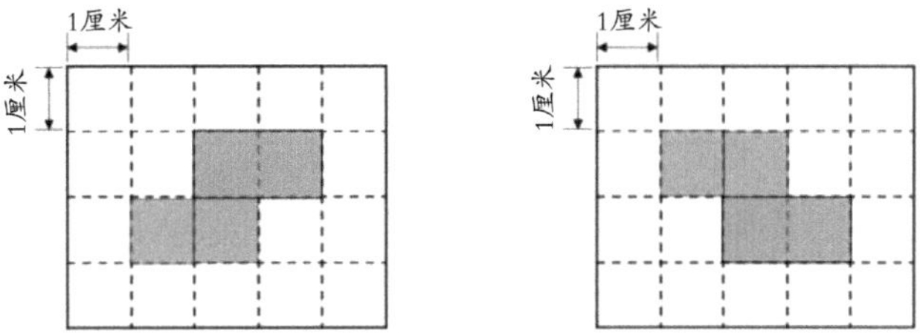

师：这样取走小正方形后，图形的周长真的没变吗？同桌互相说一说理由。你们举一反三的能力真强，给大家点赞！

第五组：我们组选择的是规则二。取走中间 1 个小正方形后得到的图形周长变大。因为少了一条边长，多出了三条边长，所以周长是 12 厘米。

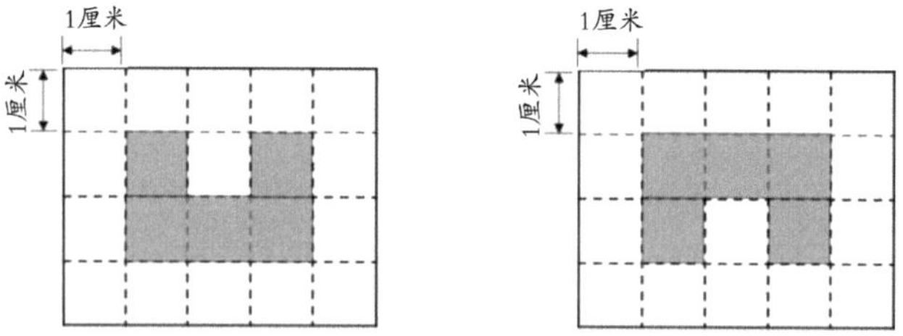

第六组：我们组选择的是规则三。从长方形的右边或左边取走 2 个小正方形，这时周长变小了，是 8 厘米。

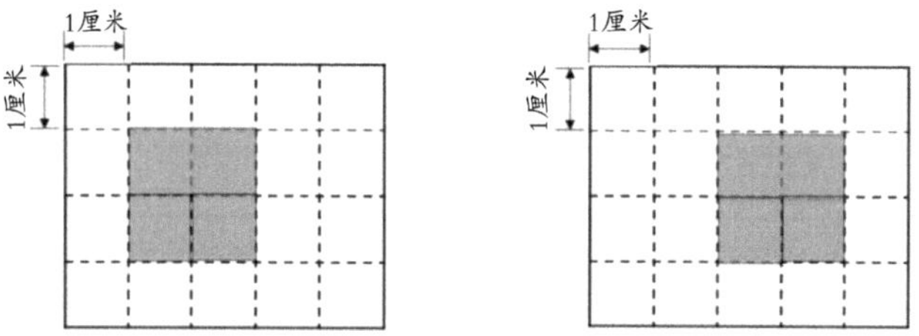

师：看来，拼成图形的小正方形个数变少，得到图形的周长可能不变，也可能变大或变小。

通过玩变形游戏，学生在动手操作中体验、感悟图形变小了，但其周长可能不变，也可能变大或变小。同时，在求图形周长的过程中，学生运用转化的方法，在平移相应边的基础上，与原图形进行比较，得出结论。

从数学知识体系的角度来审视，周长与面积、体积等概念在结构上具有高度的一致性，它们都属于度量类概念，都需要明确测量的对象，讨论测量的方法，渗透化曲为直的思想，经历计算求和及公式推导的过程。因此，多边形的周长作为度量类概念学习的第一阶段，其积累的活动经验、感悟的思想方法、形成的核心素养，在后续用旧知探索新知方面会起到至关重要的作用。

多边形的面积

多边形面积属于“图形的认识与测量”领域的内容，主要包括长方形面积、正方形面积、平行四边形面积、三角形面积和梯形面积等。多边形面积的度量是对二维空间的度量，实际就是度量多边形中面积单位的个数。其实无论是对一维空间还是二维、三维空间的度量，其本质是一样的：都要确定度量单位，计算所要度量的图形包含多少个度量单位。教学中还要涉及“认识度量对象、建立基本概念—建立测量的度量单位—掌握测量的方法（用单位直接度量、用公式间接度量）—解决实际问题”这样的环节。

这些内容在学科本质上具有共同的特征，都指向学生量感、空间观念和推理能力等核心素养的培养。其中，数学基本概念的理解、数学思想方法的把握以及对数学特有思维方式的感悟等都可以作为学科本质分析的维度。通过学习，学生不仅能够掌握图形面积的计算公式，更重要的是在探索图形面积计算公式的过程中积累操作经验，建立转化、联系的数学思想。

一、长方形和正方形面积计算的本质

学生学习数学的过程可以被看作“再创造、再发现”的过程，强调学生数学学习是一个经历、理解和反思的过程。有过程的教学，就是让学生经历某种特定的数学活动过程，帮助学生积累思维经验和实践经验，让学生学会思考、学会做事。在探究长方形面积计算公式的过程中，学生要经历“观察猜测—动手验证—归纳总结—实际运用”，经过充分的思考与交流，明晰“长方形面积＝长×宽”的计算公式，理解为什么长度和长度相乘的积就表示面积。

案例片段一：推导长方形和正方形的面积公式

师：同学们，怎样能知道这个长方形的面积呢？

课件出示一个长方形。

生：我觉得用我们学过的1平方厘米的小正方形摆一摆，能度量出这个长方形的面积。

师：根据这个长方形的大小，选择合适的面积单位作度量工具，能度量出长方形的面积。这样度量长方形的面积方便吗？有没有更好的方法呢？

生：我们不可能随时都带着这些大大小小的面积单位，这样度量太不方便了。我预习时，看见教材上是用“长方形的面积＝长×宽”计算出长方形面积的。

师：这样看来只要知道长方形的长和宽是多少，就能计算出长方形的面积，的确很方便。那你们有什么疑问吗？

生：长方形的长是长度，长方形的宽也是长度，为什么长度和长度相乘的积就得到面积了呢？

师：是啊，这到底是怎么回事呢？为什么长方形的面积等于长乘宽的积呢？请同学们自己在小组内动手摆一摆，把所摆长方形的情况记录在表格内，思考长方形的面积为什么等于长乘宽的积。

课件出示活动要求：请同学们用12个1平方厘米的小正方形拼成一个长方形，拼好后可以跟同桌说一说，你拼成的是一个什么样的长方形，记录在下面的表格中，并观察填在表中的数据，看看你能发现什么。

长方形类型	每行有几个1平方厘米的面积单位	有几行面积1平方厘米的面积单位	一共有几个面积单位
（1）号长方形			
（2）号长方形			
（3）号长方形			

学生独立完成后，同桌交流。教师巡视了解情况，请不同拼法的同学展示汇报。

（1）

（2）

（3）
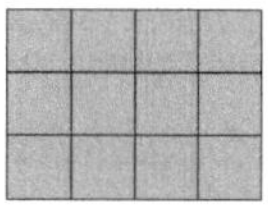

生一：我是把12个1平方厘米的小正方形拼成了一行，每个小正方形的边长是1厘米，这个长方形的长是12个小正方形的长，就是12厘米，宽是1厘米，面积是12平方厘米。

生二：我拼成的长方形每行有6个1平方厘米的小正方形，有这样的2行，所以我拼的长方形的长是6厘米，宽是2厘米，面积也是12平方厘米。

生三：我拼成的长方形每行有4个1平方厘米的小正方形，有这样的3行，所以我拼的长方形的长是4厘米，宽是3厘米，面积也是12平方厘米。

师：仔细看看长方形的长和宽与长方形的面积到底有什么关系，你发现了什么？

生一：每行有几个1平方厘米的面积单位，长方形的长就是几厘米；有几行1平方厘米的面积单位，长方形的宽就是几厘米，这样长乘宽实际就是计算每行面积单位的个数与面积单位行数的积，计算出来的是面积单位的总个数。

生二：长方形的“长×宽”的积，就是“每行面积单位的个数×面积单位的行数＝长方形内面积单位的个数”，也就是长方形的面积。

教师依据学生回答板书如下：

每行有几个1平方厘米的面积单位	×	有几行	＝	一共有几个1平方厘米的面积单位
↓		↓		↓
长	×	宽	＝	长方形面积

师：从刚才两位同学的发言知道，长方形的长代表了每行面积单位的个数，长方形的宽代表了面积单位的行数，那是不是说明用直尺测量就能知道长方形的面积呢？先独立思考，再跟小组同学讨论交流你的想法。

学生独立思考后小组讨论。

师：请小组选出代表发言，有不同想法的同学可以争辩一下，有相同想法的同学也可以补充发言。

生一：长方形面积就是长方形内所含面积单位的个数，也就是计算几个几是多少。直尺是度量长度的工具，不能直接度量面积。

生二：直尺是不能直接度量面积，但可以间接度量。大家看，我用直尺测量出这个长方形的长是4厘米，说明长方形每行有4个1平方厘米的小正方形；长方形的宽是3厘米，说明长方形内有3行这样的小正方形。也就是说一个长度单位就对应了一个面积单位，长方形的面积就是 4×3=12（平方厘米）。

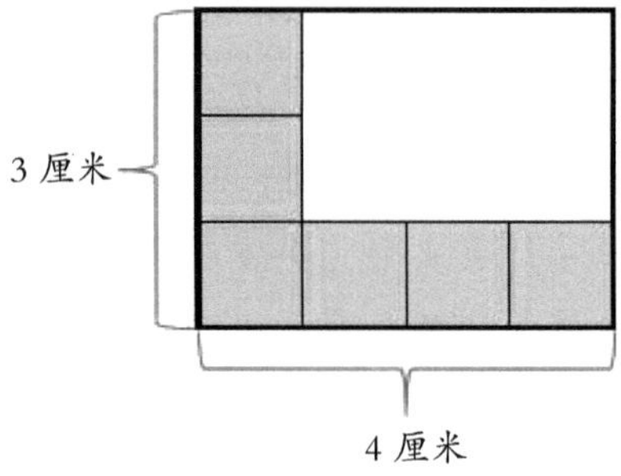

师：同学们的意思是说长方形的长是几，就表示每行有几个面积单位；长方形的宽是几，就表示有几行这样的面积单位，所以“长×宽”的积就表示一共有几个面积单位，就是长方形的面积。这样看来，即使面积单位不在我们手中也没关系，我们用直尺测量出长方形的长和宽，头脑中把每一个长度单位对应上一个面积单位，想到每行几个面积单位、有几行，从而用公式“长×宽”快速计算出长方形的面积。

由以上案例看出，在拼小正方形的环节中，学生是基于面积单位可以度量面积的基本认识，去探索长方形面积是否与长度有关；在直尺测量的环节中，学生是基于有了长和宽的长度测量结果与面积单位数量的对应，深刻理解了这时长方形的“长”和“宽”是对应了相应面积单位个数与行数，并非周长计算时的单纯长度意义上的“长”和“宽”。这样在学生的动手操作过程中，观察、辨析、明确了在计算长方形面积时，长方形的长表示的是每行面积单位的个数，长方形的宽表示的是面积单位的行数，这样“长×宽”两个长度相乘的积表示的是长方形内面积单位的个数，即长方形的面积=长×宽。

明晰“每行面积单位个数×行数=面积单位总个数”这样一个核心概念，学生很容易从摆一摆的活动操作中总结出“正方形的面积=边长×边长”；也能从正方形是特殊长方形的隶属关系迁移类推出“正方形的面积=边长×边长”。这些都为后续探究其他多边形面积的计算公式打下了坚实的基础。

二、对比两种图形面积公式推导的区别和联系

在探究平行四边形、三角形面积计算公式的过程中，运用转化的策略把“未

知”转化为“已知”，只是解决问题的一种手段，而非目的。例如将平行四边形在数方格时不满一格按半格算，把两个半格凑成一个整格的过程，就可以通过每行面积单位的个数乘行数，直接计算出平行四边形内面积单位的个数，也就是平行四边形的面积。此外，还可以通过“等积变形”将平行四边形转化成长方形，并观察图形转化前后的对应关系，再依据“长方形的面积＝长×宽”推导出“平行四边形的面积＝底×高”。无论哪种方法，其实质仍然是“每行面积单位的个数×行数＝面积单位的总数”，这个大概念贯穿平行四边形面积教学的始终。

案例片段二：平行四边形面积

师：方格纸上每个小方格的边长是1厘米，你能计算图中长方形的面积吗？

生：看图可知长方形的长是4厘米，宽是3厘米，它的面积计算公式是长方形面积＝长×宽，也就是4×3＝12（平方厘米）。

师：说得清楚且有条理。现在要把这个长方形压扁，再压扁，这个过程中长方形就变成了平行四边形。请大家认真观察，这个图形哪里发生了变化，哪里没有变。

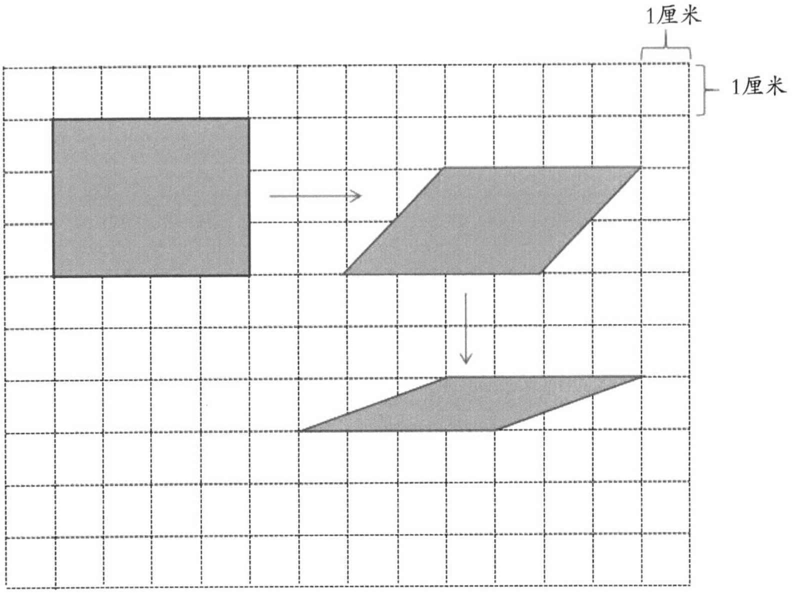

生：长方形变成平行四边形，四条边的长短没有发生变化，也就是周长不变，但平行四边形的面积比长方形的面积变小了。

师：对比长方形和平行四边形以及两个平行四边形，想一想什么发生了变化才导致平行四边形面积变小。

生：在这个过程中，长方形的长相当于平行四边形的底，长短没有变；发生变化的是平行四边形的高比长方形的宽变短了，从上下两条边之间的距离（即高）变小能看出来，这应该是这个图形面积变小的原因。

师：这样看来，平行四边形的面积能不能像长方形面积计算那样，继续用相邻的两条边相乘呢？

生：显然平行四边形的面积不能用邻边相乘来计算。从图中两个平行四边形就能看出来，它们邻边一直分别相等，但很明显平行四边形越压扁，面积越小。

师：那么平行四边形的面积会和什么有关系？如何计算平行四边形的面积呢？

生：我猜想平行四边形的面积和它的高有关系，可能是“底乘高”。

师：下面请大家在方格纸上，利用我们学过的知识算出平行四边形的面积，进而来验证“平行四边形面积=底×高”的猜想。

学生独立完成后在小组交流；教师巡视了解情况，指名不同想法的学生展示汇报。

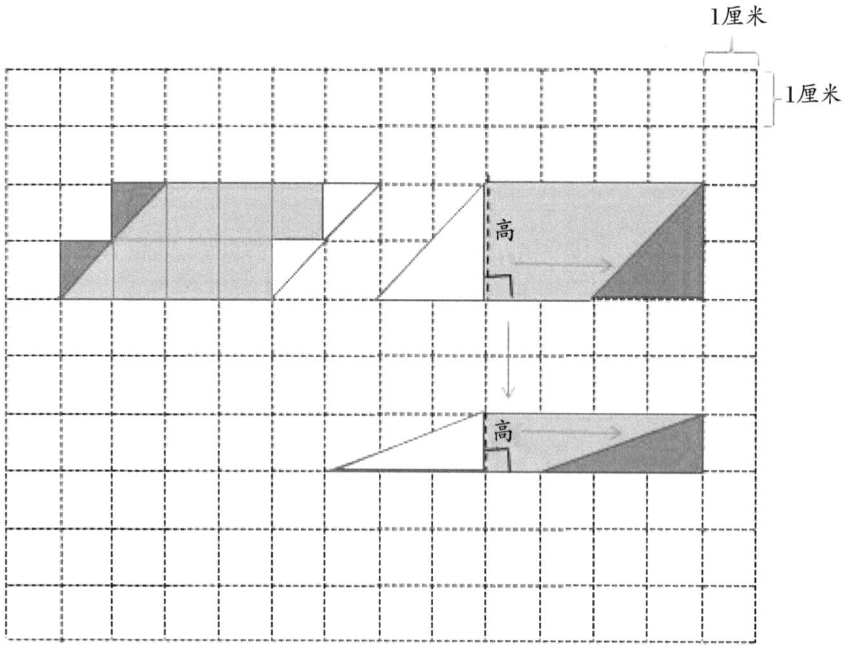

生一：我是用数方格的方法计算出第一个平行四边形面积是8平方厘米。先数出整格有6个，即6平方厘米，再把剩下的半格，按每两个半格凑成一个整格算，凑出2个整格，即2平方厘米，6+2=8（平方厘米）。

生二：其实数方格的方法就是平行四边形的底是4厘米，知道每行有4个1平方厘米的小方格，高是2厘米，说明有这样的2行，即平行四边形的面积=4×2=8（平方厘米）。所以说平行四边形的面积=底×高。

生三：我在数方格的时候发现，如果把平行四边形沿高剪成一个直角三角形和一个直角梯形，然后把直角三角形平移后就能拼成一个长方形。这个长方形的长相当于平行四边形的底，长方形的宽相当于平行四边形的高，所以也能得出平行四边形的面积=底×高。

师：平行四边形的面积真的等于底乘高吗？自己创造一个平行四边形，用什么方法验证最好？

生：沿平行四边形的高剪开，再平移，若拼成一个长方形，就能验证平行四边形的面积等于底与高的积。

师：在运用转化法推导平行四边形面积计算方法时，为什么总强调“沿高”剪开呢？

生：只有沿高剪开，才能创造出直角，平行四边形才有可能转化成长方形。不是沿高剪开，如果是斜着剪的，那么没有直角就不能转化成长方形。

师：很有道理，那就动手试一试吧。

请学生交流汇报验证的结果，总结得出平行四边形的面积=底×高。

推导平行四边形面积公式的教学，很多教师采用类似的方法，引导学生采用“剪拼”法将图形转化为已知图形，从而探究出平行四边形面积的计算公式。这一转化过程中，思维的进阶点在于引导学生领悟“为什么要沿高剪”，深刻理解“沿高剪”的本质是创造了符合长方形特征的关键要素——直角。因此，抓住图形特征的要素及转化前后图形间的关联，不仅打通了图形认识与测量的壁垒，还实现了把未知面积的图形转化成已知面积的图形，进而推导出未知图形的面积计算公式。

在探究平行四边形面积计算公式的经验基础上，学生在探索三角形面积计算公式时，借助活动经验的正向迁移，容易想到把三角形转化成学过的长方形或平行四边形，推导出面积计算公式。因此需要创造直角，把三角形转化成长方形；或创造相互平行的两组对边，把三角形转化成平行四边形。学生具体活动操作时，会受到学生知识储备、生活经验的影响，出现不同的转化方法，可能是“等积变形”的剪拼法，也可能是倍积变形的“复制式”倍拼法。

案例片段三：三角形面积

师：我们运用转化的策略把平行四边形剪拼成长方形，借助长方形面积计算公式推导出平行四边形面积的计算公式。我们能把三角形转化成学过的什么图形呢？说说你的想法。

生一：我们可以像平行四边形转化成长方形那样，想办法创造出直角，把三角形转化成长方形。

生二：我们或许可以创造出互相平行的对边，把三角形转化成平行四边形。

生三：记得我们在玩折纸、玩七巧板时，两个完全一样的三角形能拼成正方形、长方形或平行四边形。

师：同学们的想法真多，那就动手验证一下自己的想法吧！看三角形究竟怎样可以转化成你想要的图形。

学生动手操作，教师巡视了解情况，选取有代表性的作品进行展示汇报。

方法一：用两个完全一样的锐角三角形可以拼成一个平行四边形；用两个完全一样的直角三角形可以拼成一个长方形，也可以拼成一个平行四边形；用两个完全一样的钝角三角形也可以拼成一个平行四边形。虽然选择的三角形种类不一样，拼出的结果可能也不一样；但是，只要用两个完全一样的三角形就能拼成一个平行四边形。

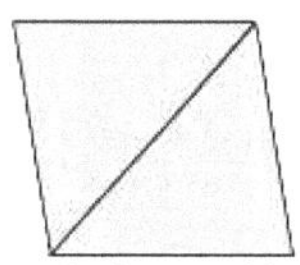
两个完全一样的锐角三角形

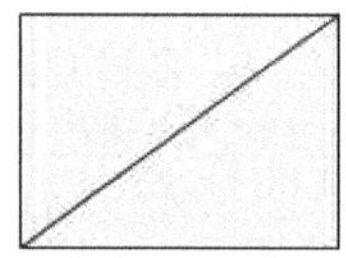
两个完全一样的直角三角形

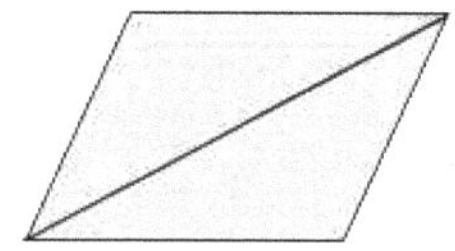
两个完全一样的钝角三角形

方法二：抓住创造出直角这个关键点，把三角形转化成长方形。两个完全一样的三角形，把其中一个三角形沿高剪开，得到的两个小三角形与原来的大三角形能拼成一个长方形；沿一个三角形两边的中点的连线和第三边上高剪下两个小三角形，然后分别拼在剩下梯形的左右两边能拼成一个长方形；沿一个三角形两边的中点向第三边做垂线，然后沿两条垂线剪下两个小三角形与原三角形剩下的部分也能拼成长方形。

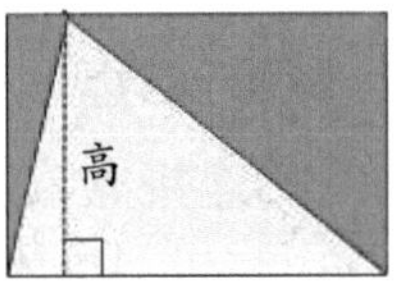

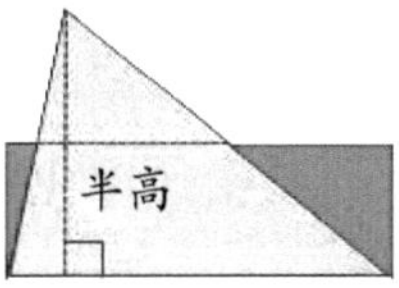

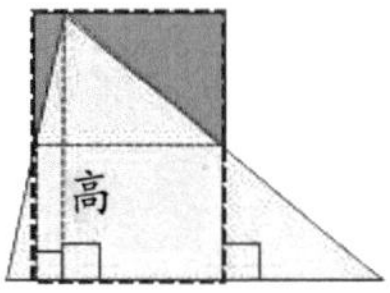

方法三：沿三角形两边中点的连线和底边平行，由于这条连线和底边的长度不同，另外两边不可能平行，所以剪下上面的小三角形，旋转到右下方与剩下的那个梯形拼成平行四边形，这样就创造出另一组平行的对边，三角形就转化拼成一个平行四边形。

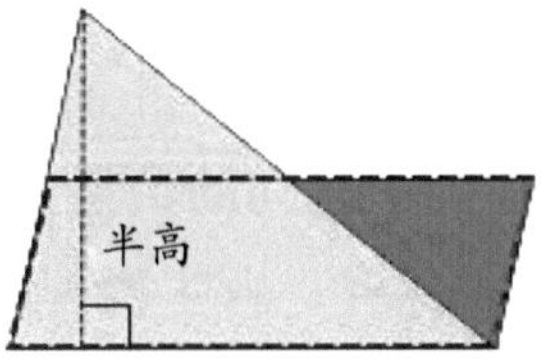

师：同学们动手操作把三角形转化成我们学过的长方形或平行四边形，请仔细观察拼成的长方形或平行四边形和原来的三角形，它们有什么关系？你发现了什么？试着推导出三角形的面积公式。

学生通过观察、讨论，推导出三角形的面积公式。

组织汇报交流，重点分析转化前后图形间的对应关系。

归纳总结：三角形的面积＝底×高÷2。

三角形面积公式的推导，从模型建构的角度属于新授课，但是从学生已有的活动经验、知识储备和学习方法的角度，可以把它当作延伸课。教师充分引导学生进行发散思维，基于儿童日常搭积木或摆七巧板的活动经验，能想到两个完全一样的三角形经过倍拼可以转化成学过的正方形或长方形或平行四边形，推导出三角形面积的计算公式。基于儿童对图形认识的知识储备和探究平行四边形面积计算公式的活动经验，关联平行四边形转化成长方形的关键是沿高剪创造了直角，使平行四边形在原来与长方形对边平行且相等这一特征吻合的基础上，又符合了长方形四个角都是直角的特征，实现等积变形，推导出平行四边形面积的计算公式，从而联想到把三角形转化成长方形或平行四边形，也要从边和角的几何元素创造出符合图形的特征，实现转化并推导出三角形的面积计算公式。

在探究把三角形转化成学过的平面图形的过程中，无论是利用剪拼法，还是倍拼法等转化策略，都能把三角形转化成会计算面积的长方形或平行四边形；依据两者之间的等量关系，推导出三角形的面积计算公式。转化前后的连接点最关键的始终是抓住创造出符合图形特征的要素，从而实现转化的目标。

三、建立多边形面积公式的关联性

探究多边形面积计算公式过程中形变引发的联系，根源在于图形特征及要素间的关联。学生已有图形特征的知识和动手操作的活动经验，是学习新知的生长点和衔接处。实践证明，学生能够通过之前学习平行四边形面积公式的经验，自主想到“将一个梯形剪拼成一个已经学过的图形（三角形、平行四边形）”这样的方法；在学习了三角形面积公式的经验的基础上，学生能够自主地想到“用两个完全相同的梯形拼一个平行四边形”，再找图形之间的关系，推导出梯形的面积公式。这些已有的学习经验能够成为学生自主探究、自主说理的脚手架，有了这样的脚手架，学生自主探究就有了方向。梯形面积的教学就由新授课转变成单元整理课。

影响学习的最重要的一个因素是学习者已经知道了什么。在学习梯形面积之前，教师应引导学生回顾已学图形面积的推导过程。“转化”及“转化后寻找新旧图形之间的关系”已成为重要的学习经验，打通了小学阶段所有平面图形面积的计算公式的推导过程，让隐性的数学思想方法显性化，有利于学生夯实图形面积的公式推导的一般方法，并且实现了知识的结构化和系统化。在梯形面积的教学中，无需教师过多的言语，不同的学生会从不同角度尝试推导出公式“梯形的面积＝（上底＋下底）×高÷2”。学生在多种方法的对比中，通过与其他同学的对话，寻找不同方法之间的相同点，进而展开多角度的说理，让深度学习真实发生，真正理解多边形面积公式之间的关联性。

（一）探寻图形转化之理

平行四边形、三角形和梯形面积公式推导过程中，图形转化的理论依据是什么？不同版本教材中所设栏目名称不同，但多是数学文化的形式引导学生关注和解答。在这些面积公式推导过程中，运用剪拼法和分割法最重要的理论依据就是我国古代几何学的出入相补的原理。出入相补的原理用现代语言描述就是：一个平面图形从一个位置移动到另一个位置，它的面积不变；把一个图形分成若干份，那么各部分面积的和等于原来图形的面积。《九章算术》《周髀算经》中均能查阅到对出入相补的应用，古人还运用出入相补原理证明勾股定理。

（二）探寻隐性知识之理

平行四边形、三角形和梯形面积公式推导所隐含的数学思想方法是什么？无论是“倍拼”或者“剪拼”，其目的只有一个，就是把未知转化为已知，“化归”就是这些系列方法背后最重要的数学思想。化归思想具体到梯形面积公式推导的过程中，它主要有如下三种表现形式：“倍积”——用两个完全相同的梯形拼。“分割”——把一个梯形剪成两个或两个以上已学过的图形。“割补”——通过剪和移补把一个图形转化成已学过的图形。无论哪种方法，最终都要具体到探究转化前后两个图形之间的关系。

以创造等积梯形为例，上底（或下底）不断变小，梯形各部分数据由整数拓展到小数，培养学生的空间想象能力。当上底无限逼近 0，即梯形变成三角形时，利用梯形的面积公式同样可以计算出三角形的面积，帮助学生发展极限思想。当梯形上底不断变长，且与下底等长时，梯形变成了平行四边形，这时运用梯形面积公式可以计算平行四边形的面积。因此，梯形面积的计算公式来源于平行四边形和三角形，反过来知道梯形的面积也能计算平行四边形和三角形的面积，三者具有内在联系，建立了通用公式模型，为学生架构起“认知桥梁”，实现关联学习，促进思维再生长。

同理，抓住问题的关键连接点，还可以运用梯形的面积计算公式解决高斯（Gauss）求和的数列问题，如 1＋2＋……＋99＋100＝（1＋100）×100÷2＝5050；能够解决有公共顶点的一组角的个数问题、数线段条数问题等，甚至是生活中的堆原木问题。只要抓住事物的本质特征进行分析和推理，进行数学知识的巧妙转化，从中找出规律，就可以将复杂的数学问题简单化、形象化，从而有利于学生顺利把未知纳入已知，实现知识建构。

这样，我们尝试以大观念为引领进行单元整体教学，实现知识内容的结构化整合，促进学生在学科学习中形成主动探究意识，帮助其掌握学习的“通法”，推动其理解知识间的相关联系，形成对知识本质的“通透”认识，促进学生核心素养的养成。

圆的周长

“圆的周长”属于“图形与几何”领域的学习内容。在“图形与几何”领域中有这样两个主题——“图形的认识与测量”和“图形的位置与运动”，图形的周长属于“图形的认识与测量”部分。这部分内容要引导学生感悟数学度量方法，逐步形成量感和推理意识”。而“圆的周长”是以长方形、正方形的周长知识为认知基础的，是前面学习“圆的认识”的深化，是后面学习“圆的面积”等知识的基础，它起着承前启后的作用，是小学几何初步知识教学中一项重要内容。

一、厘清周长的概念

（一）体会圆本身的周长

学生们在三年级就对周长这个概念有了一定的认识，虽然也在多边形中用过周长，但是触及的知识、应用的量比较少。另外，我们这也是第一次将周长的概念从直线图形迁移至曲线图形。圆作为一个曲线图形，它的周长也是我们第一次认识，我们在认识圆的周长时，有必要厘清周长的概念。

教学时，要重视借助学生已有的知识和经验，通过看、描、量、数等系列学习活动，再借助组合图形求周长，让学生直观地去体验和感悟周长的实际意义。

案例片段一

师：圆桌和菜板都有点开裂，需要在它们的边缘箍上一圈铁皮，需要箍铁皮的地方应该是哪?

生：需要箍铁皮的地方其实就是圆桌和菜板的周长。

师：哪是圆的周长?

指几名学生上台指一指，指出哪是圆的周长。

师：需要多长的铁皮呀?

生：可以拿卷尺或者皮尺直接绕一圈量出长度。

生：也可以在圆上做好记号，在直尺上滚动圆一圈，读出标记点对应的刻度，也就是圆的周长。

生：可以拿绳子绕圆一周做好标记，然后伸直，测量出绳子的长度。

师：你能用语言概括一下什么是圆的周长吗？

生：从圆上一点开始，旋转一周又回到起点的长度就是圆的周长。

生：围成圆的一周的长度就是圆的周长。

生：围成圆的一周的边线的长度就是圆的周长。

生：围成圆的曲线的长是圆的周长。

师：刚才同学们用的滚动法、绳测法都是把曲线化为直线，再去测量直线的长度，就是这个圆的周长，这是化曲为直转化的方法，这种转化方法在数学学习中很常见。

根据以往的经验，学生们对于原来的图形边线是直线的时候，可以看到周长，而圆的周长变成了曲线，学生们对于曲线的长度感知会减弱，所以在这个环节，选择学生们对"边线一周"的不同描绘结果，以对比的方式突出对"边线一周"的理解后，总结概括。在此基础上，通过找一找、摸一摸、说一说的方式强化对周长概念的认识，结合具体操作体会化曲为直的数学思想方法，也为接下来的深入研究做好铺垫。

（二）在练习中进一步理解周长的概念

学生在前边理解了圆的周长的概念，但是在后续的应用中遇到过较为复杂的题目，部分学生对周长仍然存在一定的理解误区，下面，我们就走进这样的案例去看一看。教师认为有必要通过典型习题让学生通过找一找、指一指等方式，来进一步清晰地认识、巩固图形的周长知识。

案例片段二

师：你能指出下面图形的周长吗？（中间是一个正方形）

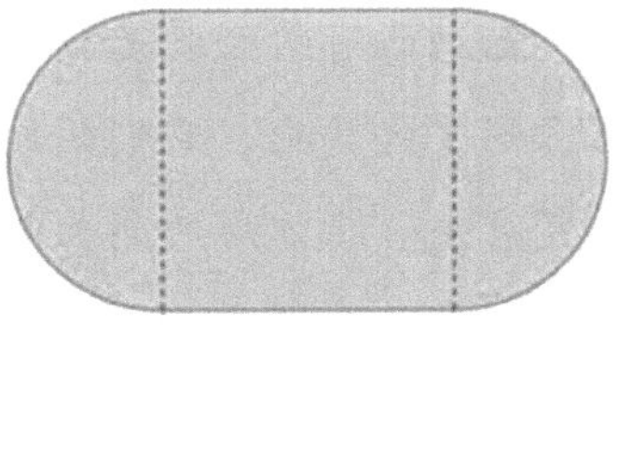

生：一个圆的周长加上一个正方形的周长。

生：我感觉不对，用一个圆的周长加上正方形的两条边就可以了。

生：周长是一周的长度，一周只包括一个圆的周长和正方形的上下两条边，左右两条边在图形的里边，不是这个图形的周长。

根据课堂中的反馈，学生确实对于边线一周存在模糊认识，尤其是在这样复杂的环境中。通过学生的交流、沟通，在此基础上激发学生用最初的体验方式找一找、描一描、说一说等，来强化学生对周长本身的认识，进而能够解决相关的稍复杂的周长问题。

二、圆周长的探索

用绳测和滚动的方法测量圆的周长太麻烦，有时也做不到，前边学过的正方形和长方形都有求周长的计算公式，那圆的周长我们是否也能找到一种简便的计算方法呢？教师只有让学生经历动手操作、自主发现，才能让学生深刻地理解圆周率的意义及圆周长的计算方法，进一步培养学生的探究意识和探究能力。教学过程是教师引导学生把未知知识转化为已知知识的过程，是一种“再创造”的过程，在这个过程中，实践操作是最基本、最重要的手段和方法。

（一）圆周长和直径的倍数关系

根据已有的经验，学生知道这个圆的直径越大，它的周长就越大；这个圆的直径越小，它的周长就越小，那圆的周长与直径有什么关系呢？长方形的周长是长与宽的和的 2 倍，正方形的周长是边长的 4 倍，圆的周长会是直径的多少倍呢？我们为学生的提供了充分的条件和充足的时间，让学生带着问题在猜想的基础上从各自不同的操作实践中感悟“圆的周长与它的直径的关系”。

案例片段三

师：我们理解了圆的周长，猜测一下，圆的周长跟什么有关系呢？

生：跟圆的直径有关系，或者是半径。

师：那到底有没有关系呢？借助已有的经验是我们研究数学的重要方法。我们可以从以前学过的长方形、正方形寻找灵感，它们的周长与什么有关？

生：长方形的周长与长和宽有关，正方形的周长与边长有关。

师：那圆的周长和直径有怎样的关系呢？我们可以借助正方形来研究。我们如果把正方形的四个角切去，得到一个什么图形？

生：正八边形。

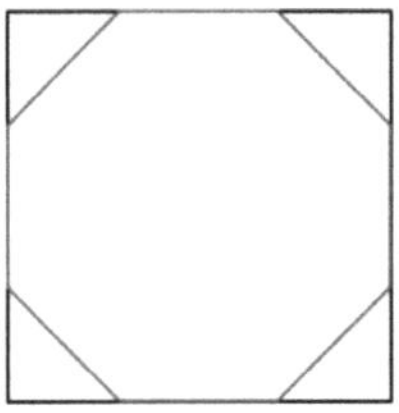

师：仔细观察，正八边形的周长和正方形周长相比，谁比较短？你是怎么想的？

生：正八边形的周长短，根据两点之间线段最短可以知道，正八边形的每条边都比切去三角形两条直角边之和短。

师：那如果再把正八边形的八个角切去呢，会得到什么图形？它们的周长相比呢？

生：同样的方法，可以知道正十六边形周长短。

师：如果我们像这样继续切下去，得到的正多边形的周长会越来越怎么样？

生：周长会越来越短。

师：想象一下，得到的正多边形会越来越接近什么图形？

生：越来越接近圆形，正方形的边长就是圆的直径。

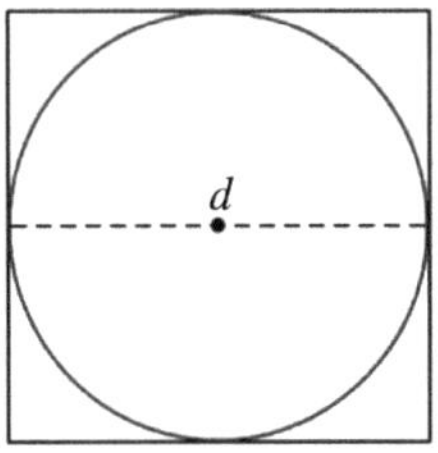

师：那现在你认为圆的周长与直径有怎样的关系呢？

生：正方形的边长等于圆的直径，所以正方形的周长就是直径的 4 倍。圆的周长比正方形的周长短，也就是小于直径的 4 倍。

师：那到底是几倍呢？

生：我认为圆的周长应该大于直径的 2 倍，我们在圆里画两条互相垂直的直径，根据两点之间线段最短，可以知道圆的周长肯定比直径的 2 倍大。

师：同学们通过思考，发现圆的周长比直径的 2 倍大，比直径的 4 倍小。那老师就带着同学们走进它的区间，可以让区间变得更小。

师：我们在圆里画个内接正六边形，连接对角线，将它平均分成 6 份，你能发现圆的周长与直径的关系吗?

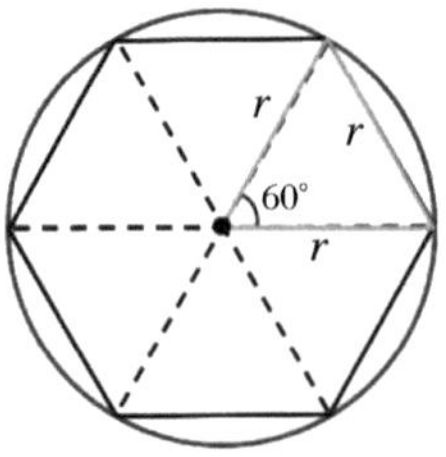

生：每个小三角形是一个正三角形，边长是圆的半径，那正六边形的周长就是直径的 3 倍，根据两点之间线段最短知道圆的周长比正六边形的周长长，也就是比直径的 3 倍多。

师：从刚才的探究，你认为圆的周长与直径的关系又在几倍到几倍之间了?

生：圆的周长比直径的 3 倍多，比直径的 4 倍少。

师：好，区间又缩小了，那到底是 3 倍多多少呢?

生：我们可以用绳测法或滚动法量出圆的周长和直径，再计算出它们的比值。

学生在课堂上通过亲自动手测量圆的周长和直径，并计算周长与直径的比值，得到多组数据后，尽可能多地将测量结果呈现出来。学生体会到测量误差的存在，同时从大量的数据中发现规律，这样更具有说服力。

（二）了解圆周率，探究圆周长的计算方法

我们研究的是圆的周长，但实际上研究的重点是圆周率。学生通过动手测量、计算，得到的圆周长和直径的比值永远不固定。教师通过直观演示、资料介绍等方式展示了现实实验中无法实现的精确结果，并有效地渗透了数学文化，这样的呈现使学生的测量行为更规范，测量的结果更准确，同时也提高了学生的测量意识和测量能力，提升了数学素养。

案例片段四

师：通过小组测量计算，发现周长与直径的比值都不一样，但都是 3 倍多。那现在我们借助信息技术来继续探究圆周率的值。

观察几何画板来计算圆周长和直径的比值。

师：你发现了什么？

生：无论这个圆的周长与直径怎么变，它们的比值都不会变。

师：圆周长与直径的这个比值叫作圆周率，圆周率是一个无限不循环小数，一般用字母 π 来表示。

师：如果知道圆的直径，你怎么求圆的周长呢？

生：$C=\pi d$。

师：如果知道圆的半径又怎么求圆的周长呢？

生：$C=2\pi r$。

我们古人对圆周率也有一定的研究，下面就跟随一段微视频来了解一下圆周率的知识。

课件出示微视频：(1) 古人用实验法得出圆周率——古巴比伦、古埃及、古印度、中国的《周髀算经》“周三径一”。(2) 后来人们又用几何法推理计算圆周率——阿基米德（Archimedes）开创了用理论计算圆周率的先河，刘徽发明了割圆术，祖冲之计算出圆周率大约在 3.141 592 6 和 3.141 592 7 之间。(3) 再后来人们尝试用分析法计算圆周率，大大提高了计算的效率。(4) 随着科技的发展，人们借助计算机计算圆周率，使得计算更快更精确，目前已经计算到了小数点后 31.4 万亿位。(5) 对圆周率的不断探索促进了数学学科的发展，同时也推动了科技的日新月异。

师：看了这段微视频有什么想说的吗？

生一：我们的古人太聪明了。

生二：我们的古人很伟大，古时候条件很艰苦，他们还能计算出这么多位数，很了不起。

师：虽然一些方法目前我们还看不懂，但我们已经感觉到人们一直尝试用不同的方法计算圆周率，不断地在超越前人的研究成果。数学研究就得需要这样的勇气和智慧，不断地完成对自己和对前人的超越。

限于学生的知识基础，对于更多的用割圆术、分析法、计算机帮助计算等探索圆周率的过程，没法让学生亲身经历，就采取了用微视频介绍人类整个探索过程的方式呈现给学生。学生在观看了解的过程中，感受到人类的伟大、聪明，更重要的是感受人类不断求知、不断探索、不断超越前人和自己的探索精神，感受数学文化。

三、在应用中深化对圆周长的认识

学生学习圆周长的计算公式就是为了解决生活中的问题，我们通过多元化、有梯度地设计练习题，加深学生对圆周率的理解，使学生灵活运用圆的周长计算公式解决稍复杂的圆周长的实际问题，提高学生思维的活跃性。

案例片段五

师：在操场上把一根绳子固定一端，转动绳子的另一端来画圆，如果我们画到圆的一半就停下来了，你知道所画弧线的长度吗？

生：用圆的周长除以 2。

生：也就是 πr。

师：那我画到圆的$\frac{1}{4}$处停下来，那弧线的长度又是多少呢？

生：用 $2\pi r\div 4$ 或者 $\pi d\div 4$。

师：那如果我画了一段，不是圆的$\frac{1}{2}$，也不是圆的$\frac{1}{4}$，你还会求所画弧线的长度吗？

生：我认为应该跟圆心角有关。

生：我们画半圆时，圆心角 180°是圆周角 360°的一半，所画弧线的长度就是圆周长的一半；我们画到圆$\frac{1}{4}$时，圆心角 90°是圆周角 360°的$\frac{1}{4}$，所以弧长就是用圆周长除以 4。

师：对！所画弧线的长度是圆周长的几分之几，其实就是看扇形的圆心角是圆周角 360°的几分之几。

案例片段六

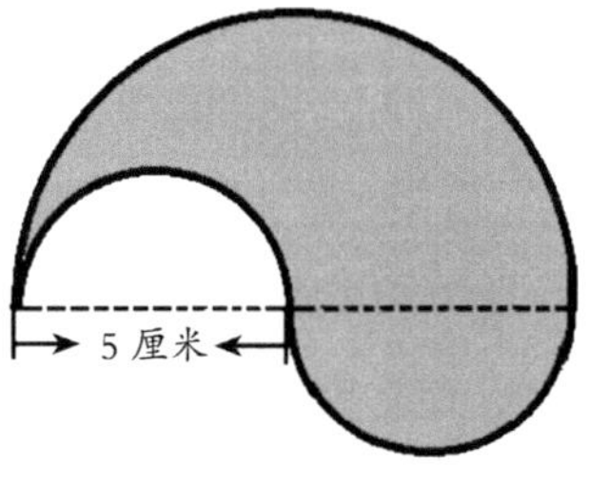

师：你会计算下面图形的周长吗？

生：我把这个图形勾了一遍，发现这个图形的周长就是大圆周长的一半加小圆周长的一半，再加一个小圆周长的一半。

生：直径相等的两个“小圆周长的一半”就是一个小圆的周长。所以可以直接用大圆周长的一半加一个小圆的周长。

生：计算大圆周长的一半时是用 5×3.14，计算小圆的周长也是用 5×3.14，我发现大圆周长的一半和这个小圆的周长是相等的，所以我们可以直接求一个大圆的周长 3.14×5×2 就可以了。

生：我发现当小圆的直径等于大圆的半径时，大圆的周长就是小圆周长的 2 倍，小圆的周长就是大圆周长的一半。

生：一定是这样吗?

生：我们可以再举个例子，比如小圆的直径是 4 厘米，大圆的半径也是 4 厘米，小圆的周长就是 3.14×4，大圆周长的一半是 3.14×4×2÷2=3.14×4。

生：我用字母也能证明，小圆的周长是 πd，大圆周长的一半是 $\pi\times 2d\div 2$，也就是 πd，所以说小圆周长是大圆周长的一半。

通过以上两道题目，我们可以根据学生的学情进行适度的扩展，同时我们在扩展的过程中也不要求所有学生都一定能够掌握，我们可以在这个过程中提升学生的关系思维，这是我们选择这样题目的价值所在。比如，在第一个例题中，我们找到了弧长与圆周长的关系，背后是圆心角与圆周角的关系。第二题中，我们找到了不同的圆直径与圆周的关系，其本质是半径或直径之间的关系。所以，我们在数学教学中，是以题目为载体，重点是发展学生的思维。在应用中，让学生了解周长与直径的关系。

总之，圆的周长这部分内容是以学生的学情为出发点，以化曲为直的思想为灵魂，创设合理的学习活动，使学生主动探究学习，经历发现问题、分析问题、解决问题的过程。教师让学生在不断地认知矛盾冲突过程中，通过大胆猜想、实践验证、得出结论，经历知识产生、探究、内化过程，发展学生的空间观念，拓展学生的认知结构，提高学生的思维能力。最终，让概念的形成从模糊走向精确，从感性走向理性。

圆的面积

“圆的面积”在整个小学数学几何教学中有着特殊的地位和作用，圆是小学阶段唯一的曲线图形，也是小学数学平面几何部分最后一个平面图形。在之前的学习中，学生已经学习过长方形、正方形等平面图形以及它们的周长、面积计算，也直观地认识过圆。长方形、正方形、三角形、平行四边形、梯形等都是直线图形，而圆是曲线图形。从研究直线图形到研究曲线图形，对学生而言是一种跨越和挑战。因为研究曲线图形的思想、方法与直线图形相比，是有变化和提升的。因此，通过对圆的研究，学生不仅需要掌握圆的一些基础知识，还需要通过学习，感受化曲为直、极限等数学思想方法，进一步发展数学思维能力和问题解决的能力，增强空间观念，发展数学思维，提升核心素养。

一、估算圆的面积计算方法

如何计算圆的面积？公式是什么？怎么发现和推导圆的面积公式？这些都是摆在学生面前的一系列现实的问题。此时的学生可能一脸茫然，但教师不管怎样都要鼓励学生大胆猜测、设想。关于怎样计算圆的面积，估计大部分学生会不得要领。此时，由于学生的年龄小，不能和以前的平面图形建立联系，这就需要教师的引导，可以把圆转化成我们已经学过的平面图形，比如长方形、正方形、平行四边形等，为新知的“再创造”做好知识的准备。尤其在圆的面积公式推导阶段，在无法求得面积的精确值时，运用合理的估算方法“猜测”圆的面积大小就显得尤为重要。

（一）通过求内接正多边形或者外切正多边形的方法估算圆的面积

在圆的面积教学中，教师可以从圆与正多边形之间的关系展开。学生都知道圆的面积公式是 $S=\pi r^2$。这里 π 可以认为是 r^2 的倍数，可是圆的面积为什么是 r^2 的 π 倍呢？我们可以看这样一个案例：首先，我们画出一个圆，在圆的外侧紧贴这个圆作一个正方形（圆的外切正方形），不难求出这个正方形的面积，即 $S=(2r)^2=$

$4r^2$，可以认为是 r^2 的 4 倍。因为圆在正方形里，所以圆的面积小于外围正方形的面积，故圆的面积公式中 r^2 的系数要小于 4。

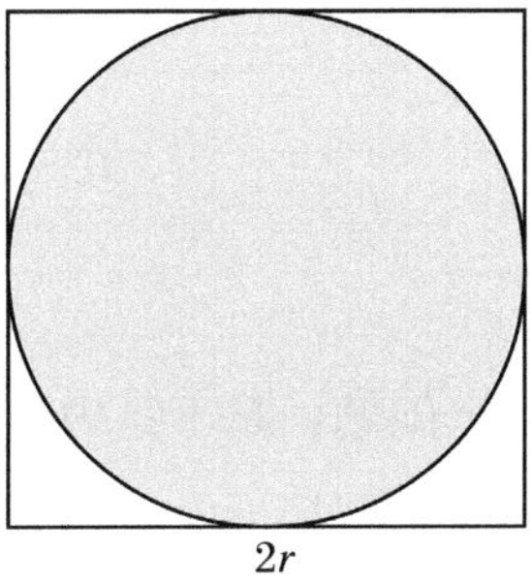

为了研究这个问题，我们不妨在圆的内侧再作一个正方形（也就是圆的内接正方形），容易求得这个正方形的面积是 $S=2\times\frac{1}{2}\times(2r)\times r=2r^2$，这个正方形的面积可以认为是 r^2 的 2 倍。因为圆包围了正方形，所以圆的面积大于里边正方形的面积，故圆的面积公式中 r^2 的系数要大于 2。

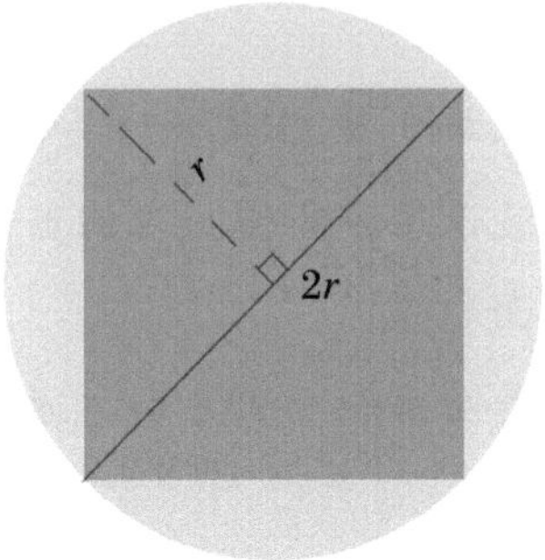

综合考虑以上两个方面，圆的面积公式中 r^2 前的系数应该是 2 到 4 之间的数。

其实，我们不难发现，在圆的外围或者内部作的正方形与圆的面积相差较大，是否可以考虑通过找其他与圆形状更接近的图形来代替这里的正方形呢？分别在圆的外围和内侧作一个正八边形。与刚才的正方形比较，正八边形与圆的形状更接近，外围和内侧图形与圆形相差的白色空白部分面积更小。因为外围正八边形与圆的空白部分变小了，所以 r^2 前的系数应该要“更小于 4”；内侧正八边形与圆的空白部分也变小了，所以 r^2 前的系数要“更大于 2”。

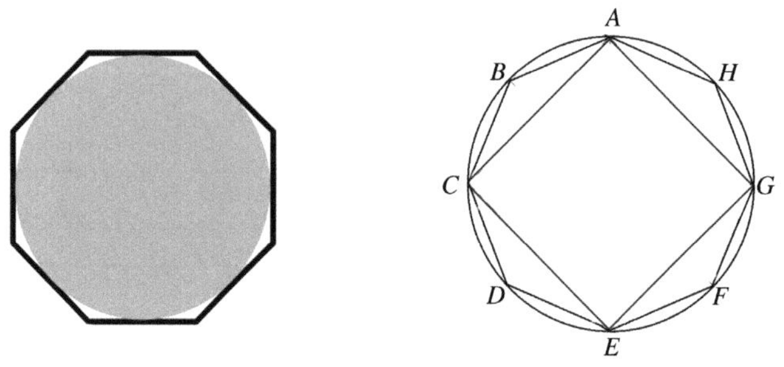

所以，我们可以思考这样一个问题：是不是内接正多边形或者外切正多边形的边数越多，则该正多边形与圆的面积越接近？进而我们可以继续尝试内接或者外切正十边形、正十二边形，求出相应的面积进行比较、验证，最后是正三十二边形、正一百边形，然后让学生想象，如果是正一千边形、正一万边形、正一亿边形，依次类推，直至无穷无尽，它就无限接近圆。随着边数的增多，无论是圆的外围图形还是内部图形，它们与圆相差空白部分也随之减小，这样就导致 r^2 前的系数越来越比 4 小，且越来越比 2 大。这个系数会不会是 2 和 4 之间的 3 呢？于是，我们可以通过计算这个圆的内接或者外切正多边形的面积估算出圆的面积。当然，经过后续的学习，我们已经知道这个系数不是 3，而是与 3 接近的 π。

案例片段一：探究圆的面积与 r^2 之前系数的关系

师：同学们，现在屏幕上展示了一个圆。我们虽然不会求出圆的面积，但可不可以找到合适的方法估算圆的面积呢？

生：我会在圆的外围紧贴着圆画一个正方形，通过计算外侧正方形的面积来估算圆的面积。

生：在圆的内侧紧贴着圆画一个正方形也可以，计算内侧正方形的面积也可以估算圆的面积。

师：同学们的办法可真多啊！现在请同学们在你的本上画出一个圆，并画出外围或者内侧的正方形吧。

师：如果这个圆的半径 r，同学们，你们可以求出外侧圆或者内侧圆的面积吗？

生一：我求出了圆外侧正方形的面积是 $4r^2$。

生二：我求出了圆内侧正方形的面积是 $2r^2$。

师：现在老师想知道，通过这两个图形面积的计算，你有没有什么发现呢？

生一：我发现这两个图形的面积都与半径有关。

生二：我发现外侧正方形的面积是 r^2 的 4 倍，内侧小正方形的面积是 r^2 的 2 倍。圆的面积也应该是 r^2 的倍数。

师：两位同学回答得非常好，那么，你们能说一下圆的面积和 r^2 应该有怎样的关系吗?

生一：圆的面积比大正方形的面积小，比小正方形的面积大，所以它的面积应该是 r^2 乘一个 2 和 4 之间的数。

生二：我同意刚才这位同学的看法，我觉得圆的面积可能是 $r^2\times3$，因为 3 是 2 和 4 之间的数。

师：圆的面积的确和 r^2 有关，但不是 2 和 4 中间的整数 3。数学家经过非常繁复的计算，研究出圆的面积公式中 r^2 前的系数是一个非常复杂而又神奇的数字，就是我们上节课认识的 π。我们其实已经非常接近问题的答案了，大家把掌声送给自己吧。

（二）将圆等分成若干个小扇形，通过求各小扇形面积的和来估算圆的面积

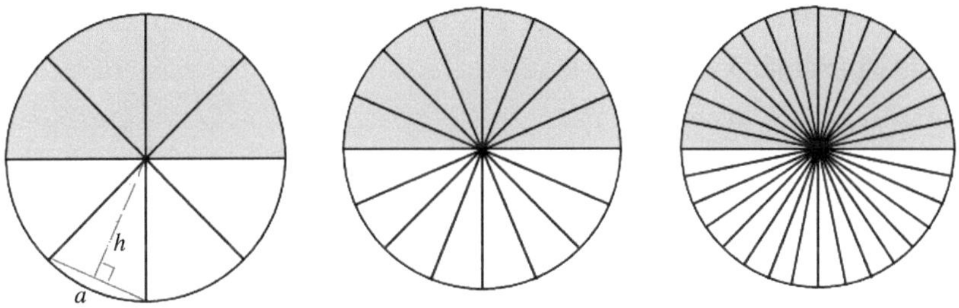

除了通过找圆的外切正多边形或者内接正多边形来估算圆的面积外，我们还可以把圆等分切割成若干个小扇形，每个小扇形的面积可以用图中三角形的面积近似代替。那么所有小三角形面积的和就可以近似代替所有小扇形面积的和，进而可以代替这个圆的面积。具体来说，把圆等分切割成多少个小扇形合适呢？我们不妨先等分切割成 8 份、16 份，通过比较会发现，等分成 16 份，三角形的面积更接近圆的面积。所以，基本可以得到以下结论：等分的小扇形份数越多，则小三角形的面积之和越接近圆的面积。既然这样，我们把圆再等分成 32 分、64 份、128 份……当等分的份数趋近于无穷多时，小三角形的面积之和就是圆的面积了。

案例片段二

师：小白兔和小山羊在山坡上各开垦了一块地，小白兔开垦的地是圆形的，而小山羊开垦的地是长方形的。它们都说自己开垦的土地面积大，可是又说不出什么理由来。那么，究竟哪块地的面积大呢？你怎样想？

生：只要把两块地的面积求出来不就可以把问题解决了吗？

师：可是长方形的面积我们可以计算，圆的面积大家会算吗？

生：不会。

师：大家不要着急，只要我们认真学习了今天这一节课，这个问题就能解决了。今天就让我们一起来探讨“圆的面积”。

师：如何得到一个圆的面积呢？想一想，并与同伴交流。探究出结果的同学请用坐姿告诉老师。

学生探究交流，教师巡视。

师：同学们都探究出了结果，接下来找同学汇报。

生：我把圆看成正方形。

师：正方形之外的面积怎么求呢？

学生可能回答不上来。

生：我把圆分成很多个小正方形。

师：正方形之外的呢？

学生可能依旧没有想法。

师：这两种方法都不能准确求出圆的面积。那同学们有没有一种方法能够准确求出圆的面积呢？

师：同学们想一想我们能不能把圆转化成以前学过的平面图形呢？如果能，转成哪种图形？

生：我们可以从圆心出发，把圆等分切割成小扇形。每个小扇形的面积可以用相应的小三角形近似代替，那么圆的面积就可以用所有小三角形面积的和来代替了。

师：我们看到，小三角形和小扇形的面积不是严格相等，怎样减小这个误差呢？

生：可以把圆分成更多份的小扇形，因为扇形越小，扇形和三角形的面积相差就越小。

二、极限思想探究圆的面积计算公式

在小学阶段众多思想方法中，极限思想属于比较抽象难理解的，但图形中的极限思想对于小学生却相对容易接受和理解。由于小学生的生活经验、数学知识还比较贫乏，而极限思想又很抽象，难以理解，教学时只能通过一些具体的图像，想象它们的最终结果。在体会极限思想时，学生应认识到“圆和转化后的图形面积近似相等”。这里的“转化”有两层意思：一是面积的转化，二是形状的转化。学生往往把两者混淆起来，因为对形状的极限认识不到位，导致认为面积也是近似相等。

为此，我们可以将多次转化的图形进行对比，均分 4 等份、8 等份、16 等份、32 等份拼成的图形，让学生认识到不变的是面积，变化的是形状。继而进一步追问：为什么均分的份数要越来越多？这样做的目的是让圆形最终转化成和它面积“一样”的直边图形。化曲为直就是一种理解极限思想的形式。

我们在实际教学中，将圆均分成 16 等份可以做到，但是为了让学生更好体会极限思想，最好将圆进一步细分成 32 等份、64 等份、128 等份……这个过程如果在现实课堂中学生亲自动手不好切割的话，可以借助多媒体课件进行演示。当课件无法演示更多份数时，教师适时引导学生想象份数越来越多会是什么样，然后让学生在观察图形的变化中体会圆通过无限次的分割拼接，逼近并转化成长方形。这样操作体现的方法就是化曲为直，所用的思想就是极限思想。

通过上述分析，我们基本有了探究圆面积的思路，那就是将圆等分切割成数量比较多的小扇形，进而拼成直边图形。

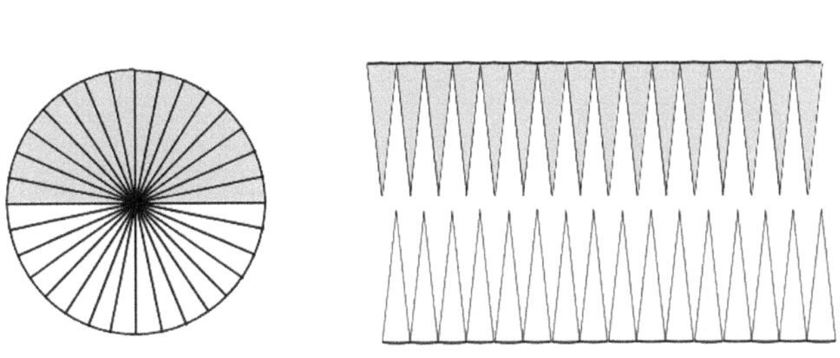

上图中，容易看出所拼成的平行四边形的底边刚好是圆周长的一半，也就是$\frac{C}{2}$，而当小扇形的面积等分切割成无穷多份时，拼成的直边图形的高就是圆的半径 r。所以，这个圆的面积为$\frac{C}{2}\times r$。但是为什么圆的面积计算公式是 $S=\pi r^2$，而不

是 $S=\frac{C}{2}\times r$？我们可以从以下两个角度来理解：第一，如果面积计算公式中含有字母 C，我们在求面积的时候，除了需要知道圆的半径，还要求出圆的周长，这样就增加了计算程序，无形中将问题解决复杂化了；第二，通过上述圆的面积的估算，我们知道圆的面积应该是 r^2 前乘相应的 2 和 4 之间的系数 π。$S=\pi r^2$ 可以体现出 r^2 的 π 倍的关系，$S=\frac{C}{2}\times r$ 则不能。

案例片段三

上节课有同学提出可以通过把圆分割成小扇形的方式来计算圆的面积。但是分成多少份合适呢？组成什么样的图形呢？

生：我把圆平均分成 8 分，组成近似的平行四边形。

生：我把圆平均分成 16 分，组成近似的平行四边形。

生：我把圆平均分成 32 分，组成近似的平行四边形。

师：同学们做得都非常棒，把圆转化成了平行四边形。接下来我们一起看大屏幕。

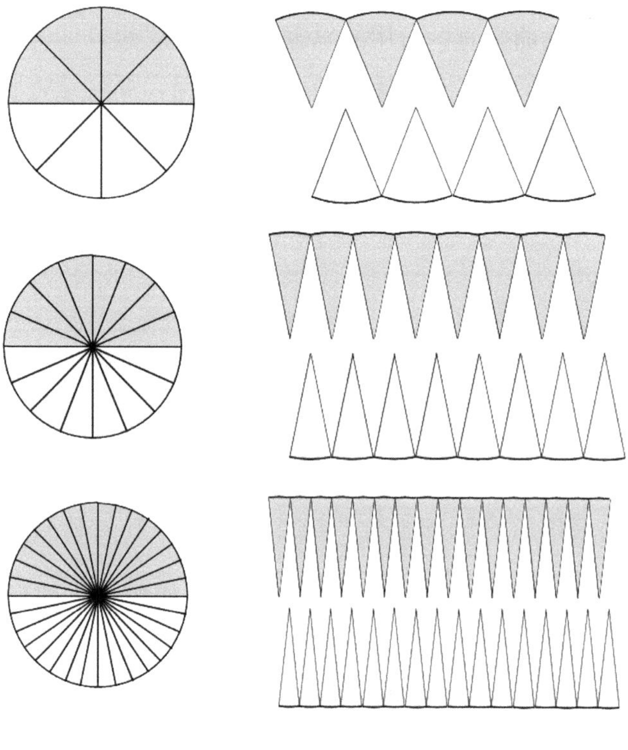

师：随着等分的份数越来越多，拼成的图形更接近于平行四边形。这样我们就可以通过所有小三角形的面积之和（平行四边形的面积）来求圆的面积了。

师：拼成的平行四边形与原来的圆之间有什么关系呢？尝试推导出圆的面积公式。

生：平行四边形的底相当于圆周长的一半，高就是圆的半径，从而推出圆面积的计算公式。

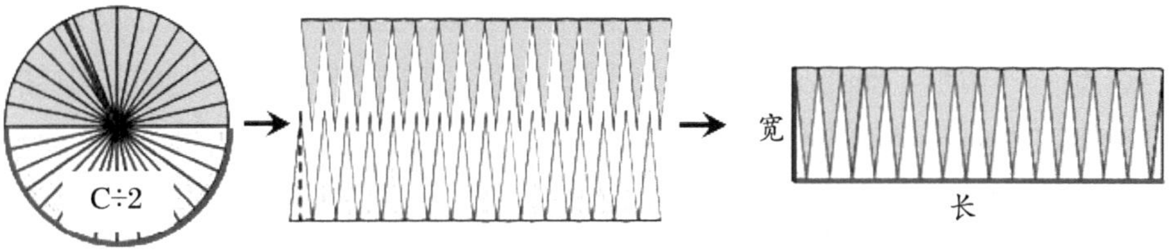

圆的面积⟶长方形的面积

长方形的面积 = 长 × 宽

↓ ↓

圆周长的一半×圆的半径

师：因为拼成的平行四边形的底也就是圆形周长的一半，平行四边形的高就是圆形的半径，而平行四边形面积=底×高，那么圆形面积公式=圆周长的$\frac{1}{2}$×半径即可。用字母怎么表示圆的面积公式呢？

生：$S=\pi r^2$。

组合图形的周长和面积

组合图形的概念出现在人教版小学数学五年级上册中，是对长方形、正方形、平行四边形、三角形、梯形这些直线图形的发展。基于五年级学生的知识储备量，教师只教授了直线型的组合图形，仅要求学生能认识简单的图形并求出其面积。六年级上册开始学习曲线图形——圆的周长和面积，出现了很多和圆有关的组合图形的例题和习题，不仅涉及求面积，还要求周长。通过梳理发现，四年级整个学年、五年级大半个学年是周长应用的一个“断层期”，学生由于长期不接触周长的应用，容易产生思维定式、经验定式，易导致用求组合图形面积的思维方式对求周长产生负迁移。

另外，周长属于一维空间，却存在于二维空间中，学生容易聚焦组合图形的大小，而忽略其周长的存在，易将周长和面积弄混。基于此，教师需要帮助学生厘清组合图形的周长和面积的本质区别，引导学生研究有关组合图形周长和面积的实践学习，掌握基本思路和方法，渗透转化、优化等数学思想，促进学生思维水平的提升，发展逻辑推理能力。

一、厘清组合图形的概念

人教版小学数学五年级上册中对组合图形是这样描述的：“在实际生活中，有些图形是由几个简单的图形组合而成的。”为了让学生清晰准确地认识组合图形的概念，了解组合图形与基本图形的关联，需要引导学生借助直观图片仔细观察、发挥想象、动手操作、促进认识。

案例片段一

师：请你说一说从这些图形中你看到了哪些以前学过的平面图形。

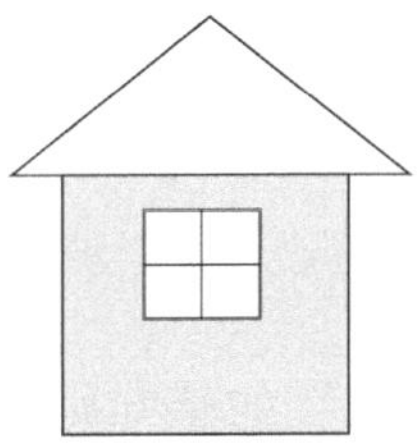

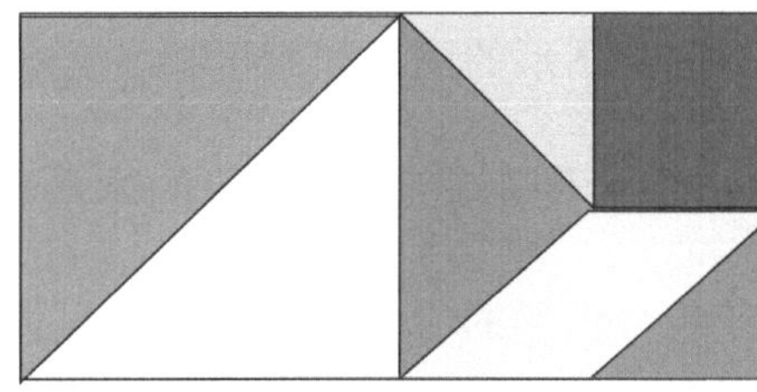

生一：我从第一张图中看到了三角形和正方形。

生二：我从第二张图中看到了三角形、正方形、平行四边形。

师：长方形、正方形、平行四边形、三角形、梯形等这样的图形就是简单图形，数学上也叫基本图形，把由几个简单图形组合而成的图形称为组合图形。

师（出示少先队队旗图片）：请你仔细观察，这个图形可能是由哪些简单图形组合而成的？

生一：我发现这个图形可以由两个梯形组合而成。

师：你能想办法让你心中的两个梯形出现在大家眼前吗？

生一上台添加辅助线，分割成两个梯形。

师：你的想法真不错，这条线叫作辅助线，它可是帮助我们分析思考的好伙伴。谁还有不一样的想法和大家分享？

生二：还可以延长三角形一条边，变成一个梯形和两个三角形。

生三：还可以在右侧添加一条线段，就变成了一个长方形和一个三角形。

师：你们的想法可真多，看来辅助线的作用真大，可以把组合图形分割或者添补成几个简单的图形，帮助我们把复杂问题简单化。

皮亚杰指出，只有学生自我发现的东西才能积极地被同化，从而产生深刻理解。教学中找准学生的认知起点，引导学生自己发现借助辅助线可以把组合图形割补成已经学过的图形，初步感知组合图形的组成特点，感悟新知与旧知的联系，为用转化法计算组合图形的周长和面积做好铺垫。

二、辨别组合图形周长和面积的本质区别

学生对于组合图形的“面积”感知是显性的，对“周长”的感知则是内隐的，让“周长”与“面积”再次相遇到组合图形中，引导学生准确辨别组合图形周长和面积是有本质区别的。周长是对封闭图形一周长度的刻画，而面积的测量则是对面大小的刻画，实现了从一维图形度量到二维图形的过渡。

案例片段二

师：请同学们拿出三角尺和直尺，认真听要求，按要求设计出一个相框。先画一个边长为5厘米的正方形，以正方形的一条边长为底，画一个高2厘米的等腰三角形。

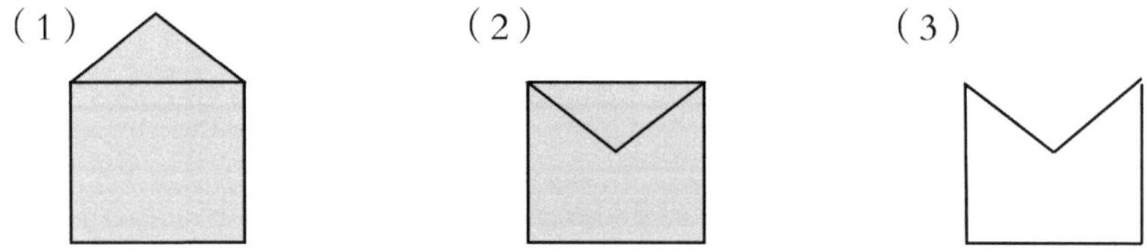

师：这就是组合图形，(1) 属于拼合组合，(2) 属于重叠组合。

生：我还可以把 (2) 擦掉一条边，变成设计图 (3)，为了美观，在相框四周围上边框线，表面装上玻璃。

师：边框线装在哪里？请你指一指。玻璃装在哪里？请你摸一摸。

生上台演示。

师：通过这位同学的指和摸，你们想到了什么？

生一：他指的是边框线，也就是组合图形的周长；摸的是面，也就是组合图形的面积。

生二：装边框线就是求组合图形的周长，装玻璃就是求组合图形的面积。

师：分析到位，那接下来让我们在学习单上用彩笔描一描这三个组合图形的周长，并涂一涂它们的面积。

师：观察你刚才描出的周长和涂上的面积，有什么发现？

生一：这些组合图形虽然都是由正方形和三角形组成，但是三幅图的边框线长度不一样，面积大小也不一样。

生二：(1) 和 (2) 的周长不包括里边的线段的长度。(1) 的面积最大，(3) 的面积最小。

师：哪幅图需要的边框线更长？哪幅图需要的玻璃面更大？你是怎么分析出来的？

生：我是观察出来的，(1) 和 (3) 需要的边框线相等，都比 (2) 边框线长；(1) 需要的玻璃最大，(3) 需要的玻璃最小。因为三幅图的周长都有三条相等的边，只需要比较 (1) 的两条腰之和与 (2) 的一条边长就行了。很明显，三角形两腰之和大于底边。

师：组合图形的周长和面积在计算时有什么不同呢？

生一：计算面积时，只需要考虑这个组合图形由哪些基本图形组成，将这些基本图形的面积相加或者相减就可以了。

生二：计算周长时，除了要考虑这个组合图形跟哪些基本图形有关，还要考虑这些基本图形中的哪些长度不在周长的范围之内。

师：大家总结得很到位！在计算组合图形的周长和面积时，都要考虑这个组合图形由哪些基本图形组成。特别是在计算周长的时候，还要想想基本图形的哪些部分不包含在组合图形的周长之内，如果只考虑图形的组成，而没有考虑周长的概念，计算的结果一定是错误的。

教师应让学生基于已有的生活经验，在直观比较中分清楚线与面这两个概念，在探究活动中进一步明确一周是有长短的，面是有大小的。最终学生能按照图形的组成部分和组成部分之间的联系来分析图形。

三、合理选择组合图形周长和面积的策略

在组合图形周长和面积教学中，需要引导学生关注基本图形与组合图形的关系，感知各种几何图形及其组成元素，建立形与数的联系，通过数形结合构建数学问题的直观模型，分析出组合图形与基本图形间的对应关系，积累图形转化的活动经验，归纳总结出解决“组合图形的周长与面积”问题的策略，从而发展学生的几何直观能力，为空间观念的培养搭建阶梯。

案例片段三

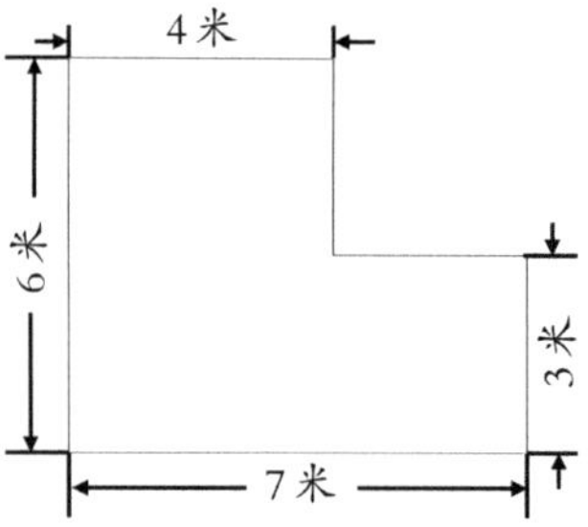

师：这块空地究竟有多大呢？如果给这块地围上一圈栅栏，需要用多长的栅栏？

生：这块地有多大是计算面积，需要多长的栅栏是计算周长。

师：我们先来分析一下这块地的面积如何计算。

生一：我想到从图形的拐角处画一条线，将组合图形分成两个长方形，先计算两个长方形的面积，最后将两个长方形的面积相加就是组合图形的面积。

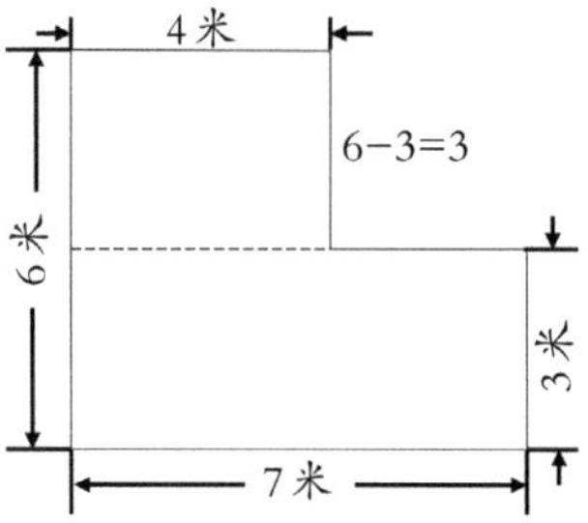

$7\times3+4\times3$

$=21+12$

$=33$（平方米）

师：这个同学的方法太好了，他通过一条线就将图形分成了两个基本图形，那么这条线能帮助我们解决组合图形这样的问题。

师：刚刚他用了 4×3，那么“3”这个数据在哪儿呢？我怎么没看到啊？

生一：用 6 减 3 得到的。

师：不错，看来你们能发现藏起来的数据了。这组同学把这个组合图形横着分开，分成了两个长方形，然后把两个长方形的面积相加就得到了这个组合图形的面积。接下来哪组也能像这样简单地分享你们的解法？

生二：我跟第一个同学一样，也是将图形通过辅助线分成了两个图形，只不过一个是长方形，一个是正方形，最后将两个图形的面积相加。

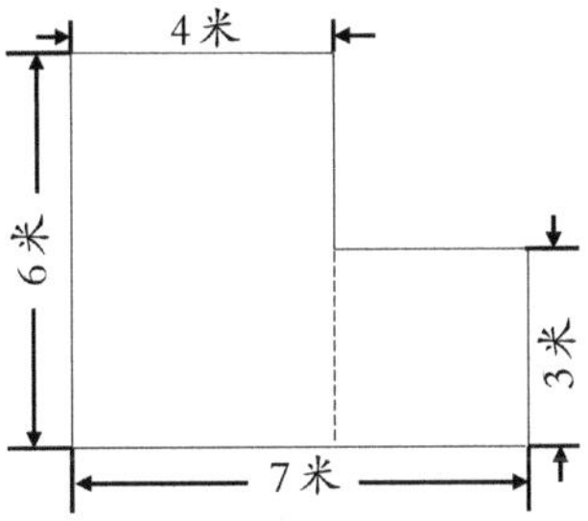

7－4＝3（米）

6×4＋3×3

＝24＋9

＝33（平方米）

生三：我跟前面同学的方法类似，只是我连接两个拐角画辅助线，将组合图形分成了两个梯形，最后将两个图形的面积相加。

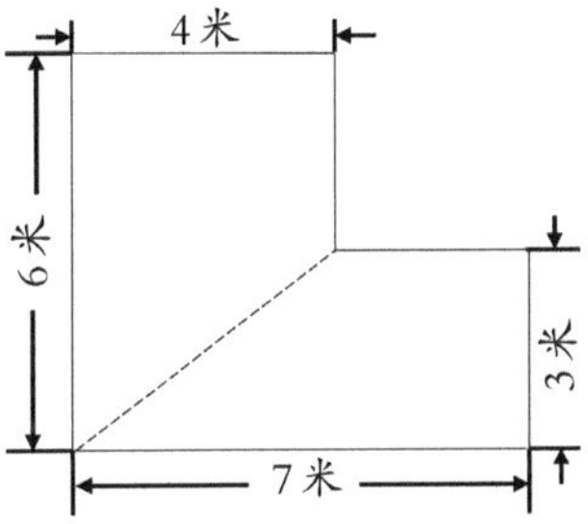

（3＋6）×4÷2＝18（平方米）

（3＋7）×3÷2＝15（平方米）

18＋15＝33（平方米）

生四：我的方法跟他们都不同。我是把这个图形补上了一块，这样它也能变成一个基本图形，最后用大的长方形面积减去补上的正方形面积，得到组合图形的面积。

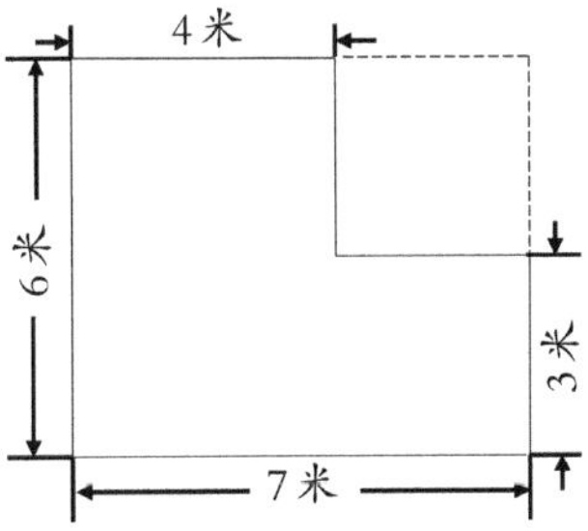

6×7＝42（平方米）

（6－3）×（7－4）＝9（平方米）

42－9＝33（平方米）

师：还有其他不同的方法吗?

生五：还可以先割再补。把小正方形竖着剪下一个小长方形，再把剪下的小长方形平移，就拼成了一个大长方形；也可以先割下一个三角形，再补成一个梯形。

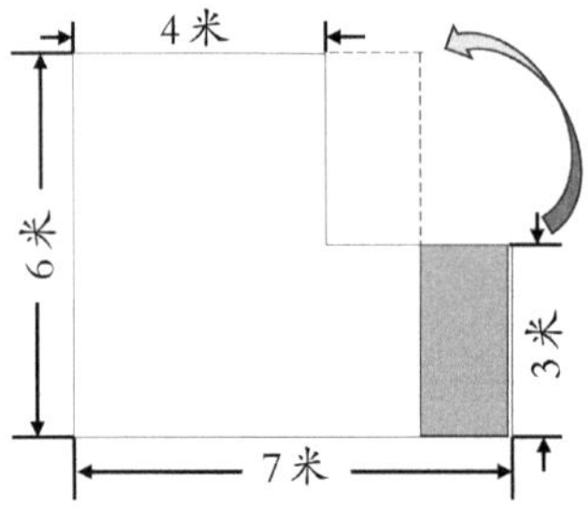

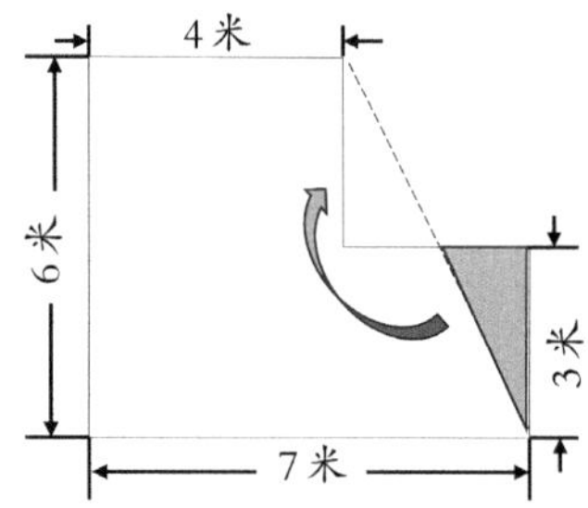

师：你们分析得太好了！把掌声送给自己！

师：上述几种计算方法中，哪些是相同的？哪些是不同的？

生：前三种方法都是将组合图形进行分割，然后再将面积相加；而第四种方法是补上去一块，再相减；第五种和第六种是先分割再补。

师：这几位同学都是将组合图形通过辅助线，转化成我们学过的基本图形，再计算面积。前三种方法叫分割法，第四种方法叫添补法，最后这两种先割再补，可以称为移拼法，也属于等积变形方法的运用。等积变形也叫等积代换，就是通过寻找相同面积的图形进行替换。

师：尽管方法各不相同，但解题思路仍然是一致的，都是采用了转化的思想，也就是把未知的问题转化成已知的问题来解决。我们数学学习就是这样，思想方法要比知识点更重要。接下来我们分析一下这块地需要多长的栅栏。通过刚才学习到的方法能给我们什么启示吗？

生：可以把 6 条线段加在一起计算周长：7＋6＋4＋3＋3＋3＝26（米）；也可以把线段 a 平移到上边，线段 b 平移到右边，这样就拼成了一个完整的长方形，可以利用长方形的周长公式计算。

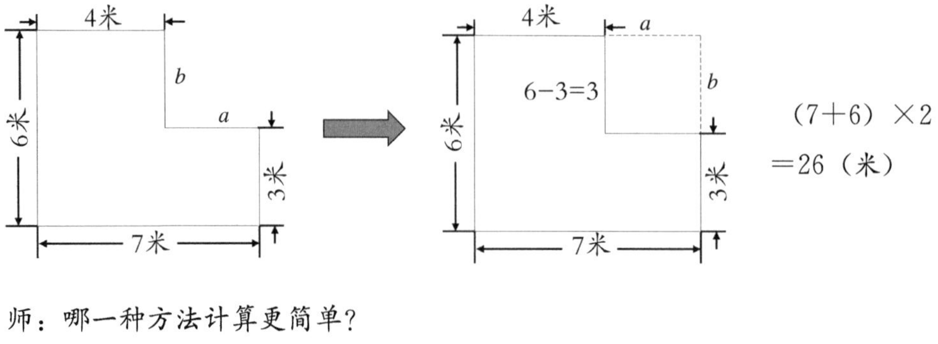

师：哪一种方法计算更简单？

生：第二种。

师：这种方法运用了化零为整的思想，将其转化为基本图形之后再利用周长公式计算，会更加简便。你们都是善于思考的学生！看来，无论是面积的探索，还是周长的探索，都离不开转化，转化的思想可以帮助我们把复杂的问题简单化。

通过刚才的案例，我们发现用移补法求周长和用先割再补求面积时，都体现了化零为整的思想，尤其面积计算中，更是运用了多种策略：分割法、添补法、先割再补、等积变形。“割”的思路是用加法进行计算，利用组合图形的凹凸特点，将其分割成几个基本图形，分别求出基本图形的面积再相加。“补”的思路是用减法进行计算，即把组合图形先补成一个基本图形，再去掉补上的图形面积。“移拼法”相当于“等积变形”，直接转化成一个规则图形计算面积。

由组合图形周长与面积的探究过程不难发现，万变不离其宗，多种多样解题策略的本质就是“转化”的数学思想。数学思想方法是数学的灵魂，在小学几何图形教学中，特别是组合图形的周长和面积教学，利用数学的转化思想架起已知与未知的桥梁，把不规则图形转化成规则图形，帮学生形成基本解题思路，运用相关模型的研究与训练，可以轻松解决一些比较困难的组合图形问题。在此过程中，结合学生的学习与生活经验，在转化的基础上学生还探索了部分与整体的关系，找到了分率法。学生经历自主探究的过程，既能对所学知识深入内化，又可以将数学思想潜移默化地渗透，达到较好的学习效果。

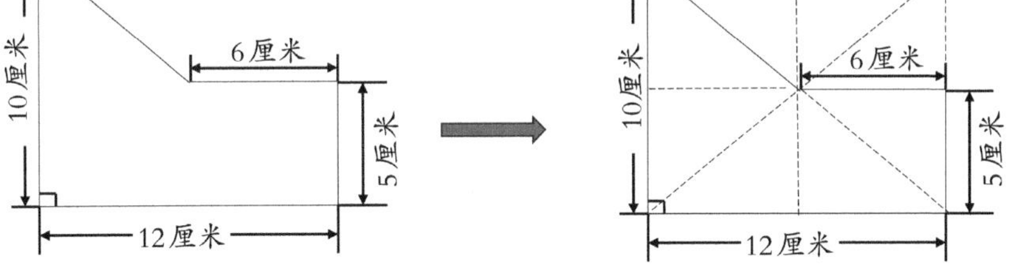

总之，组合图形在整个小学数学教学过程中及其重要，在做组合图形这方面的习题时，要懂得先观察分析，思考后再选择最优化的解题策略。所有策略的目的都是化繁为简，这样才能有利于学生思维水平的提升。因此，教师要重视组合图形周长与面积计算的教学，帮助其理解组合图形的概念，准确辨析组合图形的周长与面积，提供组合图形周长与面积解题的基本思路，梳理解答方法，达到优化教学效果、拓展学生几何思维空间的目的。

长方体、正方体的表面积

“长方体和正方体的表面积”属于“图形与几何”领域的内容，是在学生认识并掌握了长方体和正方体的基本特征的基础上进行教学的。计算长方体和正方体的表面积在生活中有广泛的应用，学习这部分内容，可以加深学生对长方体和正方体特征的理解，解决一些有关的实际问题。同时，还可以使学生形成空间观念，是进一步学习其他立体几何图形的基础。

教学长方体和正方体的表面积时，可以从实物教具出发，过渡到平面上的直观展开图，再利用立方体的展开图对应演示表面积的内涵。学生不仅动手摸出了表面积的大小，还在面的对应中找到内在规律，为计算表面积打下良好基础。最终，让学生在动手操作活动中厘清表面积的概念。

一、厘清表面积的概念

学生在三年级已经学过“面积和面积单位”，知道了长方形、正方形面积的大小跟每条边的长短有关，五年级学生对于表面积的理解不会很陌生，要让学生明白“表面积是物体外表面所有面的面积之和”。表面积跟物体外表每个面的大小都有关系，跟每条边的长短也有关，每条边的长短影响每个面的大小，而面的大小直接影响表面积的大小。也就是说，表面积和长度虽然是两种不同的量，但是它们之间也是存在联系的。要让学生经历一维线到二维面的转化，再借助三维立体图形转化到二维的平面图形，进而培养学生的空间观念。长方体和正方体的表面积的概念的理解要与它们的展开图相结合，引导学生动手操作，加强几何直观。

案例片段一

师：同学们，给下面两个模具的表面涂上颜色把它们变成艺术品，你们知道都在哪涂颜色吗？

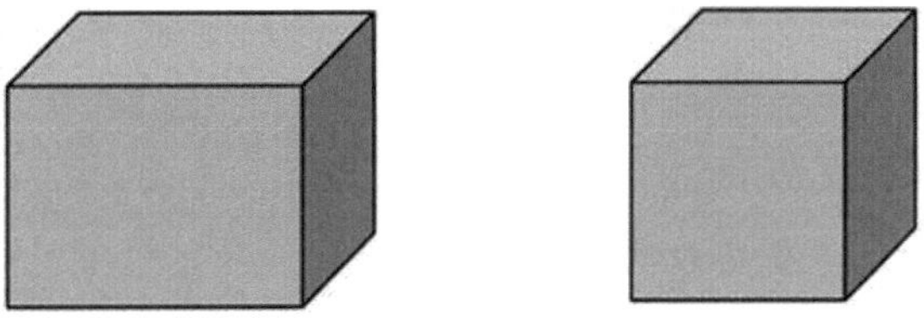

生：上下、前后、左右都涂上。

生：长方体和正方体都有6个面，6个面全涂上。

师：长方体和正方体所有面的总面积之和就是它们的表面积。

教师利用课件演示长方体展开图。

师：请同学们仔细观察，把长方体沿着棱剪开，再展开，你发现了什么？

生：我发现原来的立体图形变成了平面图形。

生：我发现长方体展开后是由6个长方形组成的。

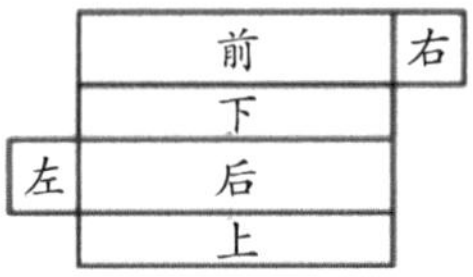

师：同学们观察得很仔细！将正方体按同样的方法剪开，再展开，你又发现了什么？

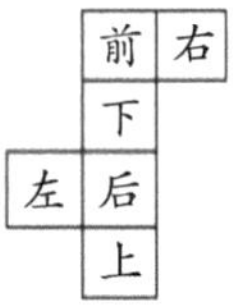

生：我发现正方体展开后也变成了平面图形。

生：我发现正方体展开后是由6个正方形组成的。

师：说得对！请你拿出长方体或正方体纸盒，也用同样的方法剪开，再展开，看看展开后的形状，然后在展开后的图形中，分别用“上”“下”“前”“后”“左”“右”标明6个面。

生：这是长方体的上下两个面，这是前后两个面，这是左右两个面，这6个面是长方体的表面积。

师：在实际生活中，有的物体的表面积不一定是指它的 6 个面，你能找到这样的例子吗？

生：长方体鱼缸的表面积没有上面，所以只有 5 个面。

生：长方体通风管的表面积只有 4 个面。

通过动手操作和实际感知，学生更加明确长方体和正方体表面积的意义的由来，为后面的总结计算方法打下基础。长方体和正方体的表面积，一般情况下是 6 个面的面积之和，但在实际生活中，经常不需要算出长方体 6 个面的总面积，我们这时就需要结合生活实际来理解表面积的意思。

二、探究长方体、正方体的表面积

小学生形成、发展空间观念主要依靠视觉和触觉的协同作用，主要途径和手段是观察与操作。由此可见，当学生的空间想象受阻时，提供操作材料，鼓励动手实践，依然是行之有效的教学对策。因此，学习表面积的知识依然离不开学生动手测量，只有在做中学才能深度理解本质。

长方体表面积的教学，为了避免计算过于机械，不直接给出长方体长、宽、高的实际数据，而是试图让学生联系表面积的意义建构表面积的计算，这样更利于学生解决问题时能主动根据实际情况灵活选择计算方法，也有利于学生空间观念的发展，数学核心素养的落实，同时也为进一步探究其他立体图形打下坚实的基础。

案例片段二

师：我们知道了长方体 6 个面的总面积叫作它的表面积，那么怎样求长方体的表面积呢？要求长方体的表面积必须知道哪些条件呢？

生：必须知道长、宽、高。

师：是吗？如果知道长和宽，为什么不能确定表面积？

生：知道了长和宽，只是确定了底面和上面，而侧面只知道其中的一条边，不能确定面的大小。

生：长方体前面的面是用长乘高得到的，所以必须知道长方体的长和高。

生：计算上面的面是用长乘宽，所以也得知道宽的长度。

生：长方体的宽和高知道了，左右的面也就能求出来了。

师：你们的意思是只要知道长方体的长、宽、高，长方体的表面积就一定能求了吗？

生：对！根据长方体的特征——相对的面面积相等，利用长×高求出前面和后面，长×宽求出上面和下面，宽×高求出左面和右面，再把这6个面的面积相加，计算出长方体的表面积。

师：你能不能概括一下求长方体表面积的计算方法？

生：长方体表面积＝长×宽×2＋长×高×2＋宽×高×2，或长方体表面积＝（长×宽＋长×高＋宽×高）×2。

课件展示。

师：现在看来计算长方体的表面积必须知道哪些条件？

生：长、宽、高。

师：只要知道了长方体的长、宽、高就可以求出长方体的表面积。现在咱们来做个练习。计算下面两个长方体的表面积：一个长方体长6厘米，宽4厘米，高2厘米。一个长方体的长10厘米，宽2厘米，高2厘米。

生：一个长方体长6厘米，宽4厘米，高2厘米，表面积就是（6×4＋6×2＋4×2）×2＝88（厘米），另一个长方体长10厘米，宽2厘米，高2厘米，表面积是（10×2＋10×2＋2×2）×2＝88（厘米），所以说表面积相等。

师：通过刚才的计算你发现了什么？

生：表面积相等。

师：再看看它们的长、宽、高，你想说什么？

生：高相等，而长和宽并不相等，但是表面积相等。

师：长和宽并不相等，说明什么？

生：形状不一样。

师：对呀，形状不同，表面积也可能相等。反过来说，表面积相等，形状怎么样？

生：可能相等，也可能不相等。

生：不一定一样，可能长的数值大，宽和高的数值小，也可能是长的数值小，宽和高的数值大。

生：所以说长方体的表面积相等，长、宽、高不一定相等。

生：长方体的表面积跟长、宽、高三个条件有关。

师：结合长方体与正方体的关系想一想，正方体的表面积又怎样算呢？

生：因为正方体是特殊的长方体，正方体的长、宽、高都相等，所以我们可以按计算长方体的的方法来计算正方体的表面积，也就是棱长×棱长×2＋棱长×棱长×2＋棱长×棱长×2。

生：正方体每个面的面积都相等，所以正方体的表面积＝棱长×棱长×6。

师：那要计算正方体的表面积必须知道什么条件？

生：只要知道棱长一个条件就可以了。

师：两个正方体表面积相等，形状一样吗？

生：不一定一样。

生：我认为表面积一样，形状肯定一样。因为正方体的表面积相等，也就是6个面的大小相等，那每个面都是相同的正方形，形状自然就一样了。

在学生顺利地完成表面积概念的理解基础上，教师再引导学生观察、思考长方体展开图中的每个面的长和宽与长方体的长、宽、高的关联，来进一步理解长方体和正方体的表面积的计算方法；结合长方体和正方体的关系，推理出正方体表面积的计算方法，培养学生观察、分析、推理的能力。

三、在应用中形成技能

当学生学习了长方体和正方体表面积计算公式后，经常会遇到这样的问题：表面积公式会背，但是不会灵活应用，长方体每个面的形状是什么？谁乘谁？教学长方体和正方体表面积内容用时很多，但学生的错误率仍居高不下，一些学生在错过一次后还继续错，甚至做一次错一次，到底是什么原因造成学生错误不断呢？其实主要是学生没有建立起正确有效的表象，思维还停留在平面图形的面积阶段，没有过渡到立体图形的理解上来。

案例片段三

装饰房子时，靠墙做了一个长方体衣柜，要给衣柜表面刷上油漆，刷油漆的面积是多少平方米呢？

生：利用长方体表面积的计算方法，（1.2×0.5＋1.2×2＋0.5×2）×2。

生：不对！既然是靠墙，那衣柜的后面不用刷漆，只要计算上下、左右和前面5个面的面积就可以了。

生：还是不对！因为衣柜的底面也不要涂油漆，所以只用涂4个面就行，就是用长×宽×2＋长×高＋宽×高。

生：错！长×宽×2计算的是上下两个面的面积，下面不用涂的，左右两个面应该是用宽×高×2。

师：同学们考虑问题真全面，我们在求物体表面积时就得根据实际情况灵活来计算，还有弄清楚怎样求相应的面的面积，实在想不出来可以借助身边的实物演示一下，帮助自己思考。

生：那如果这个衣柜做在靠墙角处呢？

生：把衣柜放在墙角，后面贴墙，左面或者右面贴墙，下面贴地，这些面不用涂油漆，涂3个面就行了，所以利用表面积的计算公式再除以2就行了。

生：不用把6个面计算出来再除以2，只要用长×高＋长×宽＋宽×高求出露在外面的3个面就行。

练习课比“练”更重要的是“思”。数学练习课的指向，不只是知识的巩固、能力的提高，更应集中指向学生素养发展。一节课容量的多少，并不完全在于题量的多少，而是思维量的多少，要让一“题”变得“强大”，一题多问，一题多思，一题多变。

案例片段四

师：从一个棱长3厘米的正方体上切去一个棱长1厘米的小正方体后，这个立体图形的表面积发生变化了吗？

生：我觉得应该用大正方体的表面积减去切去的小正方体的表面积。

生：我感觉表面积没有变。

生：我也感觉表面积跟原来一样。

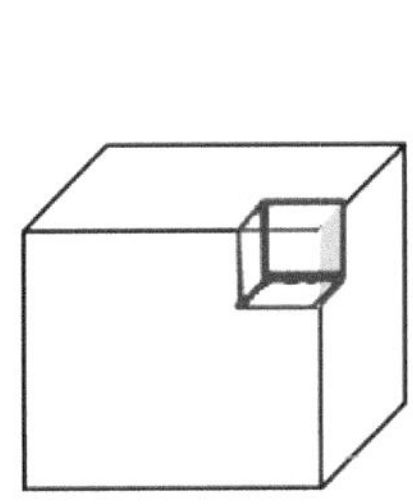

后面的1平方厘米移动补到大正方体前面缺少的那部分，下面的1平方厘米移动补到大正方体前面缺少的那部分，左面的1平方厘米移动补到大正方体右面缺少的那部分。移动后，切小正方体新出现的3个面补到了大正方体缺少那部分，所以

说新的立体图形与原来大正方体的表面积是一样的。

生：我还有别的想法，如果切去的小正方体没有在角处，而是在边上切去一个小正方体呢？

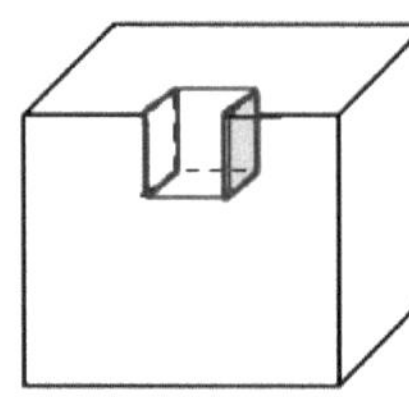

生：这样的话，后面的1平方厘米可以移补到大正方体的前面，下面的1平方厘米的面可以移补到大正方体的上面，而左、右两面无法移补。从棱中切一个小正方体后表面积比原来要大，多了左右两个1平方厘米的面积，这样新的立体图形就比原来大正方体的表面积增加了。

生：有道理！不过还有可能从大正方体的面中切去一个小正方体。

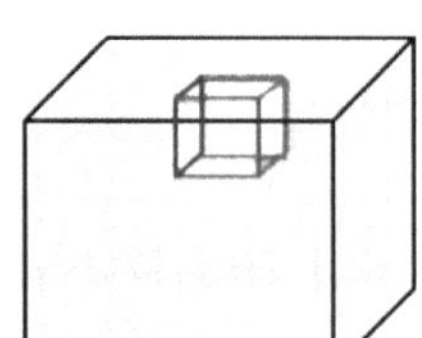

生：从面中切一个小正方体，会出现新的5个面，前面、后面、左面、右面和下面。只有下面可以补到大正体的上面部分，前面和后面、左面和右面是无法移补，所以这样新的立体图形就比原来大正方体的表面积增加了4个小正方形的面积。

师：同学们考虑得真全面，的确，切去的小正方体的位置不同，得到的新立体图形的表面积也会不一样。

表面积增减变化问题常见的还有两种，一种是拼接问题，一种是切割问题。如果把两个长方体拼成一个新的长方体，表面积会不会发生变化呢？怎样拼，拼出来的长方体表面积最小，怎样拼，拼出来的长方体表面积最大。拼接的实质是面与面的相互重合，重叠的面积越大，拼出的长方体表面积越小；反之，拼出的长方体表面积最大。如果把一个长方体切割成两个长方体，道理是相通的，只是切割后表面积会增加，每一种截法都会产生不同的面，所以判断怎样截是解决问题的关键所在。

以上案例是在学生掌握了长方体和正方体表面积的计算方法以后进行的练习。教师通过这些练习来发散学生的思维，让学生在相互碰撞和讨论中，进一步巩固本节课所学的新知；同时也让学生意识到在实际生活中不能生搬硬套表面积公式，要根据实际情况来考虑计算的是哪几个面的面积，从而活用知识，用活知识。

五年级的学生虽然已经学过了长方形和正方形的面积计算方法，但从平面图形到立体图形，也就是从二维到三维，学生的思维能力也由直观形象过渡到抽象逻辑能力，这对他们来说是一个跨越。教学中要加强学生的动手操作训练，学生通过亲身参与、探索实践活动，实现空间想象思维可视化，进而突破这部分内容的重难点。

长方体、正方体的体积

长方体和正方体是最基本的立体图形，在认识了一些平面图形的基础上学习立体图形，是学生认识上的一次飞跃。学生以前虽然接触过长方体和正方体，但只是直观形象的认识，要上升到理性认识还有一定难度。学生已经认识了长方体和正方体的特征，学习了表面积的计算。下一步，学生要在此基础上掌握体积的概念和常用的体积单位，学会长方体和正方体的体积计算，掌握公式的意义和用法。这是之后学习体积单位进率的基础，更是以后学习容积的基础。因此，在教学中应该以学生发展为立足点，以自我探究为主线，以求异创新为宗旨，引导学生动手操作、观察辨析，充分调动学生学习的积极性、主动性，让学生全面、全程、全心地参与到每一个教学环节中。

一、厘清体积的内涵

教师教学用书指出，通过具体的实例来理解体积的含义，物体所占空间的大小叫作物体的体积。但这都不是体积的内涵。体积是度量中的基本概念之一，空间在三个不共面的方向上同时延展的可能性在人脑中的反映，形成了体积的概念。

案例片段一

师：给大家来个脑筋急转弯，说把一头大象装进冰箱总共分几步？

生：第一步打开冰箱门，第二步把大象装进去，第三步关上冰箱门。

师：步骤简单，干净利索，干得漂亮。可是大象能装进冰箱吗？

生：装不下。

生：因为冰箱太小了，大象太大了。

师：冰箱太小是指冰箱里面什么小？

生：空间。

师：对！看来大象占的空间大！这节课咱们就一起来学习和空间有关的知识。

师：大象和冰箱都占空间。那这块儿石头占空间吗？数学是严谨的，仅凭想象是不够的，怎么来证明？

生：把石头放进烧杯内，如果水溢出来了，就能证明石头占空间。

师：一起来验证。

师：你发现了什么？

生：水会溢出来。

师：烧杯中的水，为什么会溢出来呢？

生：因为石头挤占水的空间。

师：说得真好，也就是这个实验证明了石头占空间。大象占空间，石头也占空间，生活中还有哪些物体也占空间？

师：看不见摸不着的空气占空间吗？有没有办法来证明？

师：老师这里有个塑料袋，你来试试？

学生实验：看塑料袋鼓起来了，说明空气确实占有空间。

师：看来，所有的物体都占空间。

师：再看，这是一个大土豆，和刚才的小石头比，谁占的空间大？

生：土豆。

师：那土豆和课桌比，谁占的空间大？

生：课桌。

师：看来啊，物体不仅占空间，它们所占的空间还有大有小。在数学上，我们把物体所占空间的大小叫作物体的体积。

课件出示一条线段。

师：如何知道一条线段的长度呢？

生：用尺子量。

出示尺子量出线段长度为 8 厘米。

课件出示一个长方形。

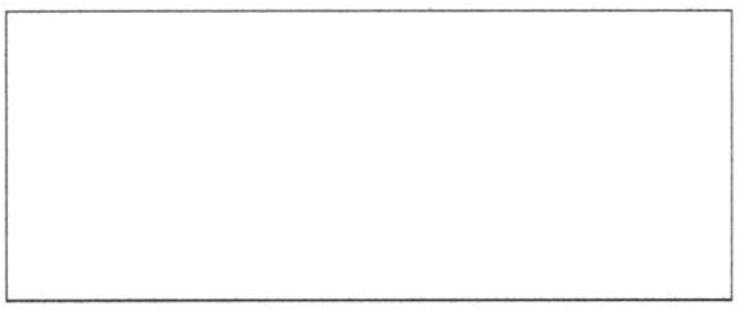

师：如何测量这个长方形的面积呢？

生：用尺子量出长和宽，用长乘宽算出面积。

师：用长乘宽算出面积，用什么工具测量面积呢？

课件演示将长方形分割成许多小正方形。

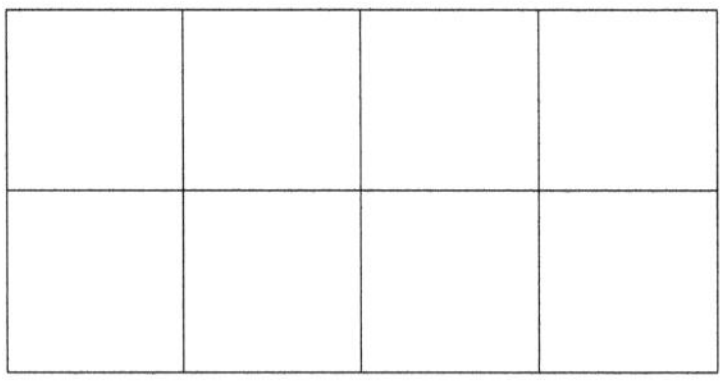

师：如果 1 个小正方形的面积是 1 平方厘米，这个长方形的面积是多少平方厘米？

生：8 平方厘米。

师：我们用 1 平方厘米的小正方形来摆就能量出长方形的面积了。同时，我们还可以发现长是 4 厘米，刚好一行摆 4 个小正方形，宽是 2 厘米，刚好摆 2 行。所以用长乘宽就算出来一共有 8 个 1 平方厘米的小正方形，就是 8 平方厘米。

出示一个长方体。

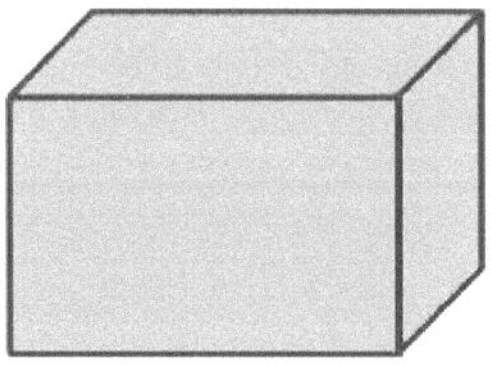

师：我们刚学习了体积的概念，谁能说说什么是长方体的体积？用什么能测量这个长方体的体积呢？

生：用小正方体来量。

师：今天我们就来学习长方体的体积。

二、创生体积单位

感受体积单位产生的必要性。

案例片段二

师：我和这位同学比，谁的体积大？

生：老师。

师：对，一眼就能看出来。

师：两捆接力棒，谁的体积大？

生：右边。

师：怎么知道的？

生：右边6根，左边5根。

师：对，数一数就知道了。再看，这是一个正方体，这是一个长方体，它们的体积谁大谁小呢？

生：长方体大。

生：正方体大。

生：相等。

生：不确定，拿不准。

师：你来比比看。这样直接比，能比得出来大小吗？看来啊，这两个物体，仅凭眼睛观察我们是无法比较出它们的大小的。那该怎么办呢？

生：装水。

生：用尺子。

师：刚才这两位同学虽然说的方法不一样，但是都想到了量一量。

师：到底用什么量更合适呢？

师：让我们一起回忆一下，我们测量一条线段的长度的时候，用到了什么单位？

生：长度单位，测量图形面积的时候用到了面积单位。

师：现在要测量两个物体的体积，该用什么单位？这个单位长什么样呢？

生：体积单位。正方体。

师：为什么选正方体呢？

生：测量长度单位是一条线段，面积单位是一个正方形，体积单位该用正方体。

师：会思考、会推理、会学习，掌声送给她。

师：老师带来了一些大小不同的正方体，我们用它们来量一量可以吗？老师给每个小组都准备了同样的两个物体和这样的一些小正方体，下面拿出来量一量、比一比。

小组学生汇报。

生：我们选择了大的正方体进行测量，正方体是8个小正方体那么大，长方体有9个小正方体那么大，所以长方体的体积大。

师：其他小组也是这个结果吗？

师：老师发现你们小组的正方体里面只摆了5个小正方体啊，你们也比出来了吗？说一说你们的想法。

师：这个小组不同的摆法，得到了同样的结论。此处应该有掌声。

建立1立方分米的表象。

师：刚刚我们选择了合适的体积单位比较出了盒子的大小，在这里要感谢谁？让我们好好看看它的样子，量一量它的棱长是多少？

生：10厘米，也是1分米。

师：像这样棱长是1分米的正方体，它的体积是1立方分米。

师：生活中，还有哪些物体的体积接近1立方分米？

师：老师也带来了一些，一袋面包、一个礼品盒。

师：同学们看，一个正方体是1立方分米，2个1立方分米，也就是2立方分米，3个1立方分米，也就是3立方分米，4个1立方分米，也就是4立方分米。也就是说，有几个1立方分米，就是几立方分米。

师：再看，这是4立方分米，如果把它的形状变成这样，体积是多少？如果这样呢？这样呢？你发现了什么？

生：形状变了，体积没变。

师：再看看这两个盒子。

生：这个盒子里能装8个小立方体，体积为8立方分米。长方体盒子里有9个小立方体，也就是9立方分米。

师：同学们，你们太了不起了！这么短的时间内，你们就找到了测量标准，不仅比较出了两个物体体积的大小，还知道了它们的体积具体是多少。这都是这1立方分米标准的功劳。

冲突中引出立方厘米。

师：那现在用1立方分米的标准去测量这块橡皮的体积？

生：不行。

师：为什么不行？

生：标准太大了。

师：那该怎么办啊？

生：用小的正方体。

师：得有多小？

生：棱长是1厘米。

师：老师给大家准备了一些小正方体，大家量一量它的棱长是多少。

师：刚刚这个正方体的棱长为1分米，体积是1立方分米。那这个小正方体的棱长是1厘米，它的体积就是1立方厘米。

师：现在拿出1立方厘米的小正方体，用手摸一摸、握一握、看一看，你记住它的样子了吗？

师：在生活中，哪些物体的体积大约是1立方厘米呢？

生：筛子。

生：手指尖。

师：老师也带来了一些物品。看，这是1粒花生米，它的体积接近1立方厘米；还有这个键盘按键，它的体积也接近1立方厘米。

师：再来看看刚才的那块橡皮，体积是不是1立方厘米呢？

生：不是。

师：那你估一估？

生：大约是3立方厘米。

师：在你的1号信封里，也有一块这样的橡皮，拿出来，一起测一测。

生：大约是3立方厘米。

师：你们也是测的3立方厘米吗？

生：是的。

师：看来啊，这1立方厘米的体积单位，可以帮助我们测量一些比较小的物体的体积。

师：我们已经认识两个体积单位了，现在我们要测量这个舞台的空间有多大，那你想选哪个体积单位呢？

生：都不行。

师：为什么不行？

生：太小了。

师：看，老师准备了一个，用这个可以吗？

生：可以。

师：猜一下它的体积多大，谁想上来量一量？

师：棱长为1米的正方体，体积就是1立方米。这就是1立方米。

师：课前老师已经测量过了，我们舞台的体积大约是500立方米。

师：那整个会场的空间又有多大呢？

师：这个会场的空间大约是3000立方米。

师：让我们再把目光聚焦到1立方米的正方体上，这1立方米里面，能装下几个同学？

师：你们小组上来试试。咱们一起数一数，一共装了几位同学？

师：别看这1立方米和会场的空间相比微不足道，却能装下10位同学。

师：这是一箱牛奶，如果把这一箱牛奶装进1立方米的正方体中，能装多少箱呢？

师：能装大约150箱牛奶。

对比3个体积单位。

师：同学们，今天我们认识了1立方厘米、1立方分米、1立方米，它们都是常用的体积单位，它们有差别吗？

生：差别很大。

师：请一位同学上来拿一拿1立方厘米，同学们注意看，他是怎么拿的。

生：用手指头“捏”。

师：再来拿1立方分米，怎么形容？

生：抓。

师：那1立方米呢？

生：抱一抱。

师：这是我们在用身体的一部分去感受体积单位。接下来请同学们闭上眼睛，想象一下，如果你的面前放了1立方分米，你会怎么拿？1立方米呢？1立方厘米呢？这样是不是印象更深刻了？

师：下面我们来解决几个实际问题。

选择合适的体积单位测量。

火柴盒。（立方厘米）

抽纸。（立方分米）

集装箱。（立方米）

师：刚刚我们根据物体的大小，选择了大小不同的体积单位进行测量。有多少个体积单位，它的体积就是多少。

在教学中，我们会发现，经常有学生将周长、面积、体积的计算公式搞混淆。其实，并不是学生没有将概念背熟、公式记牢，而是学生本身的操作体验是不够的。学生只有深刻体会到不同度量工具（即度量单位）间的联系与区别，才能做到综合、灵活地解决问题。

三、从不同维度理解体积的含义

案例片段三

出示学习单：长方体的体积如何计算呢？以图为例，请写出你的理由。

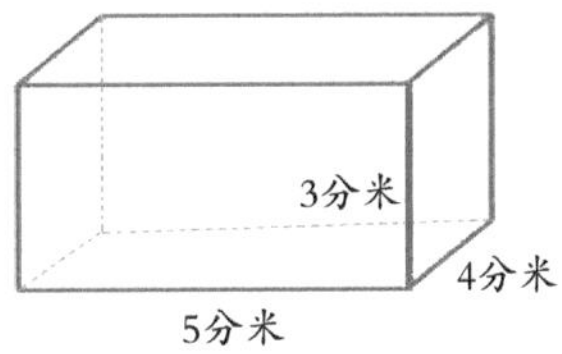

生：我有两个方法。一个方法是：长方形一个面的面积是 5×3＝15（平方分米），它有 4 个这样的长方形，体积就是 15×4＝60（立方分米）；另一个方法是：1 个小正方体体积为 1 立方分米，这里共有 5×4×3＝60（个），所以大长方体的体积等于 60×1＝60（立方分米）。

生：为什么“前面一个面的面积×宽”就能得到体积呢？

生：一层是 5×3＝15（平方分米），有 4 层，就是 15×4＝60（立方分米）。

生：我的思路是找单位，先从一条线段的长度入手，看 5 分米的这条线段，以 1 分米为单位，它就可以分成 5 个这样的单位。再扩展到二维，加上 4 分米的这条线段，再等分成 4 份，1 个小正方形是 1 平方分米，那么整个面的面积就是 4×5＝20（平方分米）。到三维空间，加上它的高度，可以分为 3 个 1 分米，棱长为 1 分米的立方体的体积为 1 立方分米。那么长方体有这样的 5×4×3＝60（个），所以它的体积是 5×4×3＝60（立方分米）。

生：我利用搭积木的原理。首先用长、宽、高都是 1 分米的正方体，填入它的第一层，第一层就会有20个这样的正方体，它的体积也就是20立方分米。长方体的高是3分米，而正方体的高是1分米，所以只要把这个20再乘3就是这个长方体的体积。所以5×4代表一层20个小立方体的体积，乘3代表这个长方体中有3层，所以“5×4×3”就是长方体的体积。

生：他说得比我好。他结合生活中人人都搭过的积木，而我是用大家都没接触过的三维向大家介绍的。

师：其实他跟你一样，都是用棱长为1分米的正方体，都是在——

生：找单位。

师：我好奇的是，你怎么知道第一层就刚刚好是20个呢？

生：5×4，可以把它看成是20个1平方分米的小正方形，然后把这些小正方体填进去。

师：让我们通过实际操作，一起来摆一摆、数一数、算一算，验证我们的猜想。

> 第一，四人小组合作，用若干个1立方厘米的小正方体分别摆出3个不同的长方体。（小正方体可重复使用）
>
> 第二，数一数每次摆出的长方体所用小正方体的个数，将数据填在记录表中。
>
> 第三，观察摆出的长方体的长、宽、高，运用刚才同学们提出的猜想算一算长方体的体积，将计算结果填在记录表中。
>
> 第四，操作完成后，观察记录表中的数据，在小组内交流自己的发现。

师：通过操作，我们发现任意长方体的体积确实等于长、宽、高的乘积。如果用大写字母V表示长方体的体积，用小写字母a、b、h表示长方体的长、宽、高，你能用字母表示出长方体的体积公式吗？

生：为什么正方体的体积也可以用长方体的体积公式计算？

师：因为正方体是特殊的长方体，所以根据长方体体积公式也可以计算正方体的体积。不过正方体的长、宽、高都相等，即它的每条棱的长度都相等，所以正方体的体积＝棱长×棱长×棱长。用字母如何表示呢？

板书：正方体的体积＝棱长×棱长×棱长，V＝a·a·a。

师：“a·a·a”读作“a的立方”，表示3个a相乘。所以正方体的体积公式一般写成$V=a^3$。

长方体和正方体的体积计算是学生学习立体图形体积计算的基础，对今后继续学习体积具有里程碑式的意义。因此，本节课的教学定位绝不应仅仅是让学生记住公式并运用公式计算体积，而要让学生在探索体积计算公式的过程中，加强对体积、体积单位的理解，发展空间观念。

师：仔细观察我们设计的长方体模型，你发现了什么？

生：这些长方体的体积是一样的。

师：有什么不同的？

生：长方体形状不同。

师：还能联想到什么？

生：表面积。

师：表面积不同吗？请男生算第一个的表面积，女生算第二个的表面积，最后一个一起算一算。

学生计算后报出答案。

师：表面积确实不一样。怎么变的呀？你发现了什么？

生：表面积由大变小了。长越来越短，变成正方体时表面积最小。

师：原来体积和表面积还有一定的关系呢！那么是不是都这样呢？我们再来试一试，如果铁块的体积是 24 立方分米，熔铸成的长方体长、宽、高分别是多少？你能设计出不同形状的长、宽、高均是整数分米的长方体吗？小组四人合作，完成表格。

长/分米	宽/分米	高/分米	表面积/平方分米

学生分小组汇报。

师：这时没有正方体，什么情况下表面积最小？

生：当长、宽、高最接近时，表面积最小。

师：说得真好。这里虽然没有出现正方体．但是我们还是能推测体积相同的长方体中正方体的表面积最小。体积与表面积概念不同、算法不同，但它们之间也有联系。

空间观念是数学课程标准提出的核心概念之一。发展空间观念需要给学生提供多样的体验活动，调动学生多种感官参与其中，让学生在动手、动脑、动眼的过程中丰富表象，建立空间观念。在本节课的教学中，教师引导学生梳理了长度单位、面积单位、体积单位的知识，然后概括出“用单位去测量，然后累加就会得到数量”，帮助学生清晰地理解了单位和数量之间的关系，从而更好地突出了“量，是量出来的”数学本质，帮助学生形成了清晰的知识结构，还有效地发展了学生的空间观念。

圆柱、圆锥的表面积

圆柱与圆锥是小学阶段“图形与几何”领域认识的最后一组重要的立体图形，而且是一组含有曲面的特殊的立体图形。在认识圆柱和圆锥的本质特征之后，需要充分理解表面积的含义，抽象出圆柱和圆锥表面积的构成。基于学生原有的化曲为直的经验来研究圆柱和圆锥的侧面积、表面积的计算方法，并转化到原有的知识结构中，需要设置一系列操作活动，从静态到动态这样的认知过程能够帮助学生更加整体地认识图形之间的关联。在操作、体验的过程中渗透数学思想，在观察、想象的过程中建立知识结构联系，有利于学生整体把握二维、三维图形的对应关系。厘清各部分之间关系的同时，还需要加强数学与现实生活之间的联系，感受几何知识在生活中的应用，落实数学核心素养，让学生学会用数学的眼光观察现实世界，发展学生的空间观念，培养学生的应用意识，让学生的思维在二维和三维之间进行变形转换，进而更深刻地达成对这两种立体图形本质特征的再认识，这是值得我们深入思考的问题。

一、操作中认识圆柱和圆锥的表面积

认识圆柱与圆锥的表面积，必须让学生经历从现实世界的实物到数学世界的概念直观图的抽象过程，然后从整体辨认到局部刻画，进一步认识圆柱与圆锥表面积的结构特征。

案例片段一

师：请同学们拿出圆柱桶冰激凌包装和圆锥桶冰激凌包装，动手摸一摸，并说一说你摸到的是哪些部分。

生一：我摸到了圆柱的两个圆形底面和一个弯曲的侧面。

生二：我摸到了圆锥的一个圆形底面和一个弯曲的侧面。

师：你们所摸到的圆柱和圆锥的表面，就是它们的表面积。你能具体表达一下什么是圆柱和圆锥的表面积吗？

生一：圆柱的表面积＝两个底面面积＋侧面面积。

生二：圆锥的表面积＝一个圆形底面面积＋侧面面积。

生三：圆柱与圆锥的表面积就是圆柱与圆锥物体表面的面积之和。

师：大家说得很具体、清晰。大家发现圆柱、圆锥的侧面是一个曲面，怎样才能把它们变成我们熟悉的平面呢？

生：剪开。

师：如果我们将圆柱、圆锥的侧面剪开，会是什么形状的呢？

生：圆柱的侧面展开可能是长方形、平行四边形、正方形，圆锥的侧面展开可能是一个扇形。

师：请你们动手验证一下你们的猜测。

生动手操作汇报。

生一：圆柱侧面斜着剪开，展开图是平行四边形。

生二：圆柱沿高剪开，侧面展开是一个长方形或正方形。

生三：圆锥剪开是一个扇形。

师：现在关于圆柱与圆锥的表面积你又产生了什么新的想法？

生：圆柱的表面积就是两个完全一样的圆的面积和一个长方形或正方形面积之和，圆锥的表面积就是一个圆形面积和一个扇形面积之和。

基于圆柱与圆锥作为含有曲面的立体图形的特殊性，需要从整体上达到对圆柱与圆锥表面积的深刻认识，从“立体—平面”全面认识圆柱与圆锥的表面积构成，以此发展学生的空间观念。

当学生能从三维到二维的角度准确辨别圆柱和圆锥的表面积概念之后，继续引导学生进行二维到三维的转换，重点分析侧面积的计算方法。运用纸片“围圆柱”，再展开，更直观、清晰地找到圆柱的侧面展开图（长方形）的长、宽与圆柱的底面周长、高之间的关系，渗透转化的数学思想，让学生的思维在说、看、想的过程中得到培养。

案例片段二

师：关于圆柱的表面积计算你觉得有困难吗？

生：圆柱侧面是一个曲面，曲面的面积怎么计算呢？

师：根据过去的经验，有没有好办法来解决这个问题？

生：过去我们学圆的周长和面积的时候，用到化曲为直的策略，现在我们也可以尝试把圆柱侧面积转化成求长方形的面积。

师：下面就按照你的方法来试一试。请同学们拿出学具：圆柱和四张纸，试一试选几号纸能恰好围上这个圆柱。

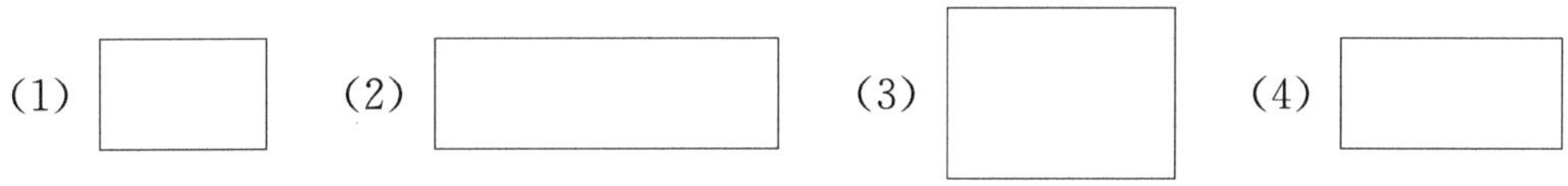

师：恰好是什么意思？

生：不多不少，刚好包住圆柱学具的侧面。

生一：(1) 号长方形纸短了。

师：短了说明什么？

生：短了说明不够长，包不完。

生二：(2) 号纸太长了，有剩余。

生三：(3) 号纸太高了，有剩余。

生四：(4) 号纸能恰好围上圆柱一周，高度也合适，没有剩余。

师：请大家思考 (4) 号纸在包圆柱的过程中，与圆柱的侧面有什么关系？

生：长方形的面积与圆柱侧面积相等，长方形的长与圆柱底面周长相等，长方形的宽与圆柱的高相等。

师：这个发现非常有价值，你们的观察能力和推理意识都很强！现在请你们用张长方形纸再次感受圆柱展开和合拢过程，边做边想，体会圆柱侧面展开图与圆柱的关系。

师：谁来归纳侧面积的计算公式？

生：圆柱侧面积＝底面周长×高。

师：用字母怎么表示这个公式？

生：$S_{侧}=Ch$。

师：如果已知圆柱底面半径和高，圆柱的表面积公式如何用字母来表示？

生：$S=2\pi rh+2\pi r^2$。

当探究出圆柱表面积计算公式之后，教师还可以抛出一个深度思考的问题，为学有余力的学生布置拓展任务：有些人还发现了这样的表面积公式，你能读懂它吗？此时，利用多媒体动态呈现圆柱展开图的转化图，学生的思维得到启发：原来还可以把圆柱的两个圆形底面，割补成两个近似长方形，并且拼接成一个较大的长方形，将这个拼接的长方形与侧面的长方形进行组合，就会得到一个更大的长方形。

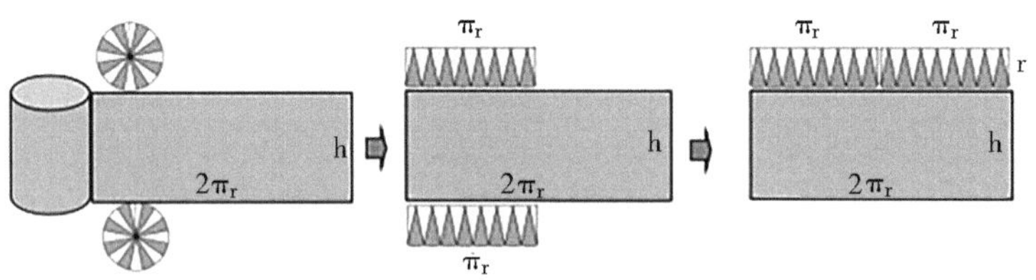

这时，圆柱体的表面积就被转化成了一个与它面积相等的大长方形面积。大长方形的长为底面圆的周长，宽为圆柱高与底面半径的和，则它的面积可以表示为：$S=2\pi r(h+r)$。其实，这个计算公式也可以由 $S=2\pi r^2+2\pi rh$ 推导得到。

$$
\begin{aligned}
S &= 2\pi r^2+2\pi rh \\
&= 2\pi r\cdot r+2\pi r\cdot h \\
&= 2\pi r(r+h)
\end{aligned}
$$

这样两个计算公式之间就建立了联系，不但能提高学生解决问题的能力，而且能培养学生思维的灵活性和深刻性。

有了上面圆柱表面积另一种解读方法做基础，顺势再出示圆锥的表面积展开图和公式 $S=\pi r^2+\pi rl=\pi r(r+l)$，对学有余力的学生再次进行思维拓展，提出问题："你能读懂这个圆锥表面积公式吗？"

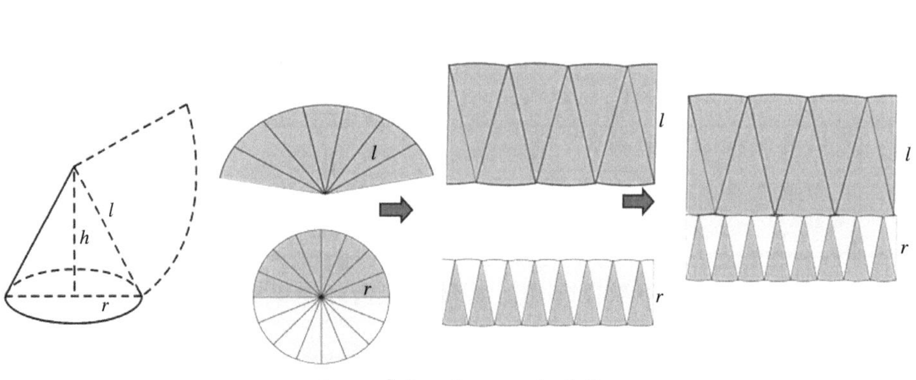

$S=\pi r^2+\pi rl=\pi r(r+l)$

有的学生利用展开和折叠的方法，思考到扇形圆心角与360°之间的关系，但是立体圆锥不方便测量圆心角的度数，因此这个公式中没有出现扇形的面积计算方法。有的学生可能会通过课后查阅资料，在二维与三维的转换中发现公式中“$\pi r^2+\pi rl$”指的是底面圆的面积和扇形面积，根据圆的表面积公式推导经验以及受到圆柱的表面积的另一种解读方法，头脑中会形成一种模型。πr^2 指的是底面圆形转化后的长方形的面积，πrl 相当于把侧面展开图——扇形也转化成了一个长是 πr，宽是母线 l 的长方形，这两个长方形就能拼成一个更大的长方形，这个更大的长方形的长就是 πr，宽就是（$r+l$），所以圆锥的表面积计算公式就是 $S=\pi r^2+\pi rl=\pi r(r+l)$。

基于小学生认知水平，对于圆锥的表面积计算点到为止，不做深入探究。

学生的有效学习需要建立在“看得见、摸得着”的情况下，通过“看得见、摸得着”的活动让学生建立认知。学生通过眼观、手动，感受二维与三维图形的对应关系，发展空间观念，拓展思维。

二、构建立体图形表面积之间的联系

长方体、正方体和圆柱都属于直柱体，本身具有高度一致性。但在分散的授课中，学生只关注到单个立体图形的表面积的计算方法，而忽视了它们的内在关联性，教师有必要引导学生关注到它们更深层次的统一性，从而让学生建立的认知结构更具有完整性，形成最简、最优的知识结构。

案例片段三

师：一张长方形纸可以卷出或者折出哪些立体图形？

生一：能卷成圆柱（分别沿着纸的长边和短边卷）。这是两个“缺底”的圆柱。

师：这样卷出的没有底面的圆柱，有什么共同点？

生一：侧面积相等。

师：你还能做成什么立体图形？

生二：还能折成长方体。

师：你是如何折出长方体的？

生二：可以向同一个方向对折再对折，然后围起来就可以了。

师：刚才同学们折出的这两种长方体，形状虽不同，但有什么相同之处？

生：侧面积相等。

师：同样大小的长方形纸，可以做不同的长方体和圆柱，它们之间有联系吗？

生：有联系，它们的侧面积都相等。

师：什么样的长方形纸能折成正方体？

生：长是宽的4倍的长方形纸能折成正方体。

师：长方体、正方体、圆柱的侧面积能用统一的公式计算吗？

生：侧面积＝底面周长×高。

师：既然它们的侧面积可以用相同的公式来计算，那如果给这几个立体图形都配上两个底面，那么表面积可以用同一个公式来算吗？

生：表面积＝侧面积＋底面积×2。

师：将长方形纸的一条边等分成4份，可以折出长方体，那等分成3份会折出什么图形？等分成5份呢？8份呢？12份呢？继续不停地分下去，折成的立体图形会接近什么图形？

生：越来越接近圆柱体。

师：这些立体图形有一个统一的名称，叫作直柱体。它们的侧面积都等于长方形纸的面积，都可以用“底面周长×高”来计算，表面积都可以用“侧面积＋底面积×2”来计算。

师：你还有什么发现？

生一：虽然它们的侧面积相等，但是由于底面积大小不一样，所以它们的表面积不同。圆柱的表面积最大，因为周长相等时，所有平面图形中圆的面积最大。

生二：侧面积相等时，当底面积越大，它的表面积就越大。

师：思维缜密，思考问题真的很有深度！

学生用同样大小的长方形纸做长方体和圆柱，发现了立体图形间的奥秘，从而统一了长方体、正方体、圆柱的侧面积和表面积的计算方法。整个过程，学生在玩中学，玩中悟，完整经历了立体图形表面积统一计算的过程，这是在之前新课学习时不曾经历的。

至此，学生对长方体、正方体和圆柱的表面积认知已不再是割裂的知识点，而是发现了它们的内在一致性，学生在探究的过程中对知识结构进行了优化。数学探究活动是学生积累基本活动经验的途径，学生经历观察、操作、推理与归纳等过程，这些成为学生构建新知识的重要源泉。

三、题组对比中深化理解圆柱的表面积应用

应用圆柱的表面积计算方法解决相关实际问题时，需要根据相关物体自身的特点合理灵活地选择“算哪几个面”以及“怎样算”。经历这样的思考过程，不仅有助于学生加深对圆柱的基本特征以及表面积计算方法的已有认识，而且有助于他们进一步发展空间观念，提高灵活应用所学知识分析和解决问题的能力。

为突出圆柱表面特征的变化以及不同形状物体的组合与分解，帮助学生更加透彻地理解圆柱的表面积计算方法，增强数学应用意识，发展数学应用能力，教师特意设计了如下的对比题组。

案例片段四

出示习题：王师傅制作一个圆柱形铁皮汽油桶，底面直径 0.6 米，高 0.8 米。制作这个油桶至少需要铁皮多少平方米？

李师傅制作一个圆柱形铁皮水桶，上面没有盖，底面直径 0.6 米，高 0.8 米。制作这个水桶至少需要铁皮多少平方米？

师：上面两道题中，油桶和水桶的形状相同，底面直径和高也分别相同。根据你的生活经验，是制作油桶需要的铁皮多，还是制作水桶需要的铁皮多？

生一：我觉得应该一样多，因为这两个圆柱的底面直径和高分别相等，求需要多少平方米的铁皮，都要计算圆柱的表面积。

生二：我觉得制作汽油桶需要的铁皮应该多一些，因为汽油桶一定是有盖的，而水桶是无盖的。

师：为什么汽油桶一定是有盖的？

生一：我知道，因为汽油放在桶里，如果没有盖就有危险。

生二：不仅是危险，如果没有盖，时间一长，汽油就会跑掉。

师：是的，汽油特别容易挥发，如果没有盖，时间一长，不仅会跑掉，而且易燃，非常危险。既然如此，你能说说上面这两个问题的具体解决方法吗？

生一：要求一个汽油桶需要的铁皮面积，就要先分别算出它的侧面积和两个底面积，再把算出的结果相加；要求一个水桶需要的铁皮面积，就要先分别算出它的侧面积和一个底面积，再把算出的结果相加。

生二：因为汽油桶和水桶的底面直径和高都是相等的，所以算出制作汽油桶的铁皮面积后，只要再减去一个底面积就是制作水桶的铁皮面积了。

通过上面的题组对比，一方面可以帮助学生巩固对相关概念及其计算方法的理解；另一方面也有助于学生初步认识到应用表面积计算方法解决实际问题时，需要根据物体表面的具体情况，确定“计算哪几个面的面积”以及“怎样计算”。这就使得学生原有的认识获得了提升，有助于培养解决问题的灵活性。

案例片段五：圆柱形木料的横切与竖切

出示问题：有一根底面直径 20 厘米、长 1.8 米的圆柱形木料。如果把这根木料分成完全一样的两个部分，每个部分的表面积是多少平方厘米?

师：你能根据题意，先画出示意图，再算一算吗?

学生各自画图思考，列式计算。

师：谁先来介绍一下自己是怎样分、怎样算的?

生一：我先用 1.8 除以 2 得到 0.9，在长度是 0.9 米的地方把原来的圆柱横着切开，得到两个底面直径都是 20 厘米、高都是 0.9 米的圆柱，每个圆柱的表面积都是 $3.14\times20\times90+3.14\times10^2\times2=6280$（平方厘米）。

生二：我先找到圆柱的底面直径，再沿着直径竖着切开，得到两个完全一样的“半圆柱”，每个半圆柱的表面积都是 $3.14\times20\times180\div2+3.14\times10^2+180\times20=9566$（平方厘米）。

师：你能具体解释一下算式中每一步运算的意思吗?

生：$3.14\times20\times180\div2$ 算出的是圆柱的半个侧面积，3.14×10^2 算出的是两个半圆形底面的面积，180×20 算出的是切开后得到的长方形的面积。把它们合起来就是一个半圆柱的表面积。

师：这个同学的思考过程非常清晰，还注意将两个半圆形合成一个整圆进行计算。还有不一样的切法吗?

生：我是把原来的圆柱斜着切成两个完全一样的形状。可是这种形状的木料中，有一个面是椭圆形的，不知道怎样求它的面积……

师：这种切法很有创造性，不过，得到的截面是一个椭圆形，我们暂时还不会计算它的面积。这个问题在今后的学习中将会进一步研究。

尽管学生暂时还不会计算斜着切之后得到的截面面积，但他们已经感受到数学学习的趣味性和数学方法的严谨性。学生通过画图思考、列式计算和比较分析，进一步感受圆柱表面特征的变化对表面积计算方法的影响，进一步探索的欲望被激发出来。经历这样的过程，学生更加全面感受数学的魅力，增强自主学习的动力。

培养学生的空间观念和几何直观并非朝夕之功，需要滴水穿石的韧劲和坚持。在探究立体图形的表面积时，需要在二维和三维之间不断切换，借助几何直观才能帮助学生逐步建立空间观念。因此，要求我们教师在教学中，要深入挖掘教材资源，密切联系现实生活，为学生空间观念和几何直观的发展提供大量丰富感性的素材，使学生在动手操作中发展数学思维，在图形转化中发展空间观念与几何直观，实现数学思维与核心素养的“双丰收”。

圆柱、圆锥的体积

“圆柱与圆锥”是小学阶段学生最后一次学习几何图形的单元，包括“图形的认识”和“图形的测量”两部分内容。对圆柱和圆锥体积的测量，其本质是体积单位个数的累加。有了长方体和正方体体积的学习基础，圆柱和圆锥体积的教学一方面体现测量的本质，一方面体现“转化”的数学思想。在教学过程中以问题为主线，在“猜测—推导—结论”的学习过程中，丰富学生的数学活动经验，渗透“转化”和“极限”的数学思想和方法，促进学生推理意识、模型意识、应用意识等核心素养的发展。最终，在猜想验证中突显度量本质，在类比建构中实现自主迁移，进一步发展度量的“一致性”思想。

一、转化思想是解决圆柱、圆锥体积问题的关键

（一）在操作与关联中理解圆柱的体积

圆柱的体积教学，要渗透转化的数学思想，当我们无法用以前的度量经验解决现在的问题时，可以把圆柱的体积转化成我们学过的立体图形的体积。有了圆的面积和长方体、正方体体积学习经验，学生可能会想到转化成长方体的体积来进行计算。教学过程中要让学生经历依托要素猜想公式、借助经验验证公式、回顾反思概括路径的学习过程，激发学生的认知冲突，使其认识到转化思想产生的必要性。

案例片段一：圆柱的体积

活动一：提出猜想。

师：你认为圆柱的体积可能与什么有关系？

生：可能会与底面积和高有关。

师：到底是不是这样呢？

播放课件，底面积变大，圆柱变大；高增加，圆柱体积也变大。

生：的确如此。

师：底面积和高与体积究竟有什么关系呢？回忆一下长方体体积是怎样测量的。

生：长方体的体积我们是在长方体里面摆体积单位小正方体，看看长、宽、高各摆几个，一共摆了多少个，体积就是多少。

师：对，那么能不能用这种方法测量圆柱的体积呢？

生：好像不行。

师：为什么？

生：正方体在圆柱边缘的地方不能摆满。

师：摆不满，怎么办？

生：我们在学习圆的面积的时候也不能用小正方形面积单位摆满，我们把圆转化成了近似长方形，能不能把圆柱转化成我们学过的立体图形呢？

师：你想到了转化的方法，真好，转化成什么图形？

生：圆可以转化为长方形，圆柱是不是可以转化成长方体？

师：有道理，试试吧！

活动二：转化并推导圆柱的体积计算公式。

师：联想圆面积转化的方法，借助学具切一切、拼一拼，尝试将圆柱转化成我们学过的立体图形。

学生动手操作后汇报。

生：我沿底面半径把圆柱切割成了 16 份，然后拼成了一个长方体。

生：我沿底面半径把圆柱切割成了 32 份，然后拼成了一个长方体。

生：应该说是一个近似长方体。

师：对，当我们把圆柱沿底面半径切割成 64 份、128 份等的时候，拼成的图形会无限接近长方体。

师：转化后的长方体和原来的圆柱有什么关系？

生：我发现长方体的底面积就是圆柱的底面积，长方体的高就是圆柱的高。

生：我还发现长方体的长相当于圆柱的底面周长的一半，宽相当于圆柱的底面半径，高相当于圆柱的高。

师：说得真好，接下来我们尝试推导圆柱的体积计算公式，并将推导的过程写在学习单上。

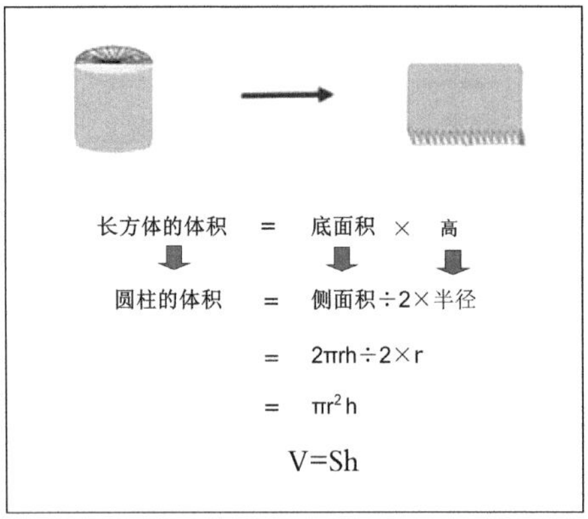

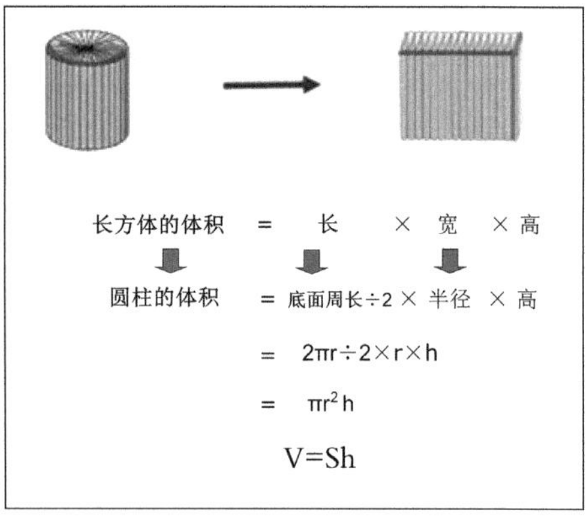

以上课例通过转化图形、寻找关系、推导公式一系列活动，加深学生对圆柱体积学习的印象。学生借鉴圆形的面积测量经验，自主想到把圆柱沿底面的圆切割成若干个小扇形，经过拼摆，利用转化的方法，把没学过的圆柱体转化成学过的长方体，然后寻找转化前后图形元素之间的关系，最后推导出圆柱的体积公式。这一过程积累了数学活动经验，对发展学生的思维非常重要。

圆柱体积的教学我们还可以通过切截与堆积的方法，沿圆柱体的高进行切截，把圆柱看作若干个圆的堆积。学生理解“底面积×高”，其实是用“一个圆形的面积×圆形的个数”，帮助学生从另一角度理解公式的本质，从中体会体积本质为“体积单位个数的累加”。

（二）在实验中明确圆锥的体积

圆柱的体积是通过猜测、验证让学生在动手操作中得出结论，圆锥的体积教学可以通过引出问题、实验探究、得出结论的方法。认识圆柱与圆锥时，学生已经了解到圆柱与圆锥有关系，凭直觉感受到圆锥体积与圆柱体积有关联，但并不明确究竟有怎样的关系。少部分猜测或知道圆锥体积是等底等高圆柱体积$\frac{1}{3}$的学生，也不了解为什么会存在这样的关系，知其然不知其所以然。我们要通过问题激发出学生的好奇心与求知欲，进而通过实验进行验证，培养学生科学的思维方式。

案例片段二：圆锥的体积

活动一：提出问题。

师：我们已经会计算圆柱的体积，如何计算圆锥的体积呢？你认为圆锥的体积可能与哪种图形的体积有关系？

生：我觉得圆锥的体积可能会和圆柱的体积有关系。

生：我们在认识圆锥的时候感觉到圆柱与圆锥有关联，所以我觉得圆锥的体积可能会与圆柱的体积有关系。

师：可能会有什么样的关系呢？

学生观察老师手里的等底等高的圆柱和圆锥。

生：可能会是 2 倍的关系。

生：可能会是 3 倍的关系。

师：这只是大家的猜测，怎么验证呢？老师准备了一些圆柱和圆锥，怎么选择？

生：接下来我们通过实验验证一下吧！

实验器材	圆柱形容器与圆锥形容器各一个、水	
器材比较	圆柱与圆锥的（　　　　）相等和（　　）相等，简称（　　　　）	
实验过程	在空圆柱里装满水倒入空圆锥里，（　）次刚好倒完	在空圆锥里装满水倒入空圆柱里，（　）次刚好装满
实验结果	通过实验得到的结论：	

活动二：实验探究。

师：以小组为单位，拿出等底等高的圆柱形容器和圆锥形容器各一个，自行选择实验材料水或沙子，填写实验报告单。

生：我们组选择的是水，把圆锥形容器装满水，倒入圆柱形容器内，正好倒了 3 次，结论是等底等高的圆锥的体积是圆柱体积的$\frac{1}{3}$。

生：我们组选择的是沙子，把圆锥形容器装满沙子，倒入圆柱形容器内，正好倒了 3 次，结论是等底等高的圆锥的体积是圆柱体积的$\frac{1}{3}$。

师：大家通过实验得知等底等高的圆柱体积是圆锥体积的 3 倍，圆锥的体积是圆柱体积的$\frac{1}{3}$，那么怎么求圆锥的体积呢？

生：只要求出圆柱的体积，再乘$\frac{1}{3}$就可以了。

生：圆柱的体积计算公式 $V=Sh$，那么圆锥的体积就是 $V=\frac{1}{3}Sh$。

圆锥和什么形状有关？学生会想到圆柱。那么当学生聚焦到圆柱的时候，就要引导学生去思考，圆柱有高有矮、有粗有细，在研究的过程中应该怎么办？要让学生有一个筛选的过程，一步一步地向前思考，分析选择等底等高的圆柱和圆锥来研究的合理性。在此过程中，引导学生体会如果对比的圆柱和圆锥的高和底面积都不一样，变量过多无法进行研究，那么就要选择和圆锥的底和高都一样的圆柱进行探究。这个思考的过程要比实验验证更有价值。

实验实际上是物理的方法，不是数学的方法，因为根据学生现有的知识水平，这种方法最合适。如果真的去推导圆锥的体积会涉及微积分，所以这节课重点不是通过实验得到圆锥体积的公式，而是逻辑推理，让学生进行充分的思考以及合理的推理、表达。

二、沟通立体图形之间的关联

（一）沟通直柱的体积通用公式

学习了圆柱的体积之后，我们要沟通长方体、正方体和圆柱体体积之间的关联。结构化视角下，数学知识要穿成串、形成链才更有益于记忆和提取。我们学过的长方体、正方体和圆柱体以及学生常见的三棱柱、五棱柱、拦河坝等都可以看作直柱，直柱体是一种常见的立体图形，它的上下两个面完全相同，可以看成由平面图形向上或向下平移形成的立体图形。在研究了圆柱的侧面展开图和体积公式的推导后，我们可以设计以下活动。

案例片段三：直柱的体积

师：同学们，到现在为止，我们学习了哪些立体图形的体积？

生：长方体、正方体和圆柱的体积。

师：你们能分别说一说它们的体积公式吗？

生：$V_{长}=abh$，$V_{正}=a^3$，$V_{柱}=Sh$。

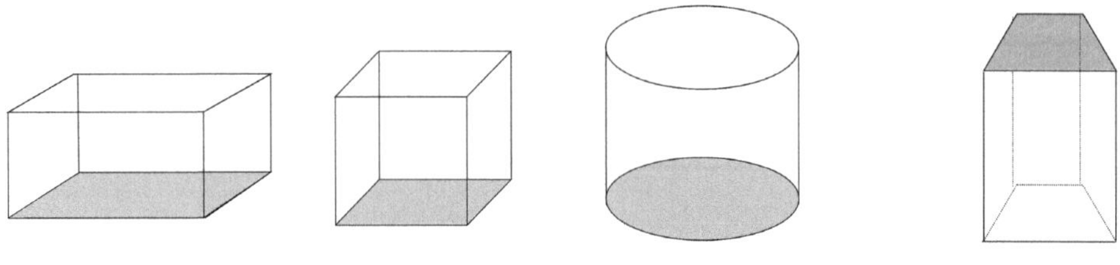

师：你能发现它们体积之间的关联吗?

生：长方体的长乘宽等于长方体的底面积，正方体棱长乘棱长也等于正方体的底面积。三个图形的体积都可以用底面积乘高来表示。

师：说得真好，我们学过的哪些图形的体积可以用这个公式表示呢?

生：我们学过的拦河坝的体积就是用横截面乘高。如果把它立起来，也相当于底面积乘高。

师：对呀！能不能给它起一个名字?

生：底面是一个梯形，叫它梯体吧！

师：那么具备什么特征的图形，其体积可以用底面积乘高来表示?

生：我觉得只要上下一样的立体图形都可以用底面积乘高来表示。底面是三角形的三棱柱，底面是任意四边形或多边形，都可以。

师：为什么呢?

生：这些立体图形上下都一样，沿着高从任意一个地方切开，面积都是一样的。

师：它们都是底面图形向上平移得到的，这些立体图形的体积都可以用底面积乘高来表示。

教师把几本数学书摞在一起。

师：这是什么体?

生：长方体。

师：能不能求它的体积?

生：能，可以用底面积乘高，也就是先求出一本书封面的面积再乘高。

师：现在把每本书按一定的角度旋转，还可以用底面积乘高来计算吗?

生：可以，体积没有发生变化。

师：通过今天的学习，我们从研究一个图形的体积，到研究这一类图形的体积，有收获吗?

生：有，感觉有点豁然开朗了！

以上课例沟通了立体图形的体积公式，平面堆叠的方式形成圆柱或者长方体，其体积都可以用平面面积×堆叠个数（高度）来求，这样从研究一个图形到一类图形，实现图形计算方法的迁移和图形本质特征的联结，可以提升学生的推理意识和应用意识。

（二）沟通圆柱和圆锥的体积关联

凡是教过高年级的教师都有这样的体会：分开学习圆柱、圆锥的体积时，关于体积公式推导过程的理解和公式的运用，学生学得很好，基本没有什么问题。但是，后期练习将圆柱、圆锥体积的有关内容交织在一起，学生就会出现各种问题。为什么会发生这样的情况呢？除了习题难度增加外，另一个原因就是在教材编排时缺少对圆柱、圆锥体积的关联性内容。课后虽然有一些巩固圆柱、圆锥体积关系的习题，但是不够系统。所以我们要回到知识本源，建立圆柱和圆锥体积关联的基本模型，帮助学生内化基本模型，理解各种基本模型的内在关系，实现知识的结构化，以提升学生的解题能力。

案例片段四：圆柱和圆锥体积练习

教师出示一块圆柱形橡皮泥，底面积是 15 平方厘米，高是 6 厘米。把它捏成圆锥形。

师：什么变了？什么没变？

生：形状变了，体积不变。

教师出示底面积是 15 平方厘米的圆锥。

师：这个圆锥和刚才的圆柱形橡皮泥比，什么变了？什么没变？

生：底面积不变，高变了。

师：那么这个圆锥会是怎样的呢？高会是多少呢？

生：我觉得应该是一个高高的圆锥。列式：$15\times6\times3\div15=18$（厘米）或者$6\times3=18$（厘米）。

师：这两个算式有联系吗？

生：第一个算式中的乘以 15 和除以 15 抵消后，就是 6×3。

师：现在大家大胆想象这个圆柱是怎样慢慢变成这个高高的圆锥的。

生：圆柱先变成 3 个等底等高的小圆锥，接着再把它们叠起来。

师：这 3 个小圆锥怎样变成这个大圆锥呢？

生：每个小圆锥体积是它所在圆柱的$\frac{1}{3}$，叠起来的 3 个小圆锥体积是大圆柱的体积，而这个大圆柱体积的$\frac{1}{3}$就是小圆锥的体积。

师：下面我们结合公式思考，圆柱体积 V＝Sh，等于一个圆锥体积乘 3，就是

$V=Sh=\frac{1}{3}\times S\times h\times 3$，变形之后就是$\frac{1}{3}\times S\times(h\times 3)$，那么高就是原来的3倍。

生：原来如此！等体积等底，圆锥的高是圆柱的3倍。

师：如果把它捏成高是6厘米的圆锥，底面积是多少呢？

生：15×6×3÷6或15×3。

师：那么怎样变成这样的圆锥的呢？

生：圆柱先变成3个等底等高的圆锥，接着再把它们放在一起。

师：我们是不是也可以根据公式来推导一下呢？

学生自己推导公式得出结论：等体积等高，圆锥的底面积是圆柱的3倍。

师：你能画出等体积不等底不等高的一个圆柱和一个圆锥吗？

学生动手。

师：如果一个圆柱和一个圆锥底面积相等，体积之比是1∶6，你能试着画出来吗？

圆柱和圆锥的三类基本关系模型中，等底等高比较体积学生比较熟悉，等体积等底比较高与等体积等高比较底面积学生有困难。为分散难点，我们先重点解决等体积等底的情形。这一难点的突破，我们一定采用数形结合的思路，让学生先想象图形形状，再把自己想象的图形画出来，直观感受高的关系。然后通过计算，用比较、推理等多种方式弄清等体积等底圆柱和圆锥的关联。等体积等高的圆柱和圆锥比较底面积的道理也是一样的。最后探索等体积不等底、不等高状况或者等底面积但高和体积都不等的圆柱和圆锥，由两个固定条件到一个固定条件，必将引起学生更深层次的思考。这一过程可以想象，也可以运用公式进行推导，这就将圆柱与圆锥相关联的内容有序化，使以前松散的问题结构化，进而提高教学效率，同时通过推理培养学生的求真品格和理性精神。

圆柱和圆锥的内容，我们要站在大单元视角进行教学，对知识进行结构化整合。认识圆柱和圆锥过程中，在维度转换间将知识结构化，在路径探寻中将方法系统化，实现学习方法和数学思想方法的有效迁移。

不规则物体的体积

长度、面积、体积这三个概念都是对图形的度量，其学习的核心都是引导学生在度量的过程中确定度量单位，理解度量的本质就是度量单位个数的累加。度量长度、面积和体积都是如此，度量其他“量”亦是如此，从而培养学生的度量意识，使学生渗透度量思想，发展空间观念。

体积是对三维空间图形（体）的度量，基于度量意义的理解，需要经历明确度量对象（属性）—掌握度量方法（选择度量单位＋找准度量工具）—获得度量结果这样的过程。而不规则物体的体积是在学生掌握了规则的长方体、正方体及圆柱体的体积计算方法后，引导学生将之前学习所获应用于新的、不熟悉的情境，寻找解决问题的策略和方法，形成数学基本思想，积累数学基本活动经验，发展核心素养。

一、探究测量方法，体验转化思想

在“图形与几何”领域的“图形的认识与测量”主题中，体验不规则物体体积的测量方法是第三学段的内容要求。根据不规则物体的不同特点，测量方法也是有所不同的。所以，在探究测量方法过程中，引导学生不断提出并完善方法，不仅注重的是学生对测量方法的掌握，更重要的是体验解决问题的策略，即将未知转化为已知的转化思想。

案例片段一：探究可变形的不规则物体的体积

教师出示一块不规则的橡皮泥。

师：同学们，这是什么？

生：橡皮泥。

师：你能计算出它的体积吗？请你认真观察思考，想一想橡皮泥有什么特点。

生：可以把它捏成一个正方体或者长方体，再用公式进行计算。

师：真是个好主意！我们可以利用橡皮泥可变形的特点，将其捏成规则的长方体或正方体，虽然形状发生了改变，但是它的体积呢？

生：它的形状变了，但体积没有变。

对于捏橡皮泥，学生有着丰富的经验，凭借经验学生很容易就想到将具有可塑性的橡皮泥捏成规则的长方体或正方体，再进行计算。学生在观察思考后说出方法，用数学的语言描述思维过程，初步感受“等积变形”的数学思想。

案例片段二：探究不可变形的不规则物体的体积

引发思考——不能变形的物体如何求体积？

师：橡皮泥可以通过改变形状来计算它的体积。那像土豆这样的不能变形的物体（拿出土豆），怎么求它的体积呢？

学生思考后小组内交流。

生：我们组发现老师给每个组都准备好了一个量杯、长方体水槽和一些水，是不是可以借助这些测出土豆的体积啊？

师：你真是个善于观察的孩子。还记得前面讲过的“乌鸦喝水”的故事和做过的实验吗？谁来说一说其中的道理。

生：水里放入鹅卵石，鹅卵石占了水的空间，水面就会升高，甚至溢出来。

师：那大家受这个故事的启发，能不能利用老师给大家准备的实验工具和材料，求出这个土豆的体积？我们先在小组内交流一下方法，再动手实验。

实验探究——动手测量不规则物体的体积。

师：到底这个土豆的体积是多少呢？现在大家开始动手探究吧。

小组展示汇报探究过程。

用量杯测量体积。

小组一：先在量杯里加水，我们加到 300 毫升处，把土豆放进量杯后，水面升高，变成了 420 毫升，然后用 420－300＝120（毫升），土豆的体积是 120 立方厘米。

师：哪个小组也是用这样的方法测量出土豆的体积？还有什么问题吗？

小组二：我们组的土豆太大了，放进量杯里，体积超过了 500 毫升，刻度不够了。

小组三：我们组把土豆放进水里后，土豆还露出了一小部分。

师：那大家想一想，用量杯测量土豆体积时要注意什么呢？

生一：要根据土豆大小选择合适的容器。

生二：要把土豆浸没在水中。

师：放入土豆后量杯的刻度由原来的300毫升变成了420毫升，这420毫升还是水的体积吗?

生：不是了，这420毫升包括原来水的体积和放进去的土豆的体积。

师：我们可以把它称为“总体积”，那土豆的体积是怎么得出来的?

生：总体积减去原来水的体积就是土豆的体积。

用长方体容器测量体积。

师：用量杯测量土豆体积确实是一个好办法，那其他组有没有不同的方法测量土豆的体积?

小组四：我们组用长方体水槽也可以求出土豆的体积。我们先测量这个水槽的长和宽，倒入水后再测量水面的高度。这样长×宽×高，算出了水的体积是2590毫升。我们把土豆放进水槽后，水面上升，这时候我们又测了一下水面高度，算出放入土豆后的体积是2720毫升，然后用2720－2590＝130（毫升），土豆的体积是130立方厘米。

生二：我们组想到了更简便的方法，只要测量了水槽的长和宽，然后测量没放土豆前水的高度和放入土豆后水的高度，用水槽的长乘宽，再乘水面上升的高度，就算出了土豆的体积。

师：谁明白了他们组的这种算法?给大家再说说。

生三：他们组的算法是将土豆的体积转化成了上升那部分的水的体积，用水槽的底面积乘水面上升的高度就是上升那部分水的体积。

师：“转化”这个词说得好。也就是说土豆的体积和谁的体积是相等的?

生：土豆的体积和上升那部分水的体积相等。

师：土豆的体积转化为上升的水的体积，我们可以用“＝”将它们连接起来。

师：像刚才我们用量杯和长方体水槽算出了不规则土豆的体积，这样的方法我们称为“排水法”。

充分利用观察和操作这两种直观手段，可以促进学生对不规则物体体积的测量与计算方法的理解。有了用量杯测量土豆的活动经验，再利用没有刻度的水槽测量土豆的体积时，学生会比较容易想到用放入土豆后水的体积减去没放土豆前水的体积这一思路。在实验探究前学生先用语言表述基本的做法，再小组分工合作进行测量、记录并计算出土豆的体积，避免了实验的盲目性。同时，还迁移类推出不同的计算方法，发展了空间观念，提高了学生解决实际问题的能力。

二、聚焦特殊物体，激活创新思维

橡皮泥和水是比较特殊的两类不规则物体，其中橡皮泥的形态可变，水的形状则是由容器的形状决定。学生随着学习了长方体、正方体、圆柱体的体积，可以借助这些不同的形状的容器进行等积变形，进而求出不规则物体的体积。但现实世界中物体的属性各不相同，像乒乓球、冰块、绿豆、图钉等物体，需要探究更适合的方法求其体积。

案例片段三

师：关于求不规则物体的体积，你还有什么困惑？

生：浮在水面上的东西怎么求体积？物体很大或很小怎么求体积？

生：比如像乒乓球、冰块、米粒……这些物体的体积怎样求？

师：乒乓球和冰块的体积可以用今天学习的方法去测量吗？

生：不可以，因为乒乓球会浮起来，不会沉到水里；冰块放入水中会融化掉，所以不能用排水法测量。

师：既然刚才的方法不能测量它们的体积，那么，还有别的方法可以测量它们的体积吗？既然借助水不能测量了，能不能用别的物品替代水呢？

生：可不可以用沙子代替水，把乒乓球放到沙子里呢？

师：你的想法很有新意。那具体怎么操作呢？大家可以交流一下。

生：我感觉方法跟排水法一样，把沙子装入量杯，然后把乒乓球放进沙子中，完全没入，沙子的高度上升，上升的沙子的体积就是乒乓球的体积。

师：看来，虽然排沙法与排水法看上去不同，但其中的道理是一样的，都是运用了转化的思想方法，将不规则物体的体积转化为规则物体的体积，进而解决问题。

学生对于冰块暂时想不出办法，老师鼓励学生课后可以去查阅一些资料，继续一起研究。

案例片段四

师：老师这里有一个非常小的钉子，你能帮老师测出它的体积吗？

生：可以将多个，比如 50 个钉子放到水里，利用排水法求出体积，再用求出的体积除以 50 就是一个钉子的体积了。

师：你真了不起，能灵活运用排水法解决问题。

教师应以学生的困惑为着力点，顺势引导，联系生活实际提出问题。学生则应根据实际情况灵活选择解决问题的策略。当学生面对乒乓球、冰块、图钉时，会深刻地认识到排水法的局限性。这时，教师可针对不同物体的属性，激活学生的思维，使学生想到用沙代替水的“排沙法”。通过这样的训练，学生的创新意识会不断增强，对转化思想的理解也会更深刻。

三、回顾沟通联系，构建学习路径

回顾“图形与几何”领域的“求积”问题，学生都经历了从基本的、简单的、直线的规则图形到组合的、复杂的、曲线的不规则图形，并将新知识转化为旧知识，运用已经掌握的方法和积累的经验解决新问题。

案例片段五

师：同学们，回想一下在学习平面图形的面积和立体图形的体积时，我们经历了怎样的过程。

板书：“平面图形的面积”和“立体图形的体积”。

生：我们三年级学习长（正）方形的面积，五年级学习平行四边形、三角形、梯形的面积，六年级又学习圆的面积。

生：在多边形面积中我们还学习了组合图形的面积。

师：对呀，看来我们对“面积”的学习是从简单的规则图形开始，由直线图形到曲线图形，再到复杂的不规则图形。

补充板书：

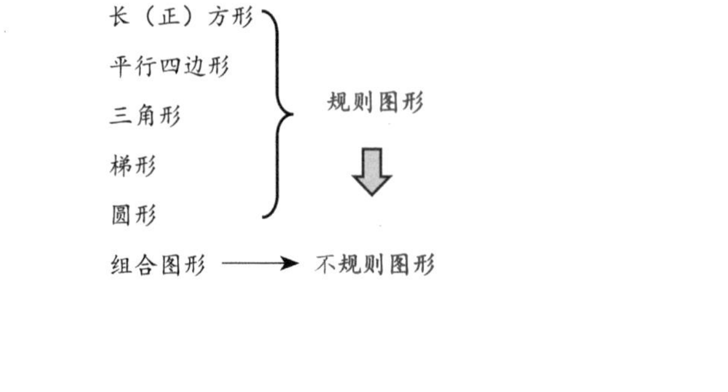

生：学习立体图形的体积，我们是从长（正）方体的体积开始，再到圆柱、圆锥的体积。

生：我们后面还学习了不规则物体的体积，我发现对于“体积”的学习也是从简单的规则物体到复杂的不规则物体。

师：同学们不仅会思考还会总结，真棒！我们通过回顾图形的面积和体积问题，发现了不管是求面积还是求体积，都经历了从规则到不规则的学习路径。

继续板书：

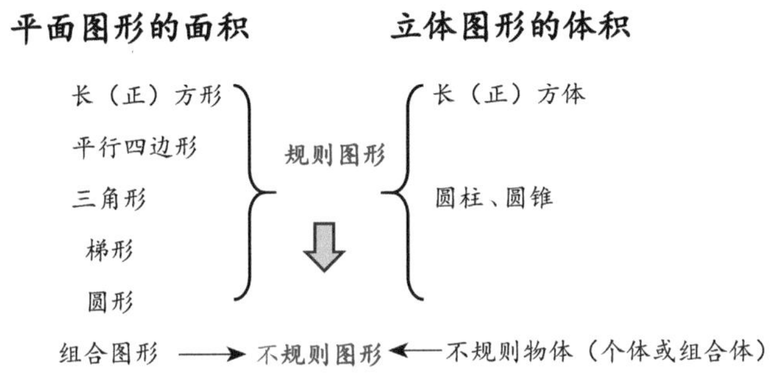

除了平面图形的面积和立体图形的体积经历了这样的学习路径，其实长度的测量、数的认识与运算中，也同样遵循着从熟悉的、简单的、直观的、标准化的开始，再到陌生的、复杂的、抽象的、非常规的学习路径。学生只有明确解决这类问题的学习路径，才能感悟转化思想，积累数学活动经验，直达知识的本质。

总之，求不规则物体的体积，不仅仅是让学生掌握求不规则物体体积的方法，更重要的是体会解决问题的策略。

平面图形与立体图形的关联

回顾小学阶段“图形与几何”领域的学习历程，始于直观认识生活中实物抽象出的立体图形，然后具体关注到立体图形的一个面抽象出了平面图形，再到从点、线、面等这些几何元素的维度去度量与刻画图形特征，经历了“现实原型→图形抽象→定性描述→定量刻画”。学生在操作中体验，在体验中思考，在思考中深刻认识平面图形和立体图形的区别与联系。

平面图形与立体图形作为数学中的两个重要分支，都是从生活实物中抽象出来的数学概念，都研究几何图形的性质和相互关系，二者之间明显的区别是维度不同。平面图形是存在于二维平面上的图形，比如直线、线段、三角形、四边形、圆等，它们的所有组成部分都在一个平面上，即平面图形没有厚度。因此，严格意义的平面图形在现实生活中很难找到对应的原型。立体图形则是存在于三维空间中的图形，是由一个或者多个面围成的，比如长方体、正方体、圆柱、圆锥等，它们的各个部分不都在同一平面上。从某个角度来看，立体图形是由平面图形构成，平面图形可以看作是立体图形的一部分。这样看来似乎平面图形和立体图形之间存在着隶属关系，平面图形可以看作立体图形的一个子集，同时也说明区分平面图形和立体图形的关键元素是面的数量。

一、从立体到平面，在变换中厘清图形元素的关系

纵观各版本教材的编排，从教学内容分布表可以看出，关于图形知识的编排都遵循了“体—面—线”的逻辑顺序，体现了线在面上、面在体上的数学原理。同时，这也符合儿童的认识规律——生活中看到的都是一个个“体”，并没有独立存在的“线”和“面”。

图形元素的位置关系不同，决定了平面图形与立体图形研究维度不同。平面图形研究的是横向与纵向二维空间点、线、角以及它们之间的运算，其中，点是平面上最基本的构成单位，侧重研究线与面的大小及位置关系。立体图形研究的是空间

中长、宽、高三维上点、线、面以及它们之间的关系和性质。更确切地说，立体图形研究空间中各种平面图形之间的关系和特点，侧重研究的是面与体的大小与形状等。

（一）借立体图形三视图、拓印，厘清体与面的关系

三视图是从正面看到的主视图、从上面看到的俯视图和从左面看到的左视图的统称。它是从三个不同方向表示物体形状的一种常用视图，是“由物画图”的开始，也是“由图想物”的基础，体现了立体图形与平面图形的必然关联。学生经历从不同方向观察、拓印立体图形某一个面的过程，体会面在体上，并以所看到或拓印的某个面为研究对象，从点、线等几何元素的维度认识立体图形的特征。

三视图中无论从正面、侧面还是上面看立体图形，看到的都只是一个面，并不能准确刻画立体图形的特征。如从正面看到“○□”（一个圆形和一个正方形）这样两个平面图形，我们并不能判断这两个立体图形究竟是球和正方体，还是圆柱和正方体，还是圆锥和正方体等。即使确定某立体图形从正面、上面、左面看的结果都一样，也不能确定这个立体图形的唯一性。

由此可见，利用三视图、拓印等得到的平面图形，可以通过研究面的特征、边的特征、顶点的数量等，准确刻画立体图形某个面的形状、大小等特征；但即使综合考量三视图或拓印图，也不能准确还原立体图形。这种降维观察、升维思考的研究，得出的结论再次印证面在体上，体决定面的大小、形状等。

（二）借立体图形展开图，厘清面与线的关系

基于学生已有的折纸盒、在方格纸上画三视图等活动经验，在探究立体图形表面积计算时，经常借助立体图形的展开图，让学生将一些立体图形的表面适当剪开，展开成平面图形。这样把计算立体图形表面积问题转化为计算平面组合图形面积来处理，建立立体图形与展开后的平面图形之间的联系，进而推导出立体图形表面积的计算公式，借几何直观培养学生的空间观念和空间想象能力。

推导立体图形表面积计算公式的过程，实质是借助剪一剪把立体图形的多个平面转换到了同一个平面上，以横向和纵向的二维空间度量立体图形表面的大小。教师基于这样的探究经验，促进学生把解决立体图形不同面上的顶点之间的线长短的三维问题，转换到平面图形上解决线长短的一维思考，促进学生思维的进阶与解决问题能力的提升。

案例片段一

师：借助立体图形的展开图，我们把计算立体图形的表面积转化成了计算平面组合图形的面积，推导了立体图形表面积的计算公式。立体图形的展开图还能帮助我们解决更多的问题呢！试一试解决下面的问题。

长方体纸盒的两个顶点处分别有一只壁虎和一只蚊子，壁虎想从纸盒外爬过去吃掉蚊子，请画出你认为壁虎爬行最短的路线。

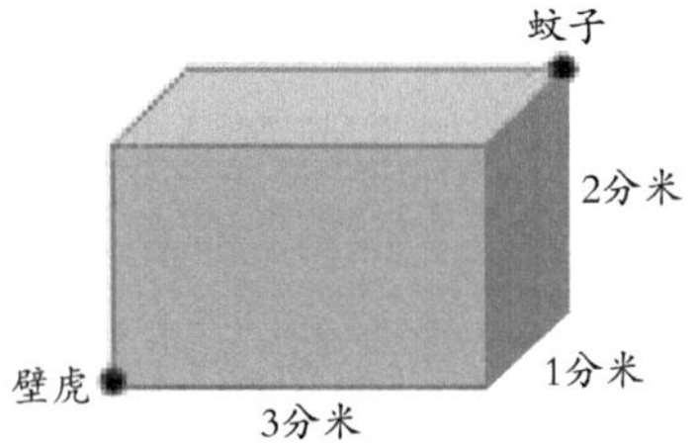

学生尝试独立解答后小组交流，教师巡视了解情况。

选取不同想法的学生展示汇报。

生一：我们知道两点之间线段最短，只要我们把长方体纸盒展开，就很容易找到壁虎和蚊子所在两个点之间的线段。我们认为把长方体纸盒的前面和上面相连，即下图（1），这样画出的线段是壁虎爬行最短的路线。依据勾股定理就能知道这两点之间长度的平方$=3^2+(2+1)^2=18$（分米）。

生二：我们的想法是一样的，但长方体纸盒展开时我们是把纸盒的前面和右面相连，即下图（2），这样画出壁虎爬行的路线，依据勾股定理就能知道路线长度的平方$=2^2+(3+1)^2=20$（分米）。

生三：我们也是这样想的，但长方体纸盒展开时我们是把纸盒的上面和左面相连，即下图（3），这样画出壁虎爬行的路线，依据勾股定理就能知道路线长度的平方$=1^2+(3+2)^2=26$（分米）。

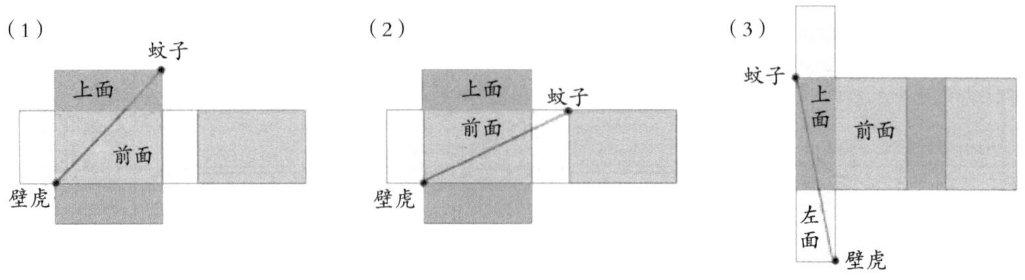

师：比较一下这三种情况下，哪种方法壁虎爬行的路线最短。

生：第一种方法。

师：是啊，这几位同学都抓住了两点之间线段最短的关键点，巧妙利用长方体展开图找出了立体图形上两个顶点之间的线段，又借助勾股定理计算、比较就能迅速找到壁虎爬行的最短路线。

立体图形的展开图在生活中有着广泛的应用，可以借助立体图形展开图，把基于立体空间三维思考不易解决的问题，降维成二维平面内可以解决的问题，从而降低问题的难度。但不是所有的立体图形都可以展开成平面图形，例如球就不能展开成平面图形。不同的立体图形可展开成不同的平面图形，如长方体和正方体的展开图是不同的；同一个立体图形，沿不同的棱剪开，可以得到不同的平面图形，下面是日常教学中 11 种不同形状的正方体展开图。

一四一型

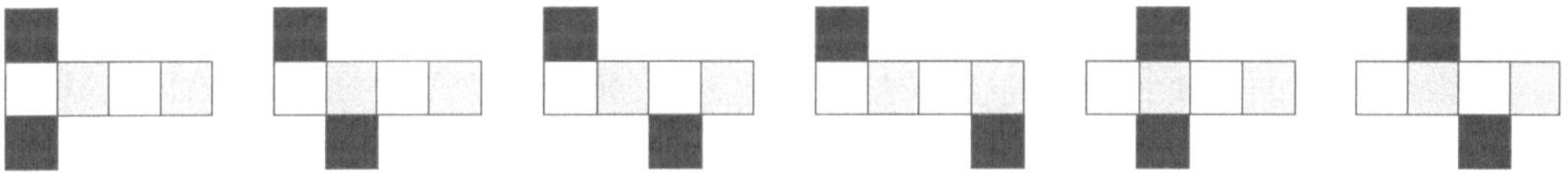

二三一型

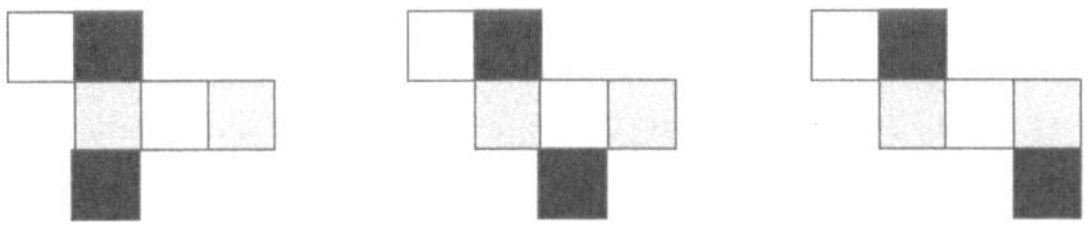

二二二型

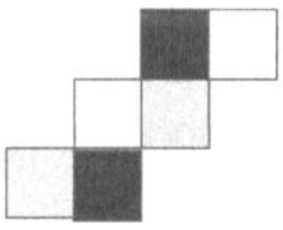

三三型

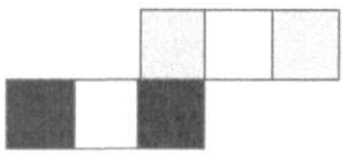

由于立体图形沿不同的棱或线剪开的方向或角度不同，展开图也不尽相同。同理推之，同一个立体图形上两点之间的距离也因展开时连接的面不同，两点之间线段的长短也不一定相同。所以说立体图形的展开图在等积变形过程中面积不变，形状改变可能影响线的长短发生变化。

（三）借立体图形截面，厘清体与体的关系

在立体几何中，截面是指用一个平面去截一个几何体得到的平面图形。立体图形的截面因横截、竖截、斜截的方式不同，而截面的形状、大小不同。通过对截面的认识，我们能更加全面地认识立体图形，强化各种图形的内部特征。通过对几种常见立体图形截面的认识，我们可以体会不同立体图形的截面形状也有其规律，如只有立体图形本身有曲面才能得到曲线截面，正方体不可能得到七边形截面等。基于“切”豆腐、萝卜、黄瓜等生活经验，学生能够想象出图形内部的结构。教师应引导学生关注“切”的过程，发现截面的产生及变化的规律，培养学生的空间想象能力。

小学阶段学生主要研究长方体、正方体、圆柱体、圆锥体横截面的相关问题，体会面源于体，厘清横截前后体与体的关系。

长方体、正方体、圆柱等直柱体，如果按 a∶b（a、b 均为非零自然数）的高度横截成为两部分，则两部分的底面积相等，体积的比与高的比也相等，仍然是 a∶b。

直柱体横截前后，体与体存在倍比关系，那么圆锥体横截前后，体与体之间是否存在倍比关系呢？研究圆锥横截前后体与体的关系，只要明确横截后上面小圆锥底面半径与横截前大圆锥底面半径的关系，以及横截后小圆锥的高与横截前大圆锥高的关系；然后根据圆锥的体积计算公式，即可探究出横截后小圆锥与横截前大圆锥之间的体积是否存在倍比关系；进而发现横截后上面小圆锥与下面圆台的体积之间是否存在倍比关系。

圆锥的纵切面如下图所示，AH∶AF＝1∶2，则 AD∶AB＝1∶2，AE＝AC＝1∶2，∠DAE＝∠BAC，所以△ADE 和△ABC 是相似三角形，DH∶BF＝1∶2。沿 DE 平行于底面横截大圆锥后，小圆锥的体积是$\frac{1}{3}\pi\left(\frac{1}{2}BF\right)^2\times1=\frac{1}{12}\pi(BF)^2$，原来大圆锥的体积是$\frac{1}{3}\pi(BF)^2\times2=\frac{2}{3}\pi(BF)^2$，两圆锥的体积比是 1∶8，小圆锥与圆台的体积比是 1∶7。换作其他任意比例横截圆锥，横截前后体与体之间存在倍比关系。

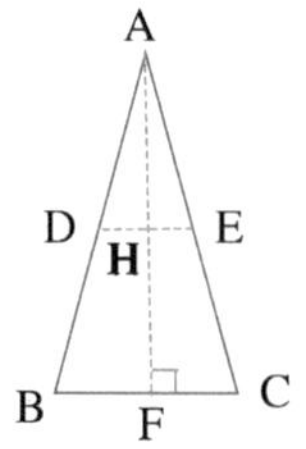

由此可见，这些小学阶段认识的立体图形横截前后的体积之间是有规律的，存在倍比关系。

二、从平面到立体，在变换中厘清图形元素的位置关系与数量关系

数学课本上展示的立体图形也是画在“纸上”，实际上是把不完全在同一平面内的点的集合，用同一平面内的点表示，也就是我们可以在二维空间中展示三维立体图——直观图，这其实就是立体几何研究方法的巧妙之处。我们除了借助视图与还原，还可以通过展开与折叠以及旋转，实现立体图形与平面图形的转化。此外，还可以从翻折、旋转的视角审视平面图形与立体图形，抓住图形元素的数量关系和位置关系，深刻领悟图形特征、表面积和体积的度量，发展空间观念和推理意识。

（一）折一折——在“翻折”“围”中理解平面图形与立体图形的关联

学生生活中的折纸经验、铁皮工匠制作容器的见闻等都是数学上把平面图形折一折变成立体图形的经验，是翻折问题教学的起点。

案例片段二

师：我们知道学过的几何图形分为平面图形和立体图形两大类。它们之间的区别是所含面的数量不同，平面图形转换成立体图形在生活中应用广泛。请你运用所学知识解决下面的问题。

课件出示：用一张长 40 厘米、宽 20 厘米的长方形铁皮，做一个深 5 厘米的长方体无盖铁盒。这个铁盒的容积是多少立方厘米？(焊接处与铁皮的厚度不计)

学生尝试独立解答，教师巡视了解情况，选取不同解法的学生进行汇报展示。

师：谁来说一说自己的想法、做法和结果？

生一：从长方形铁皮的 4 个角各截去一个边长 5 厘米的小正方形，然后折叠焊接成一个长方体。这时长方体铁盒的长为 40－5×2＝30（厘米），宽为 20－5×2＝10（厘米），高就是 5 厘米，所以铁盒的容积为 30×10×5＝1500（立方厘米）。

师：这是我们折纸盒经常用到的方法，老师刚才发现大部分同学是这样想的。如果说这是常规的方法，那么谁有不一样的想法？

生二：从长方形铁皮中截取 4 个宽度 5 厘米、长度 20 厘米的小长方形，把这 4 个小长方形当作容器的四周，这时长方体铁盒的长是 40－5×4＝20（厘米），宽是 20 厘米，剩下的部分是正方形，当作底面，也可以焊接成一个长方体。高是 5 厘米，所以铁盒的容积为 20×20×5＝2000（立方厘米）。

师：思维灵活，有创新意识，铁皮一点没浪费都用上了，所做铁盒的容积比之前也大了一些。还有其他不一样的想法吗？

生三：从长方形铁皮的左边上下两个角各截取一个边长5厘米的小正方形，再把这两个小正方形放在铁皮右边正中间的位置，刚好可以折叠焊接成一个长方体。这样铁盒的长是40－5＝35（厘米），宽是20－5×2＝10（厘米），高是5厘米，所以铁盒的容积为35×10×5＝1750（立方厘米）。

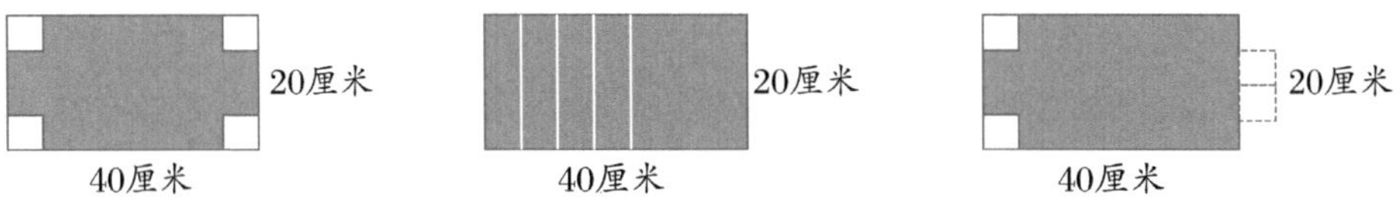

师：跟第二种方法有异曲同工之处，都没有浪费铁皮，很有想法。对比这两种方法你发现了什么？

生一：所用的铁皮相同，制作成的铁盒容积却不同。

生二：我们已经知道周长相等，围成的四边形越接近正方形面积越大。现在铁盒的高都是5厘米，底面积大的铁盒容积就大。所以说，所用材料的平面面积相等，且立体图形高相等的情况下，底面积越接近正方形，立体图形体积就越大。

师：运用之前的学习经验类推出新的结论，在已有知识上又发现新的知识，在解决问题过程中发现规律，能帮助我们今后更好地解决问题。

题目中巧妙地设置特殊数据，使得解题思路与方法变得开放、多元，能够在问题解决过程中很好地培养学生的灵活思维与空间观念，使学生在平面图形与立体图形多样化转换中更加深刻地领悟平面图形与立体图形之间的关联。平面图形通过折一折变成立体图形的过程中，有的变成立体图形后“面”的大小发生变化，有的变成立体图形后“面”的大小不变，但其共同的是点、线、面等这些元素的位置改变了，实现了由平面图形到立体图形的转变。

与平面图形折一折变成立体图形相类似的是平面图形围成立体图形的问题。由于点、线、面这些几何元素位置关系变化的不唯一性，才有了结果的多样性。

小学阶段的翻折问题只是最基础的在解决问题中沟通立体几何和平面几何的方式，学生对转化前后几何元素的量的对应关系与位置关系的理解，为今后学习把复杂的立体几何问题转化为简单的平面几何问题奠定了基础。

（二）转一转——在动态旋转中理解平面图形与立体图形的关联

动与静作为物体存在的相对状态，从数学的角度看能为平面图形和立体图形架起“友谊”之桥，比如点动成线、线动成面、面动成体。正是因为动，一幅幅静态画面成功转型，实现了由平面图形到立体图形的“华丽转身”，使得原本隶属于两个并列集合的图形，因几何元素位置关系的变化有效沟通了两者之间的关联。

以一张长方形纸片为例，以一条长边为轴绕其旋转一周，形成一个圆柱；以一条宽边为轴绕其旋转一周，形成一个圆柱；以一条长边上的中线为轴绕其旋转一周，形成一个圆柱；以一条宽边上的中线为轴绕其旋转一周，形成一个圆柱。虽然是同一张纸片旋转形成的圆柱体，但四个圆柱的体积各不相同，且其体积相比得到的规律是以长方形的宽边为轴绕其旋转一周，形成的圆柱体积最大。

同样道理，分别以直角三角形的两条直角边为轴绕其旋转一周，形成的圆锥体积也不相同，且有规律。以此类推，一些平面图形旋转后可能形成简单立体图形的组合体。在平面图形旋转的过程中，几何元素的运动轨迹显示了旋转前后元素的位置关系，沟通了平面图形与立体图形的实质关联。

这种从直观图与三视图、折叠与展开、切截与堆积相互转换的视角进行科学探究的过程，促进学生体会降维分析与升维搭建的数学思维方法，助推学生在二维平面图形和三维立体图形间架起一座思维的桥梁，让静态的三维立体图形与动态的二维平面图形深刻关联，以此培养学生的推理意识，发展学生的空间观念，提升学生的综合素养。

轴对称

轴对称在整个小学阶段的教学中以直观表征为主，教学重点不仅是认识轴对称图形的形状特征，更重要的是引导学生理解轴对称就是图形的一种运动方式，实际也就是点在运动。要获得对轴对称这种运动属性的精准认知，仅仅依靠静态的观察判断是不可能实现的，需要教师准确把握轴对称知识的数学本质——“运动”来组织教学。只有教师具备了这样的认识，在组织教学时才会强调轴对称的运动本质。因此，教师教学时要充分利用生活素材，巧妙构思，大胆探索，调动学生的多种感官参与活动，让学生在动手对折翻折、动眼观察、动脑比较、动口表述等活动中感悟轴对称的运动属性，实现从空间的轴对称运动到平面上点的轴对称运动的认知提升。

一、从对折、翻折经验中明晰轴对称的运动属性

认识轴对称图形是开启“图形的运动”学习的关键内容，需要引导学生认识到轴对称运动指的是运动过程，而轴对称图形则是运动的结果。传统教学中，教师把教学的重点放在了对轴对称图形特征的研究上，仅仅突出对折、重合。这样的教学过程显然没有领会轴对称的运动感内涵，因而错失了对“轴对称就是图形的运动方式”的认识机会。如果在操作活动中增加一个翻折的过程，也就是学生把对折后的图形，再增加打开这一动作，就能直观地观察到半个图形经过翻折运动后变成了一个轴对称图形，这是极能体现轴对称的运动属性的。

案例片段一

师：你怎么验证蝴蝶图片是对称的？

生：对折。

师：请你动手折一折手中的蝴蝶图片，说说你有什么发现。

生一：对折后，我发现图形的两边长得完全一样。

生二：我能看出对折后的图形左边和右边完全重合了。

生三：我把图片从中间对折后发现，其中的一半被另一半完全盖住了。

师：那这幅图（两只完全一样的小鸭子都朝向左侧）两边也完全一样，是对称的吗?

生：不是，我认为用“两边完全重合”更准确。

板书：完全重合。

师：你们很有想法，表达具体又形象。谁来具体说说“两边完全重合”是什么意思?

生：两边完全重合就是两边形状相同、大小一样。

板书：形状相同、大小一样。

师：图形对折时都留下一条折痕，我们把这条折痕用虚线画下来，这条折痕所在的直线就是对称轴。像这样，沿着这条轴对折后两边能完全重合的图形就叫作轴对称图形。

师：现在请你把图形对折，再慢慢打开，打开的过程就叫翻折。同时想象并感受一下，图形的一半经过怎样的运动就到了另一边了。

生一：图形可以向上折和另一边重合，也可以向下折和另一边重合。

生二：蝴蝶左边的翅膀经过向右打开的运动，然后落到另一边。

生三：也可以说蝴蝶右边的翅膀经过向左打开的过程落到另一边。

师：看来，轴对称图形是经过运动产生的，同时也说明轴对称是图形的一种运动方式。

这样的设计，学生不仅能较好地体验轴对称的运动属性，而且能认识到轴对称图形的特征及原理，区分轴对称和轴对称图形是两个不同的概念。“打开半个图变整个图”的过程就是对图形进行“翻折”，相当于原来的图形经过 180°的空间运动到了另一边。做中学、动中练的设计，增加了学生的探究体验，使学生体会到轴对称的本质就是图形的运动。学生从运动的视角重新认识了图形，获得了对轴对称图形特征的深度把握。

二、从找对称点中强调轴对称的本质特征

从数学角度看，物体的运动与变化可以抽象为图形的变换，而图形按照一定的规则运动，变换成另一个新图形的过程，就是几何变换。“图形与几何”领域的教

学都会提到点动成线、线动成面、面动成体，所以几何图形可以看成是无数个点的集合，那么几何变换就可以理解为两个图形点与点的对应关系。在小学阶段的几何变换中，主要是全等变换和相似变换，其中轴对称变换是一种常用的全等变换，是一类特殊位置的全等，在平面几何中地位不可小觑。轴对称变换常常用来研究两个图形的位置关系（对称关系）或一个图形的特殊形状（对称性）。

案例片段二

师：出示下棋游戏规则，指定棋盘上的一条线为对战双方的分界线，划拳胜者先放棋子；棋子放在“十”字位置，一人放棋子后，另一人要将棋子放在与它对应着相反的位置；每人 5 颗棋子，棋子位置放错的一方即输掉一局，直至 5 颗棋子全部下完，游戏结束。

生分组体验。

师：下棋结束后，将你们组的棋盘图在格子纸上用彩笔画一画并连一连，看看你有什么发现。

生一：对应的两点连线与对称轴互相垂直。

生二：连线之后组成了轴对称图形。轴对称图形左右两边如果沿着对称轴折叠的话，能够完全重合。

生三：棋盘上有无数组这样的对称点。

生四：我发现用方格图研究轴对称图形很方便，能帮我们检验轴对称图形是不是标准。

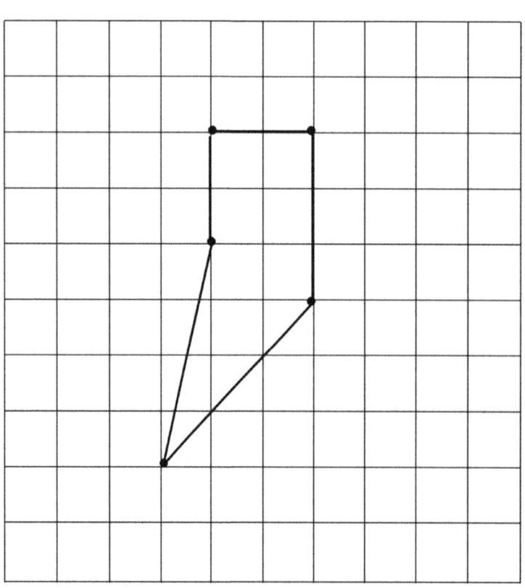

师：现在我们把棋盘放到格子图中进行研究，如果改变规则，一方先把 5 颗棋子下完，对方再快速将棋子放在与它对应着相反的位置。根据学习单上的棋子摆放位置，你怎么画出轴对称图形的另一半？

生：先确定对称轴的位置，然后才能画图。

师：想象一下这个轴对称图形的另一半可能在哪里。自己确定对称轴，画出它的另一半。

小组内交流，说一说自己是怎么设计的。

生汇报展示。

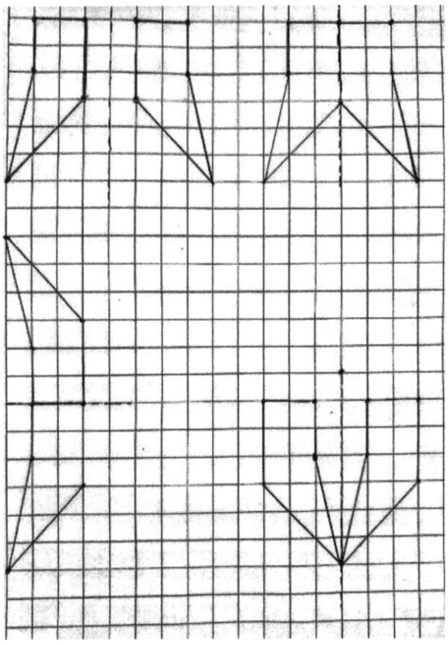

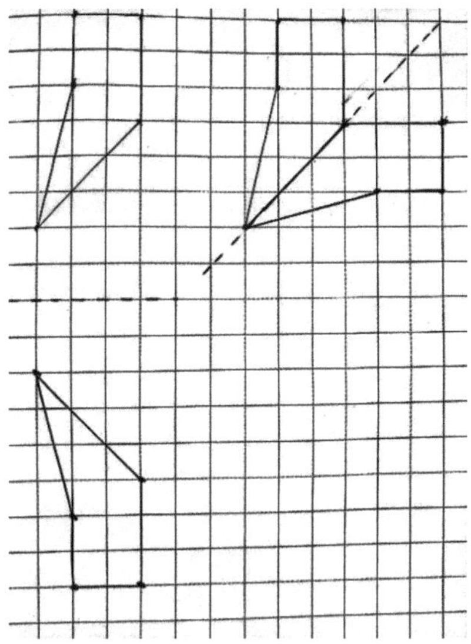

师：请你总结一下画出轴对称图形另一半的方法。

生：先找出图形上每条线段的端点（对称点的连线与对称轴垂直），再根据对称点确定每一个端点的对称点，依次连接这些对称点轴。

师：对，按顺序连接这些点才能保证不遗漏，原图形状大小不变。观察这些不同的轴对称图形，你有什么发现？

生一：我发现它们的对称轴不同，有横着的，有竖着的，还有斜着的。

生二：我发现对称轴的位置不同，画出来的轴对称图形也就不同。

生三：我发现轴对称图形中的每个点都能在对称轴的另一边找到它的对称点。

生四：不只是另一边，有的对称点在对称轴两侧，有的对称点在对称轴上，两个对称点是重复的。

师：请你继续仔细观察，对称轴与原图形的距离不同，组成的轴对称图形一样吗？

生：不一样，对称轴与原图形离得远一些，就可以看成两个独立的图形，而对称轴在原图形上，就可以看成一个图形。

师：你们观察很细致，轴对称其实是一种图形的运动，只要是轴对称图形，图中所有的点都能在对称轴的另一边找到它的对称点。轴对称图形可以是一个图形左右两部分对称，也可以是两个图形对称。

这样的设计意在突破学生的思维定式，使对称轴不再仅局限于横平竖直的情况，使学生从本质上把握轴对称图形的特征，用“对称点到对称轴的距离”定量刻画的方法来进一步分析图形的特点，同时在操作活动中体会一个轴对称图形可以分解为具有轴对称关系的两个图形。反之，具有轴对称关系的两个图形又可以合成为一个轴对称图形。

三、轴对称与平移、旋转的关系

图形的轴对称运动、平移运动、旋转运动都可以归结为点的运动。

（一）两次轴平行的轴对称运动等同于一次平移运动

当两条对称轴平行时，把图形进行两次轴对称运动后就相当于原图形进行了一次平移运动，平移的路线和对称轴是互相垂直的，平移移动的距离是两条对称轴之间距离的两倍。

如下图，△ABC 以直线 l_1 为对称轴进行轴对称运动得到△A′B′C′，△A′B′C′再以直线 l_2 为对称轴进行轴对称运动得到△A″B″C″；△ABC 也可沿 AA″直接平移到△A″B″C″。

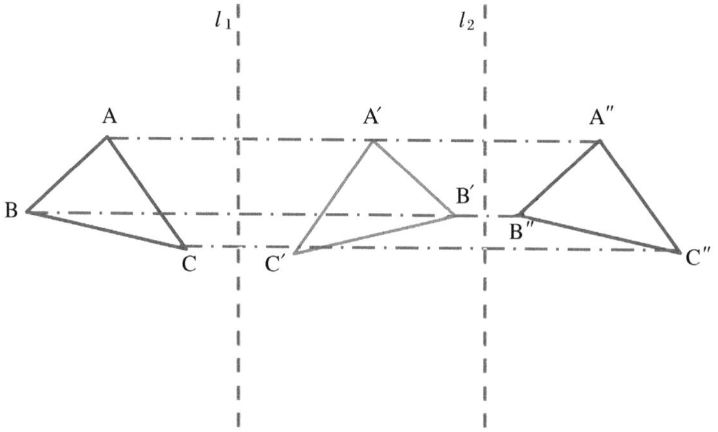

上面的结论是针对一般的图形来说的，有些特殊的图形也可只经过一次轴对称运动，就能达到平移的效果。△ABC 是等边三角形，其经过一次轴对称运动得到△A′B′C′；△ABC 经过一次平移运动也能得到△A′B′C′。

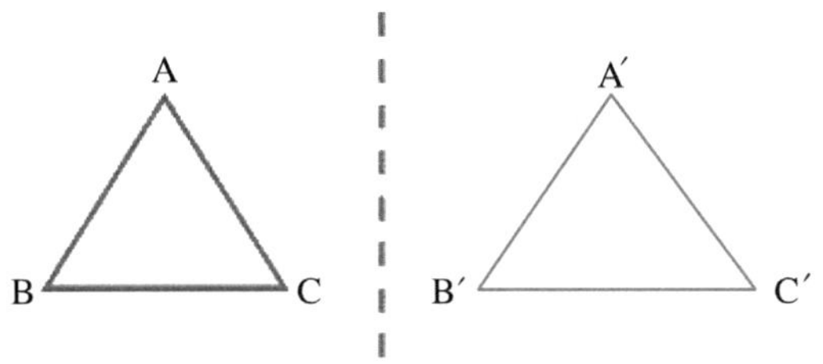

（二）两次轴相交的轴对称运动等同于一次旋转运动

当两条对称轴相交时，把图形进行两次轴对称运动后就相当于原图形绕着两条对称轴的交点进行了一次旋转运动，旋转的角度是两条对称轴夹角的两倍。

△ABC 经过轴对称运动得到△A′B′C′，△A′B′C′再经过轴对称运动得到△A″B″C″；因为两条对称轴垂直相交于一点，所以△ABC 也可看成绕这一点顺时针旋转 180°得到△A″B″C″。

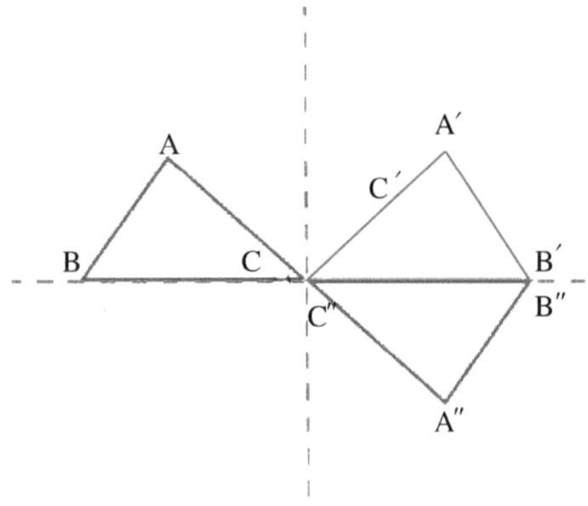

我们可以把以上这些有联系的图形运动变成学生的实践操作活动，让学生在创造美丽的图案或者剪纸活动中去体会这三种运动之间的联系。当两条折痕互相平行时，连续两次翻折得到的图案就和原图案一样，相当于原图案平移一次；当两条折痕相交时，连续两次翻折得到的图案相当于原图案旋转一次。

认识三种运动之间的联系，有益于学生理解在数学中研究图形运动的关键点，主要在于运动前后图形的相对位置及其对应点的关系。学生对图形的平移、旋转和轴对称的学习，不仅有益于学生从运动的角度去观察现实世界，从整体的视角去思考现实世界，从而发展他们的几何空间观念，而且有益于学生欣赏“图形与几何”的美，感受数学世界中的图形来源于生活，享受学习“图形的运动”的乐趣，培养他们的应用意识和创新意识。

平移

运动是世间万物的基本特征，是物质存在的基本形式。小学数学教材中，图形的运动方式包括平移、旋转和轴对称，还有图形的放大与缩小。平移属于图形运动中的刚体（合同）运动，即运动变换前后图形的形状和大小不变，仅仅是位置发生了变化。学生从学会辨认生活中常见的平移现象开始，通过操作画图等把握运动特质，研究图形变换的具体特征，从而走向性质的探索。学习平移等运动的相关内容，可以帮助学生用变化的眼光和运动的视角感受生活中的美。

一、对接生活直观认识，感知平移现象

现实生活中有大量图形变换的现象，学生丰富的生活经验为学习平移提供了丰富多彩的现实背景。借助日常生活中的平移现象，学生通过观察、操作，直观感受并理解平移的特征，并利用平移解释生活中的现象。学生在感受图形的位置与运动的过程中，形成空间观念和初步的几何直观，并激发研究图形特征的兴趣。

案例片段一

师：同学们，去过游乐场吗？比画一下，小火车是怎样运动的？想象一下你坐在上面会是什么感觉。

学生试着表达自己的想法。

师：小火车的运动方式是什么样子的？请你试着用自己桌面上的物品或者用自己的身体表示一下。

学生用自己的物品或动作展示。

师：今天我们就一起来研究这种运动方式——平移。

板书：平移。

找一找：生活中的平移运动。

师：日常生活中还有哪些物体的运动是平移？它们是怎样运动的？试试用手势表示。

学生动手演示推动窗户、开关抽屉、电梯上升下降、国旗升降。

师：同学们有一双善于发现的眼睛。那这些平移运动有什么特点吗?

生一：平移运动时都是平着移动的。

生二：竖着平移也行。

师：看来只要是沿着直的方向移动就行。

生三：移动后位置变了。

生四：形状和大小没变。

小结：看来物体不但可以左右平移，还可以上下平移。物体平移前后位置变了，形状和大小没变。

用自己的话说一说什么是平移。

引导：像这样沿着直线运动的现象叫平移。

板书：沿直线运动。

学生学习数学是一个主动建构知识的过程。从学生熟悉并感兴趣的游乐设施链接生活实际，激活学生的已有经验。通过观察平移现象，学生认识物体的运动，继而通过动口、动脑、动手多种感官参与体验，初步感知物体的平移运动。在这一过程中，学生既丰富认识，又积累经验，深入理解平移运动的特征，从而建立数学模型。

二、借助图表度量刻画，理解平移本质

充分构建图形运动认知分为三个思维层次，即具象—表象—抽象。具象是对学生生活场景与活动经验的直观呈现与唤醒，发现生活中平移的形式与存在；表象是在具象的基础上，通过语言表征、动作表征等不同的形式，描述平移现象的自我认知；抽象是在前两种思维层次的基础上，剥离非本质属性，剔除生活元素的干扰，将平移现象表现在方格纸上，研究其核心知识，从而解决实际问题。

案例片段二

出示小船图。

引导观察：小船是怎样运动的？用一句话来说一说。

生：小船向右平移了。

生：小船向右平移了 4 格。

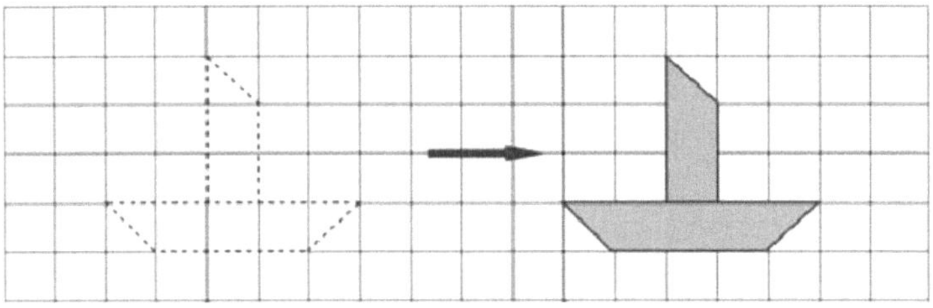

师：真好！如果只说向右平移，有了方向，位置还是不能确定，所以说平移了几格就更清楚了。

生：我认为小船向右平移了9格。

师：那小船究竟向右平移了几格，是4格还是9格呢？

出示活动要求，小组合作探究。

探究任务：	小船到底向右平移了几格？
探究方法：	数一数向右平移了几格。
	说一说你是怎样数的。
	议一议你发现了什么规律。

交流反馈，得出结论：小船向右平移了9格。我们可以看小船船帆上的顶点，向右平移了9格。

师：还有哪些点是向右平移了9格呢？

学生通过找点、数格，发现图形上的点都向右平移了9格。

师：看来，要准确描述平移运动，要从方向、距离这两个方面。

师：如果小船向右平移4格，它的位置会在哪里？

生表示出小船向右平移4格后的位置。

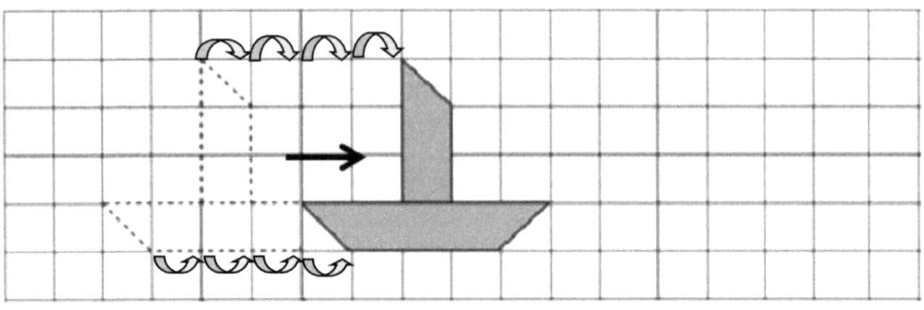

图形平移具有方向和距离两个要素，所以教学时关注点聚焦在两个关键要素上。平移的方向是很容易确定的，但学生往往将平移前后图形中间的空格数当作平移的距离。所以，要为学生提供独立思考、自我纠错的机会，重点引导学生探究小船究竟向右平移了几格。学生借助方格纸，在操作与比较、思考与发现中感悟到平移的本质——“对应点之间的距离相等”，真正实现了从认知经验的迁移到对平移本质准确的把握。

案例片段三

比较思考：小船向右平移 4 格与向右平移 9 格后位置的变化。

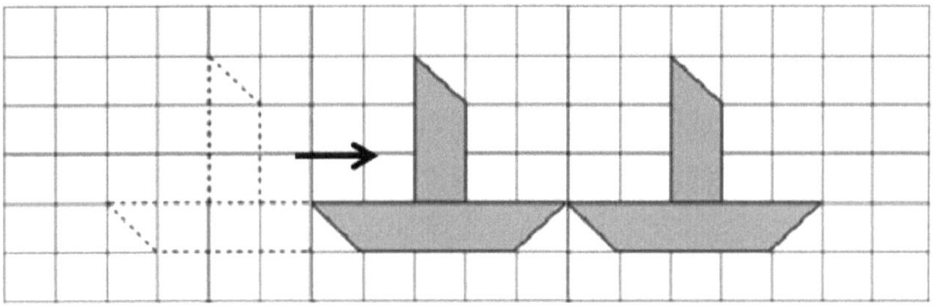

引导观察：如果小船向右平移 4 格，小船图上其他点的位置发生了什么变化？如果小船向右平移 9 格呢？

学生通过描点发现，原图中的点和平移后相同位置的点之间的格数分别是 4 格、9 格。

师：大家选择了平移前后小船图中同一位置的点来观察，我们把这一组点叫作对应点。

学生找几组对应点验证，数一数它们之间的距离，说一说分别向右平移了几格。

生：我发现图形中还有对应的边，也是向右平移了 4 格或 9 格。

学生找几组对应边验证，数一数它们之间的距离，说一说分别向右平移了几格。

师：平移前后的小船，什么变了？什么没变？

生：平移后小船的位置变了，但形状和大小没有变。

提炼总结：每一个点（每条边）平移的方向和距离跟小船是一样的，都向右平移了相同的格数。平移后，图形的位置变了，但形状和大小始终不变。

图形运动的本质是图形上点的位置的变化，表现为所有的点都向同一个方向移动了相等的距离。所以，图形的平移可以想象成点的平移运动，也可以想象成线段的平移运动，主要表现在对应点之间的连线平行（或重合）且相等。我们围绕小船图在方格纸的平移展开活动，再现了图形运动的过程，从而帮助学生认识到图形的平移是整个图形在运动，图形中任意一点（边）平移的方向就是整个图形平移的方向，对应点（对应边）之间的距离就是图形平移的距离。

三、运动视角合理想象，把握图形性质

在认识图形的过程中，从运动的视角再现图形的动态形成过程，体现一维、二维和三维不同维度图形之间的转化，不仅可以进一步理解图形的特征，而且可以更准确把握图形的性质，发展学生的空间观念和推理意识。

平时我们常说的点动成线、线动成面、面动成体就是从运动的角度，解释点与线、线与面、面与体之间的关系，而无论是点变线、线变面还是面变体，都可以看作是一个图形通过平移运动形成的。如将一个点沿同一个方向进行平移运动，运动后形成一条线段；将一条长 5 厘米的线段沿着垂直于自身的方向平移 3 厘米，平移后就形成了长方形，继续平移还会形成正方形；将一个长方形（正方形）沿着垂直于自身的方向进行平移运动，可以形成长方体（正方体）；将一个圆沿着垂直于自身的方向进行平移运动，也可以形成圆柱。

案例片段四

师：利用你手边的物品，发挥想象，怎样形成一个圆柱呢？

生：把几枚硬币摞起来就形成了一个圆柱。

生：把 10 个或者更多个大小相等的圆片摞起来也形成了一个圆柱。

师：大家将硬币、圆片摞起来形成了圆柱。大胆想象一下，如果是一个圆形，做怎样的运动就可以形成圆柱呢？

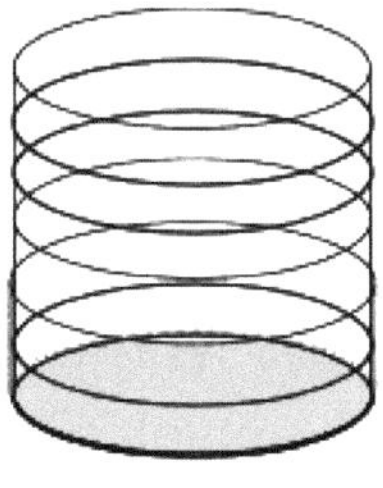

生：把一个圆形垂直向上平移，可以形成圆柱。

师：在圆形垂直向上平移的过程中，圆形的大小是怎样的呢？

生：圆形的大小始终不变。

师：对，这也说明圆柱的底面有什么特征？

生：圆柱的底面是两个完全相同的圆形。

师：圆形的大小不变，它垂直向上平移的距离越长，形成的圆柱就会越大。那么圆柱的体积怎么求呢？

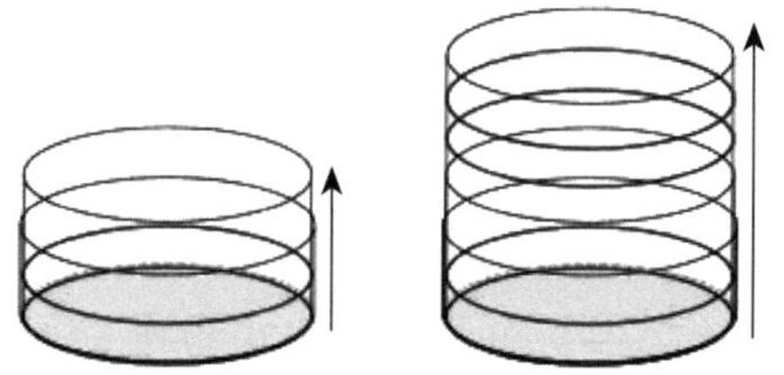

生：圆柱的体积是 V=Sh。因为圆形的面积就是圆柱的底面积，圆形平移的距离就是圆柱的高。

师：真了不起，从平移运动的视角不仅发现了圆柱的产生过程，进一步理解了它的特征，还探究出了圆柱体积大小的要素。我们继续思考，为什么长方体（正方体）、圆柱的体积都可以用 V=Sh 来计算呢？长方体（正方体）是怎样形成的？

生：长方体（正方体）可以看作一个长方形（正方形）垂直向上平移形成的。

生：所以长方体（正方体）、圆柱都可以看作是由长方形（正方形）、圆形平移形成的，体积都可以用这个图形的面积乘上平移的距离，也就是高来得到。

学生从运动的视角巧妙运用平移合理想象，建立了不同维度图形之间的联系，这样有助于进一步理解图形的特征以及图形各元素之间的关系，从而学会用数学的眼光观察丰富的图形世界，把握图形的性质，体会图形在现实生活中的广泛应用。

图形的平移将生活中的图形运动经过抽象、概括、提炼提升为数学概念，为“图形与几何”的学习积累基本数学活动经验。我们利用运动不变性研究图形的性质，也为以后更深入地研究图形的运动奠定了基础。

旋转

图形的旋转是图形变换的基本形式之一，是图形变换的一个重要组成部分，是“图形与几何”领域的重要知识点，也是培养学生思维能力的良好素材，对发展学生的空间观念是一个很好的提升，是后续学习中心对称图形及图形变换的基础，在教材中起着承上启下的作用。

旋转现象在学生的生活中并不陌生，如电风扇、车轮、摩天轮等都属于旋转现象。学生们在二年级会初步认识图形的旋转，到五年级还会进一步探索旋转的特征和性质，以后上初中之后还将进一步学习图形旋转的相关知识。因此，学生们既要关注新旧知识的联系，用原有知识推动新知识的学习，又要为中学的学习打下坚实的基础。

一、唤醒原型，感知旋转现象

旋转的概念让学生用语言表达是比较困难的，但是让学生构建准确的概念又是有必要的。在生活中存在着大量的旋转现象，但学生只能列举生活中的旋转现象，并没有做过更深入的思考，我们要引导学生充分感知和体验。

有关图形运动的教学内容，其实看起来简单，学起来却不那么容易。二年级的学生思维是以具体、直观、形象为主，学生通过观察生活中的各种运动现象，类比出旋转现象。图形的旋转的教学，应紧密结合学生的生活实际，以直观教学为主，逐步从形象思维向空间想象过渡。

案例片段一

出示生活中的旋转现象。

师：同学们，你们见过这些现象吗？这些物体在做怎样的运动？

生：钟表转动和风车转动是旋转。

生：荡秋千和道闸是平移运动。

生：我感觉荡秋千和道闸也是旋转运动。

生：我也这么认为，因为平移是沿着一条直线移动，而荡秋千和道闸运动的轨迹是弧线，所以荡秋千和道闸是旋转运动。

生：对，物体平移后不会改变方向，而荡秋千和道闸运动后改变了方向，所以我也认为荡秋千和道闸是旋转运动。

师：同学们分析得真透彻，这就是平移和旋转的区别。

由于学生的年龄特点，需要借助生活实例来帮助学生认识旋转，但生活中的有些旋转现象可能不够典型，容易淡化概念的本质，甚至可能产生歧义。部分学生形成了认识上的误区，认为只有转一圈才是旋转，所以课一开始就从学生的问题入手，选取学生熟悉又有争议的实例作为研究旋转现象的素材，有意识地引导学生探讨：“荡秋千属于平移还是旋转？道闸呢？”学生有明显的争议，以此产生认知冲突，直引旋转运动本质的探究，从而丰富学生的认知，让学生充分感知旋转现象。

二、观察想象，认识旋转三要素

学生已经初步认识了旋转现象，基本上能够判断哪个图形的运动是旋转。不过，学生却不能把一个旋转现象描述清楚。旋转不仅要说清楚是什么在旋转、运动起止位置，更重要的是要说清楚旋转中心、旋转方向以及旋转角度，也就是只有把这三个旋转要素描述清楚了才行。

案例片段二

出示风车图片。

师：同学们，风车的叶片是怎么运动的？

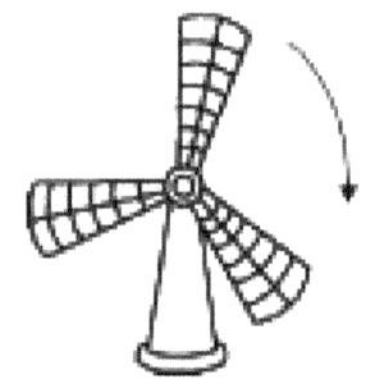

师生一起用手势比画。

师：它的转动方向和我们生活中的什么转动方向一样呢？

生：和钟表的表针转动方向一样。

师：像这样，旋转的方向跟表针一致，我们称为顺时针旋转。

再次出示风车图片。

师：继续观察，这个风车旋转的方向跟刚才的相同吗？

生：不相同，跟刚才旋转的方向是相反的。

师：这个风车是向哪个方向旋转的？

师生一起用手势比画。

师：大家想想，这样的旋转叫什么旋转？

生：倒时针旋转。

生：逆时针旋转。

教师以风车的转动为例，借助钟表的转动，让学生观察对比风车不同旋转方式的区别与联系，使学生感受到现实生活中物体旋转是有方向的，并认识顺时针方向和逆时针方向。在看似简单的变化中请学生比较不同之处，形象地感知、体会旋转的方向。

案例片段三

出示以下图片。

师：你能描述一下分针的旋转过程吗？

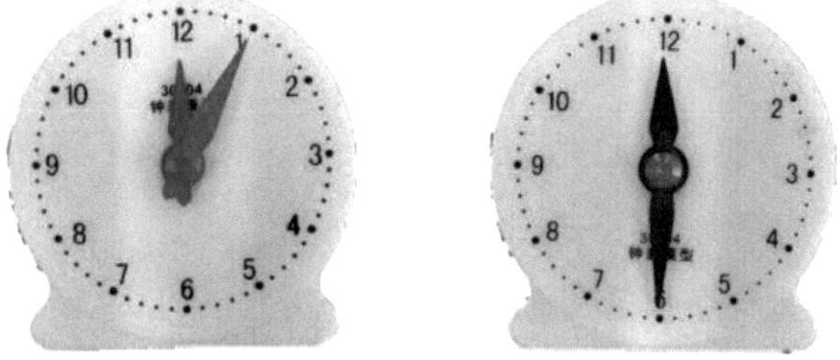

生：钟面上 12 个时刻把 360°平均分成 12 大格，每个大格是 30°，所以第一幅图是分针从 12 按顺时针方向旋转了 30°到 1。

生：第二幅图就是从 12 按顺时针方向旋转了 180°到 6。

师：两幅图的旋转一样吗?

生：不一样，第一幅图转的角度是 30°，第二幅图转的角度是 180°。

师：这里的 30°和 180°就叫旋转角度。旋转方向、旋转中心、旋转角度就是旋转三要素。描述物体的旋转情况必须说清楚这三个要素。

旋转三要素中，学生最难建构的是角度这个要素的产生。教师借助钟面，描述指针旋转，让想象与操作有机结合，鼓励学生能够用数学语言描述物体的旋转过程。学生初步体会图形旋转的基本要素，通过几何直观，建立模型意识，培养空间想象能力。

三、动手实践，感悟旋转的特征

案例片段四

出示下例。

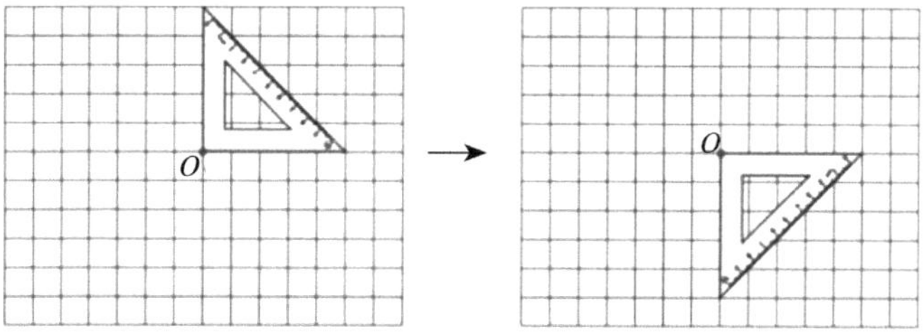

师：三角尺绕点 O 顺时针旋转 90°后，得到的是什么样的图形呢?

请同学们拿出三角尺，在有方格的作业本上试试看。

学生动手画后进行汇报。

生：三角尺绕点O顺时针旋转90°后还是一个跟原来一样的三角形。

生：三角尺的方向跟原来不一样了。

生：三角尺的大小和形状跟原来一样。

生：对！就是三角尺的位置发生改变了。

生：三角尺每条边的长度也没有变。

师：也就是对应边的长度不变。

师：是呀！三角形的大小没有变，每条边的长度肯定没有变。同学们观察得真仔细！如果继续绕点O顺时针旋转90°3次，最终会旋转成一个什么图案呢？

生：形成一个风车图案。

生：旋转时点O的位置不变，也就是旋转中心没有变。

师：那三角尺的两条直角边呢？

生：三角尺的两条直角边都绕点O顺时针旋转了90°。

师：图形旋转前后，图形的方向和位置变了，旋转中心不变，三角形的形状、大小不变，每个顶点到点O的距离不变。

师：换一把三角尺在方格纸上按逆时针方向像前面那样转一圈并说一说。

学生边操作边说。

学生们将操作、演示和想象有机结合，初步感知旋转的特征，领会旋转前后图形的变与不变。

四、从运动的视角来审视旋转

图形可以绕点旋转，还可以绕边旋转。圆柱不仅可以看作是圆面通过平移得到的，它和圆锥也都可以通过面的旋转得到。学生动手操作、想象，以此来丰富对圆柱的动态认识。圆柱不仅可以像长方体（正方体）一样，通过对平面图形的平移得到，它还可以由长方形绕一条边旋转一周得到。

案例片段五

师：如何将一个平面图形长方形转化成一个立体图形呢？会转化成什么立体图形？

生：点动成线、线动成面、面动成体，我们可以把长方形进行平移，转换成长方体或正方体。

生：我们也可以绕长方形的一条边旋转一周，得到圆柱。

生：我们可以绕长方形的长边旋转一周，也可以绕长方形的宽边旋转一周，都能得到圆柱。

师：是呀！看下图，点 A 绕 D 点旋转一周后形成圆的边线，线段 AB 绕 CD 旋转一周后形成圆柱的侧面，长方形 ABCD 旋转一周后形成圆柱体。

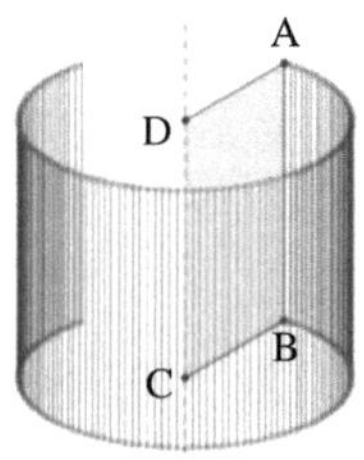

生：我们还可以绕长方形的对称轴来旋转一周，也能得到圆柱。

师：如果绕三角形的一条边旋转一周呢？会成为什么图形？

生：绕三角形的一条边旋转一周，会得到圆锥。

生：不对！应该是绕三角形的两条直角边旋转一周，会得到圆锥。

师：那绕三角形的斜边旋转一周会得到什么图形呢？

生：应该是两个底面相同的圆锥。

操作是想象的基础，想象是空间想象能力和空间观念培养的必然需求。教学时，我们要让学生动手操作，积累感知经验，然后通过想一想、画一画、找一找，让学生经历抽象的过程，实现知识的建构，再次感受点、线、面、体的形成过程。这样也让学生用运动的眼光、全新的视角，重新审视生活中熟悉的平面图形和立体图形，从而发现它们之间奇妙的联系。

图形的放大与缩小

数学课程中“图形的放大与缩小”属于“图形与几何”领域内“图形的位置与运动”主题，主要以运动的视角研究静止的几何图形的变换问题。本课程需借助数形结合准确刻画图形相似变换的倍数关系，感悟其特征，探究其本质，发展学生的几何直观与空间观念。

一、基于生活视角感知图形的放大与缩小的现象

生活就是最好的老师。许多时候教学理论和学科知识的出现，都是在实际教学的过程中不断积累总结而成的。研究图形的放大与缩小，可以从学生身边熟悉的放大与缩小现象展开。如科学课上用显微镜放大观察微生物，细小的零件设计图一般是把零件放大绘制，上课经常使用的实物投影把图片和文字放大；景区的浏览图则是把整个景区的景点缩小到图上，用照相机记录实物场景也是缩小现象；在编辑文档或幻灯片时，可以自由地把图片放大或缩小；等等。这些日常所见都蕴含着图形的放大与缩小方面的知识，学生已有的丰富感性认识是研究平面图形放大与缩小的基础。

二、基于元素维度认识图形的放大与缩小的特征

虽然学生有丰富的生活经验为学习图形的放大与缩小奠基，但对此了解和认识还不够清楚与明确，需要教师想方设法创造动手操作和空间想象的机会，充分调动学生去主动参与、积极思考，让学生在用眼观察的同时还要用脑进行空间想象，从而锻炼思维能力，形成空间观念。

在小学数学“图形与几何”的教学中认识图形通常都是静态的描述，从点、边、角等方面刻画图形的特征。比如，正方形有 4 个顶点、4 条边、4 个角，且 4 条边都相等，4 个角都是直角。其实，换个角度，也可以从运动的视角认识图形，直观刻画图形的特征。

案例片段

师：请在方格纸上画出把三角形①各边放大到原来2倍的图形。

学生尝试独立思考、动手操作，教师巡视了解情况。

师：请同学来展示自己画图的结果，并说说自己的想法。

生：我用数方格的方法，知道三角形①的两条直角边分别长2格、3格；然后根据题意“各边放大到原来的2倍”，计算2×2=4，3×2=6，所以我画的三角形两条直角边分别长4格、6格（三角形②）；最后连接直角边的两个端点，得到三角形。

师：我们把你所画的三角形标上序号②，三角形②的斜边是三角形①斜边的2倍吗？怎么知道的？

生：三角形①的斜边长是长3格、宽2格的长方形对角线；三角形②的斜边长是长6格、宽4格的长方形对角线，所以三角形①的斜边放大到原来的2倍就是三角形②的斜边。

师：用数格子的方法，通过计算三角形①各边格子数乘2，知道了要画出的三角形②各边对应的格子数，正确画出了符合要求的三角形。同时说明了三角形的斜边也是放大到了原来的2倍。还有其他方法吗？也来分享一下吧！

生：我也用相同的方法画出了符合要求的三角形，但我用不同的方法证明了三角形的斜边放大到原来的2倍。用原来的三角形斜边做标准，沿着放大后三角形的斜边摆一摆就能直观看出，三角形的斜边也放大到了原来的2倍（三角形③）。

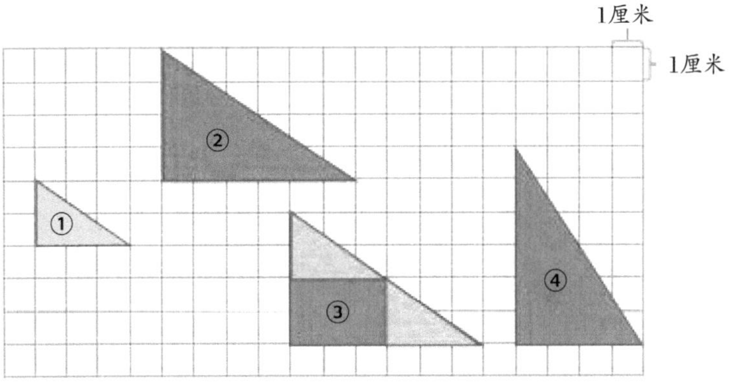

师：我们把这个三角形标上序号③。两位同学的讲解有理有据，令人信服。仔细观察放大前后的图形，你还发现了什么？有了想法后在小组内交流一下。

学生独立观察思考后，在小组内交流。

师：谁来代表小组说说你们的发现？

生：我们经过测量发现三角形①放大后，各边的长度都扩大到了原来的2倍，但是各角的度数没有变。

师：发现了三角形各边放大后，边长变了且存在倍数关系，角的度数没有变。还有其他的发现吗？

生：三角形②是三角形①各边放大到原来的2倍得到的，也可以说三角形①是三角形②各边缩小到原来的$\frac{1}{2}$得到的。这样就可以说，放大前后图形的边长发生了变化，图形的各个角度数没有变，图形的形状也没有变。

师：结合具体数据描述图形对应边长的倍比关系，研究更深入了，发现三角形放大或缩小，都是边长发生了变化且对应边的长度存在倍比关系，但角度不变，形状不变。角度不变和形状不变之间有关系吗？如果有关系又有什么关系呢？

生：这个三角形是沿着两条直角边放大的，放大之后还是直角三角形，这个角就是90°。另外，这两个角也是沿着边长放大的，角度肯定也没变，所以三角形放大与缩小只是改变大小，形状不变。

师：还有要补充的吗？

生一：我们把它想象成只有一个角，其他的角都不管，然后按2∶1放大，角的边长虽然放大了，但角的大小是不变的。其实不管边有多长，角的大小都不变，所以三角形的形状就不变。

生二：我补充，其实不用量就可以知道内角没变。我们学过角是由一个端点和两条射线组成的。你们看，从端点开始，我把两条边变长，不管把两条边怎样延长，角的大小始终没变。另外两个角也是一样的道理。

师：同学们的意思是说把三角形的三个内角拆开，看成三个角，每个角的两条射线都可以无限延长，虽然角的边长变长了，但它的度数并没有改变，就决定了三角形的形状不变。如果是平行四边形、梯形或其他图形呢？图形的放大与缩小是否具有这样普遍性的特征呢？小组同学一起验证、讨论一下。

学生小组内验证、讨论，教师巡视了解情况。

师：小组研究有结果了吗？小组代表说一说你们的研究方法和结论。

生：我们小组在方格纸上画了平行四边形和梯形，把各边按1∶2缩小或按3∶1放大，画图观察发现，无论是放大或缩小，平行四边形和梯形对应边的比值一定，角度不变，形状不变。

师：哪个小组有不一样的研究，也来说一说吧。

生：我们小组画了长方形、正方形放大与缩小的图，进行对比观察发现，这两种图形放大或缩小后对应边存在倍比关系，导致图形大小发生了变化，但图形的角度不变，所以形状不变。

师：由同学们的发言，我们知道了这些平面图形放大或缩小前后，图形对应边存在倍比关系，图形的大小发生了变化，但角度不变，图形的形状不变。

我们从学生熟悉的直角三角形放大与缩小在方格纸上画图开始，聚焦直角三角形斜边变化的讨论与验证，从有变化的定性感知走向精准化的定量分析，基于形的角度，直观观察得出大小改变，形状不变。基于数与几何元素特征的角度，发现对应边长之间的倍比关系，运用已有知识，即角大小与边长无关的特点，由认知盲点转化成研讨热点，学习难点切换成认知拐点，从而深度解释了形状不变。最终总结验证了图形变化前后对应边同时、同向、同样的变化规律。这样的设计，数形结合，帮助学生的研究逐步深入，从直角边到斜边，从局部的认识到整体的提炼，学生认知逐步走向自我完善，最终能够全面地认识数学意义上的图形的放大和缩小的特征。

三、基于数形结合明晰相关联知识的本质

几何图形的变化最重要的是全等变换和相似变换，这在小学阶段都有涉及。图形在变换前后形状和大小都不变，仅仅是位置变化，这就是全等变换。图形的形状不变，大小发生了变化，这种就是相似变换。显然图形的放大与缩小本质上是相似变换，变化后的图形与原来的图形其实就是相似图形。相似图形之间边是一一对应的，对应边的比值相等，所有的对应边都是按一定的比变化，相邻两边之间的夹角与原图形相等，因此相似变换又称为保角变换。

图形放大与缩小本属于“图形与几何”领域中“图形的位置与运动”方面的内容，但图形变换过程中所有对应边都按一定比变化，又涉及“数与代数”领域中比例方面的知识。两条线交织在一起，体现数形结合数学思想的同时，也使知识形成和发展的基础更加扎实。

（一）以图形放大与缩小的研究促进理解比例的本质

图形放大与缩小是图形的各部分对应线段按相同的比发生变化，这种变化能直

观、形象地显示比例的本质内涵，是比例意义的体现。

数学中图形的放大和缩小的含义与学生在生活中感知的放大和缩小往往是不同的。生活中会把由小变大视作放大，由大变小视作缩小；而数学中放大和缩小，图形的每条边必须是按一定的比例变化，即每条边的长度都放大到原来的几倍或缩小到原来的几分之一。利用方格纸按指定的比将基本图形放大或缩小，可以帮助学生初步理解图形的放大和缩小的含义。多种版本教材以平面图形的放大或缩小作为比例的学习素材。在平面图形放大或缩小的过程中，对应边的比总是相等，这一相似变换直观形象地揭示了比例的本质内涵，图形放大与缩小的后续学习就是相似图形。其实图形的放大与缩小本质上是正比例，是一次函数 $y=kx+b$ 中 $b=0$ 的特例，当 $k>1$ 是图形的放大，当 $0<k<1$ 是图形的缩小。

（二）以图形放大与缩小的研究厘清度量关联的本质

研究图形的放大与缩小，教师应引导学生在画图的过程中深入观察、对比和思考，从不同维度的度量中厘清本质。小学阶段接触度量角度、长度、面积，角度不变锁定了形状不变，长度的等比变换实现了图形形状的放大与缩小，同步变化到周长按对应比放大或缩小，同时引起图形面积按对应比的平方发生变化。我们应从图形的变化中看到其“不变”的本质，充分体会相似图形对应线段比相等、对应角相等。从图形放大与缩小的概念本质，分析发现图形的放大和缩小与图形的方向无关，相似变换的本质是图形的大小变了，形状不变，与缩放后图形的方向无关。

我们生活在一个变化的世界中，从数学的角度研究变量和变量之间的关系，将有助于人们更好地认识现实世界、预测未来。而函数是研究两种量之间的变化依存关系。虽然在小学数学教学中，没有正式引入函数概念和关系式，也不需要学生掌握“函数”等名称，但其实学生在低、中年级对“变与不变”已经有丰富的体验。到了比例的学习，体验则更接近函数的本质。图形的放大与缩小不仅能通过测量说明图形的放大与缩小中对应角的大小不变，更联系角的定义从数学本质上深刻地阐述图形的放大与缩小中对应角不变的道理，进一步揭示图形的放大与缩小的知识本质——图形大小改变，形状不变。同时，从数形结合的视角，诠释了图形放大与缩小与比例的本质相通，学生围绕核心问题将已有的知识经验逐步转化为数学学习的能力，从表象感知逐步深入到对事物内部属性的深刻理解，跨越思维的断层，走向数学本质。

位置与方向——数对

“图形与几何”领域整合为“图形的认识与测量”“图形的位置与运动”两个主题。“图形的位置”与“图形的运动”是有密切关系的两部分内容。小学阶段“图形的位置”重点是用一对有序的数对描述一个点的位置（距离和方向也可以看作是一对数），而“图形的运动”主要是图形的平移、旋转和轴对称，本质上是图形上的点的位置变化，这种变化主要是平移或旋转。图形位置的确定可以从图形运动的视角理解，点的位置是描述图形位置的基本元素，平面上点的位置需要两个数来确定。

一、标准和格式的统一

学生在一年级已经学习了简单的表示位置的方法，在生活实践中也积累了表示物体位置的经验。通过课前调查发现，学生对于同一位置的物体，有各种各样不同的描述方法。因此，我们需要有一个统一的方法确定同一个位置。这节课的教学也为后续六年级的学习，甚至中学阶段的平面直角坐标系的学习做铺垫。

案例片段一：用数学的方法表示位置

(1)

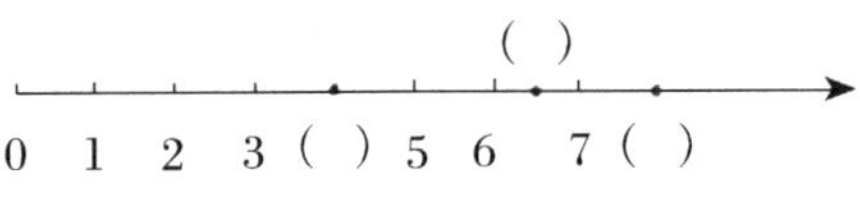

(2)

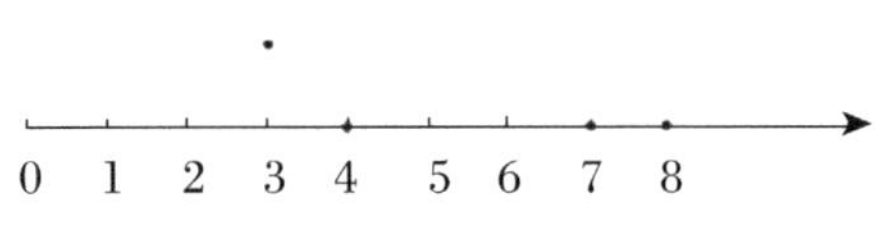

师：(1) 是一条数射线，数射线上的这些点的位置我们怎样表示？

生：第一个点的位置用 4 表示，第二个点用 6.5 表示，第三个点用 8 表示。

师：这条数射线上的任意一点是不是都可以用一个数表示出来？

生：是的。

（3）

（4）

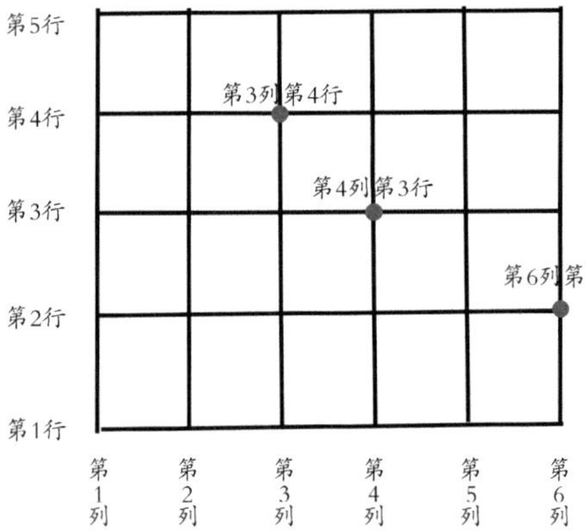

师：如果一些点没有在这条数射线上，出现在这条数射线的外面，也就是在一个平面上了，即（2）所示，那么这些点的位置该怎样表示呢？

生：第一个点在3的上面。

师：能够准确说出来吗？

生：不行。

师：我们今天就来学习平面上这些点的位置的表示方法。

师：（3）是教室座位场景图，请你作为观察者，描述小军的位置，把小军的位置写在学习单的第一行中。

师：我们来看看这几位同学写的。

生一：上3右3。

生二：从上面数第3排，从左面数第4个。

生三：第3排第4个。

生四：第4列第3行。

生五：左起第4个，前面数起第3个。

师：我们能看出这些同学的表述都不一样。但是我们从数学的角度来看，他们都有什么共同的地方？

生：都用了两个数。

师：为什么不用一个数了？

生：一个数已经不能准确表示出小军的位置了。

师：说得非常好。但是，一个小军的位置为什么有这么多不同的表示方式？

生一：每个人表示的方法不一样。

生二：每个人心中的规则是不一样的。

师：这会给我们的交流带来不便，怎样解决这个问题呢？

生：统一规则。

师：想法非常好，我们统一什么呢？

生：这两个数谁先出来？

师：也就是要统一这两个数的先后顺序。数学作为一种通用的语言，一方面就是一些规则的统一性和一致性。其实，在数学中对于这样的位置表示也有一般性的规定。请同学们自学教材上的这部分内容。

出示：通常把竖排叫作列，横排叫作行。数列的时候，要从左往右数，数行的时候，要从前往后数。表示一个物体的位置的时候，一般先说第几列，再说第几行。

师：通过刚才的自学，同学们关注到哪两个关键词？

生：列和行。

师：把这样的一竖排叫作列，数列的时候从哪往哪数？

生：从左往右数。

师：把这样的一横排叫作行，数行的时候从哪往哪数？

生：从前往后数。

师：根据规则，要先说什么，再说什么？小军的位置是什么？

生：先说第几列再说第几行，小军的位置在第 4 列第 3 行。

师：如果把这些人换成一个个小圆点，这幅座位场景图就变成了圆圈平面图，即（4），你还能找到第 4 列第 3 行的位置吗？

生：先找第 4 列，再找第 3 行。

师：可以用第 4 列第 3 行表示。

师：请大家说说其他圆圈的位置。

案例片段二：用数对表示位置

师：数学作为国际通用语言，其中一个方面就是它的简洁性，第 4 列第 3 行可以怎样简写呢？请把它写在学习单的第二行里。

展示学生的几种写法：4 列 3 行；4，3；等等。

师：我们看这几种写法，不论怎么写，都用到了哪两个数？

生：4 和 3。

师：我们看数学家是怎么写的。因为 4 和 3 是两个有关联的数，我们用（　　）把这两个数括起来，用逗号把这两个数隔开，这样的两个数也就是一对数，我们就把它们称为数对。

师：这个数对（4，3）我们可以读作“数对四三”，还可以直接读“四三”。

师：请同学们观察数对（4，3）和（3，4），这两个数对一样吗？

生：不一样，“四三”是第 4 列第 3 行，“三四”是第 3 列第 4 行。

师：这两个数交换位置，表示的点的位置还一样吗？

生：不一样。

师：那还有其他的点能用数对（4，3）表示吗？

生：没有。

师：你能把“一个数对（　　）一个点的位置”这句话填写完成吗？

生：一个数对对应一个点的位置。

我们要有一个“统一标准”的需求，并能够根据生活经验制定每一条规则，这样的规则是学生自己制定且全班一致同意通过的，是学生自己“创造的知识”（规则）。之后的交流中，学生多次提到“按照我们制定的规则”，严格遵守“先数列数，再数行数，从左往右数列数，从前往后数行数’的规则，且在运用时充满了自豪感。经历了这样的探究过程，即使过了很长时间，学生应当依然能记得“我们制定的规则”。

二、沟通数对与图形的关联

数对与图形之间有着密不可分的关系，从数对出发研究图形能让学生由抽象的数想象具体的形。这样的教学，可以使学生在学习中进一步感受数形结合，把以前学过的图形的特征与数对中行和列数据的特点结合起来，体会到在数学学习中从不同角度思考的意义，更能培养学生的空间观念。

案例片段三

思考：你能找到一个 C 点，使三角形 ABC 成为一个等腰三角形吗？

生：以 AB 为腰找另外一条腰，AB 有 4 格，所以找 AC 或 BC 为 4 格。

生：C 点可以是（5，9）、（5，1）、（9，9）、（9，1）。

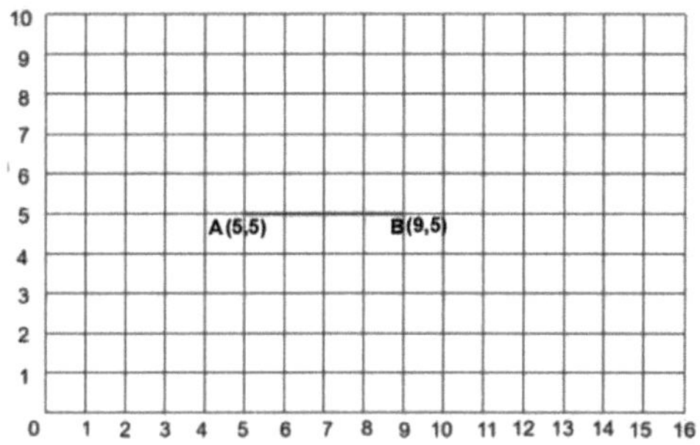

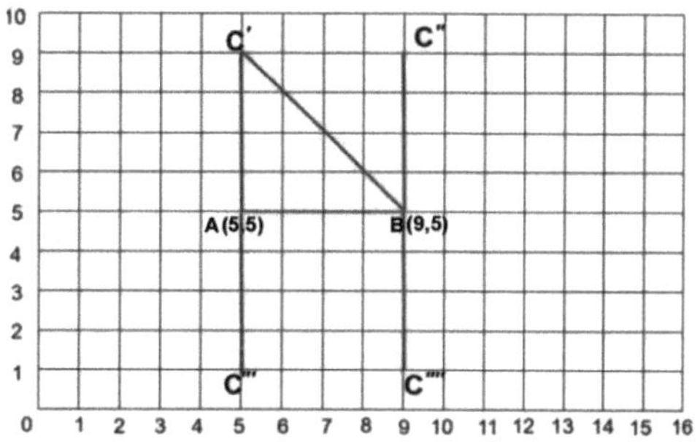

生：以 AB 为底，找两腰，对称轴上的点到两点的距离相等。

生：C 点可以是（7，0）、（7，1）、（7，2）、（7，3）……除了（7，5）。

生：还可以这样，不过需要用小数去表示数对。

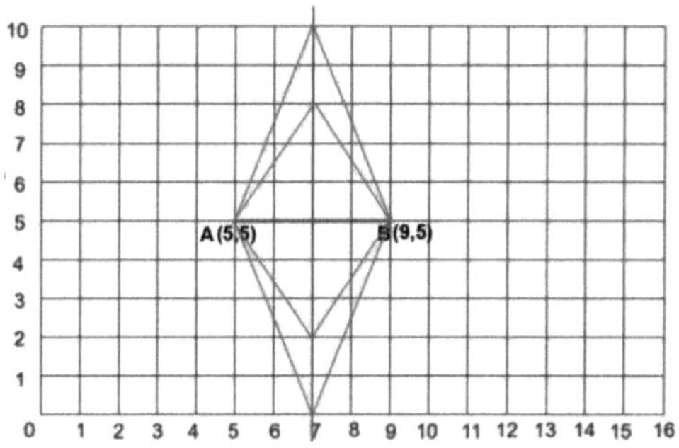

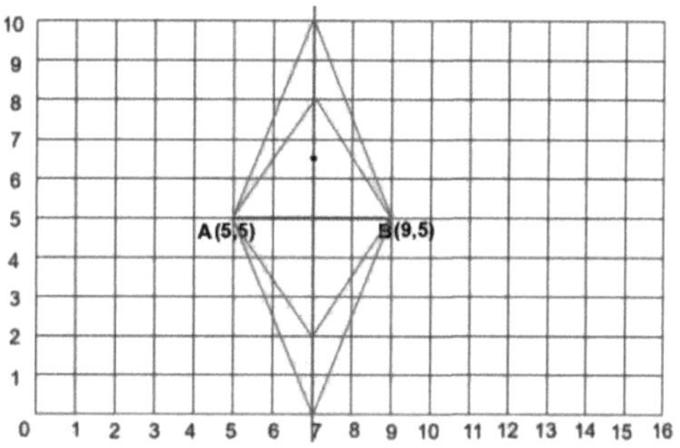

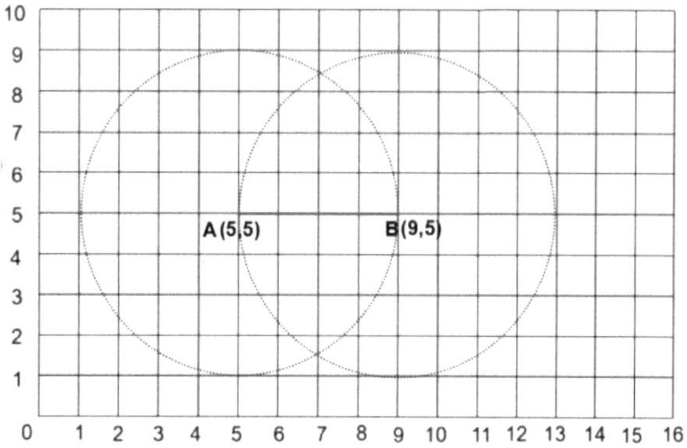

师：你能用一句话来概括或者一个数对来表示吗？

生：线段 AB 对称轴上的所有点，除了（7，5）。

生：以 AB 为半径的圆上的点。

生：对，C 点可以是（5，9）、（5，1）、（9，9）、（9，1）。

小结：结合已有的运动知识进行全面考虑，可以帮我们有序地找到所有的结果。

通过已知的一条线段，找满足条件的 C 点，看似寻找一个点，其实是将学生的思维动态地呈现出来，从而发展学生的几何直观与空间观念和推理能力。通过数对的数域的扩展，学生能更加深刻地理解数对的实际意义，从而初步渗透坐标思想。

三、沟通数对与运动的关联

图形的位置重点是用一个有序数对描述一个点的位置。我们要认识到图形的运动本质上是图形上点的位置的变化，这种变化主要是平移、轴对称和旋转。当点向左右平移，行是不变的，而列是改变的，数对是列变而行不变。当点向上下平移，列是不变的，而行是改变的，数对是行变而列不变。轴对称是“对称点”“对称点到对称轴的距离”等定量刻画的方法来进一步分析图形的特征和性质，并能在方格图上画出轴对称图形的另一半。而图形的旋转与平移、轴对称等都属于“刚体运动”，其具有刚体运动的本质属性，从而形成相对完整的“用数对确定位置”的概念，发展学生的空间观念。同时，建立“图形与几何”领域的运动一致性，并初步渗透数对的数域（可以用小数表示）。

（一）数对与平移

案例片段四

课件出示任务单。

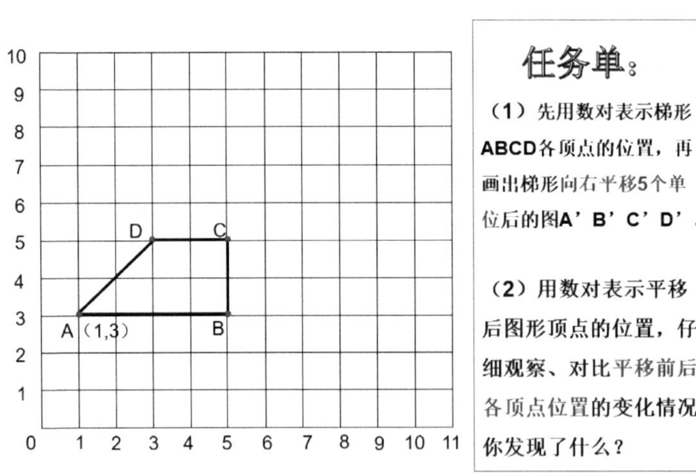

先用数对表示梯形各顶点的位置，再画出梯形向右平移5个单位后的图形$A'B'C'D'$。

用数对表示平移后图形的顶点，仔细观察，对比平移前后各顶点位置，有什么发现？

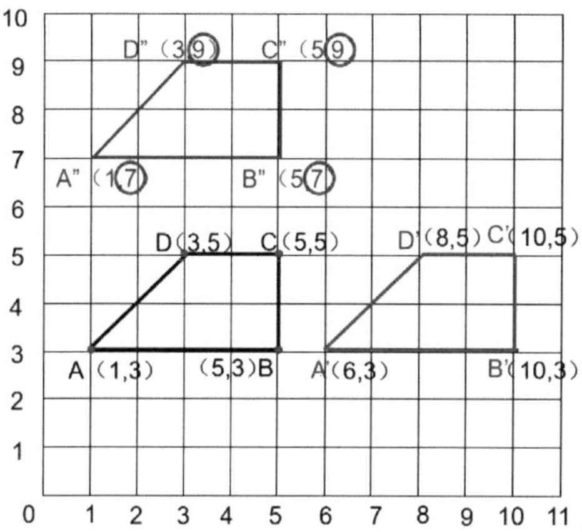

任务单：

（1）先用数对表示梯形ABCD各顶点的位置，再画出梯形向右平移5个单位后的图A' B' C' D'。

（2）用数对表示平移后图形顶点的位置，仔细观察、对比平移前后各顶点位置的变化情况，你发现了什么？

学生独立完成学习单，集体校对答案。

师：图形在方格纸上向右平移时，先把各顶点依次向右平移，描出点的位置，再依次连接点形成图形。通过观察、对比，你发现了什么？

生一：行不变，列发生了变化。

生二：列的数字都加上了平移的单位数 5，行都不变。

师：那么，图形向左平移呢？比如向左平移 2 个单位。

生三：一样，也是行不变，列数减 2 就行了。

师：图形向右（左）平移，只要列数加（减）格数，行不变。向上（下）平移呢？

生四：向上（下）平移，列不变，行数加（减）格数。

师：刚才我们发现了数对与平移的关系，向左右平移，列变，行不变；向上下平移，列不变，行变。

（二）数对与对称

案例片段五

课件出示任务单。

以虚线为对称轴，画出梯形 ABCD 的对称图形 A′B′C′D′。

梯形 A′B′C′D′各顶点的数对与梯形 ABCD 各顶点的数对比较，有什么发现？

学生独立完成学习单，集体校对答案。

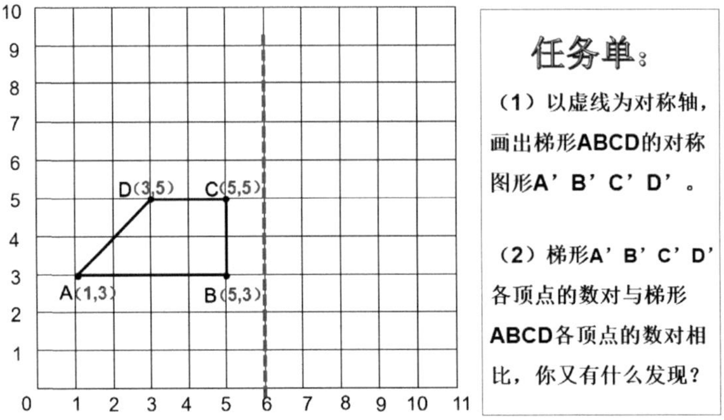

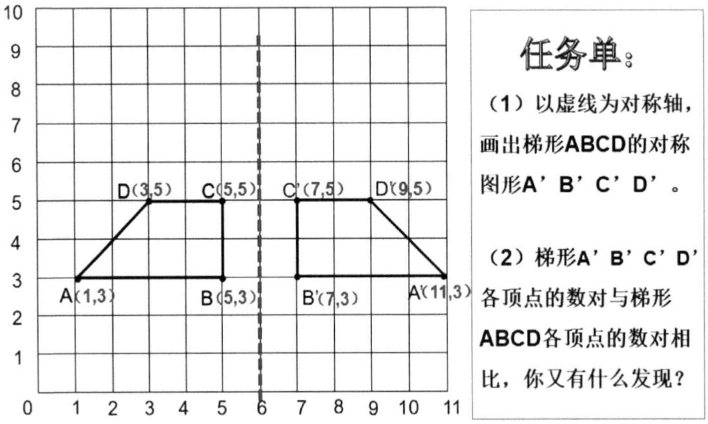

师：先把每一个顶点的位置依次对称，描出点的位置，再把 4 个点依次连接起来，形成图形。通过观察、对比，你有什么发现？

生一：A 点到对称轴的距离×2＋A 点的列数＝A′的列数，行不变。

生二：A 与 A′的列数之和正好等于对称轴所在直线的两倍。

师：刚刚两位同学对某一个点 A 与 A′进行了举例说明规律，我们一起来验证一下其他点。

师：太厉害了，同学们发现的规律都是成立的，其实简单来说就是，图形左右对称，列变，行不变。如果是上下对称呢？

生三：列不变，行变。

师：数对在图形的平移和对称中，都存在一定的变化规律，你能发现它们的相同点吗？

生：不管是平移还是对称，“左右”都是“列变，行不变”，“上下”都是“列不变，行变”。

我们通过任务驱动，建立数对与平移、对称的联系，由平移、对称前后各顶点数对的特点，发现数对与平移、对称的规律并能解释规律、迁移规律。同时，通过对比与发现，寻找数对在图形运动过程中的“变与不变”，发展思维，培养学生的几何直观、空间观念和推理意识。

位置与方向——用方向和距离确定位置

用“方向和距离确定位置”是小学数学“图形与几何”领域中“图形的位置与运动”这一主题下的内容。从知识体系的角度来看，学生已经能用上下、前后、左右描述物体的相对位置；认识东、南、西、北 4 个方向；能在平面图上认识东南、东北、西南、西北 4 个方向，并能在简单的实际情境中判断方位；了解了“几点钟方向”描述方向的方法及其用途。这些内容都安排在了“综合与实践”领域，主要是在活动中让学生理解物体的空间方位及物体之间的位置关系。但以前的知识都不能精准确定物体位置，要想精准确定物体所在位置，必须要用方向和距离两个要素才行。从能力培养的角度来看，用方向和距离确定位置有助于培养学生的空间观念和几何直观。用方向和距离确定位置具有广泛的应用价值，无论是旅行导航、地图制作还是空间规划等领域，都需要用到这一知识点。教学中我们要通过具体情境，引导学生逐步抽象出用方向和距离确定点的位置的合理性与科学性。同时，理解方向和距离与线和点的对应关系。

一、在实际情境中感受用方向和距离表示位置的合理性

用方向和距离表示位置，仅仅教给学生方法是不够的，我们要创设真实生活情境，让学生在具体情境中感悟用方向和距离确定位置的科学性。教师应从数与形结合的视角，以问题为驱动，引发学生思考，让学生在探索中发现生活现象所蕴藏的数学知识，积累数学活动经验，发展空间观念和想象能力，促进思维发展，培养推理能力和应用意识。

案例片段一

问题情境：在茫茫的大海上有一艘船，糟糕，船出现故障了，不能继续行驶了，我们现在应该做点什么呢？

生：救援。

师：茫茫大海，救援队怎样才能知道这艘船在哪啊？

生：借助雷达。

师：借助雷达很快发现这艘船在灯塔附近（根据灯塔和船的位置关系，出示简单的平面图）。现在，以灯塔为参照，我们怎么描述船的位置呢？为了大家更好地研究，我把平面图给大家准备好了。拿出你们手中的学习单，这幅示意图是怎样绘制的？

生：上北、下南、左西、右东。

师：对，现在声明一下，因为图是缩小版的，图上的1厘米代表实际距离2千米。下面小组合作，以灯塔为参照，怎样描述船的位置？

小组交流后汇报。

生一：我们组通过测量发现了船在灯塔北面4千米，再向东3千米。

师：你的意思是先向北走4千米，再向东走3千米对吗？你们觉得描述可以吗？

生：可以倒是可以，但好像绕远了吧！

师：绕远是什么意思？

生：可以直接量出灯塔到船的距离是5千米。

师：你的意思是说从灯塔出发，走5千米就行了。

生：不行，没说方向呢！向东北方向。

生：东北方向指的是那一片，还是不准确呀！

师：是呀！

生：应该说北偏向东边。

生：我们先把灯塔和船的位置用一条直线连起来，量出了是5千米，然后再用量角器量，船距离灯塔以北到东是30°的方向。

师：你能再用一句话描述一下吗？

生：船在灯塔的北偏东30°方向，距离灯塔5千米。

生：我们组量的是东偏北60°，距离一样。

师：大家说可以吗？

生：可以，北和东夹角是90°，北偏东30°和东偏北60°是同一个方向。

师：就是说两种说法都可以。

生：对，两种说法都可以，都得加上角度。

师：如果说北偏东是这一大片，加了角度呢？

生：就是一条线了。

师：一条线上能快速找到船吗？

生：能找到，但是太慢了，量出距离才能准确找到。

师：现在看来要想准确描述出船的位置，怎么办？

生：有了观测点，用方向和距离两个条件才能准确确定物体的位置。

以灯塔为参照，确定船所在的位置时，北偏东是不准确的，北偏东方向是一个扇形面，北偏东 30°（东偏北 60°）就由面聚焦到一条线，再加上距离才能锁定一个点。从面到线，从线到点，在问题的引领下引发学生认知冲突，在讨论思辨中理解了为什么用方向（含角度的具体准确方向）和距离表示一个物体（点）的位置。这种层层递进的教学方式避免知识的碎片化，有助于学生感悟知识形成的过程，积累数学活动经验，落实核心素养。

二、用方向和距离描述物体位置具有相对性

用方向和距离确定位置必须先确定参照点，明确了参照点才能准确描述物体所在的位置，参照点的变化必然会引起物体位置描述的变化。事实上，物体所在的位置是不变的，用方向和距离描述物体位置的方法具有相对性。如 A 点在 B 点的北偏东 30°方向 5 千米处，那么 B 点就在 A 点的南偏西 30°方向 5 千米处。教学中我们应该在实际情境中让学生感受这种变化，进而发展学生的空间观念。

案例片段二

师：刚才我们已经明确了船在灯塔的北偏东 30°方向，距离灯塔 5 千米。接下来我们该干什么了？

生：向灯塔的北偏东 30°方向出发，马上救援。

师：救援船很快到达，解救了需要救援的人员，现在该干什么？

生：返回灯塔处。

师：现在船该怎么走呢？还是向北偏东 30°方向吗？

生：不对，我觉得不应该是北偏东 30°方向了，现在应该以遇难的船为观察点了。

师：以遇难的船为观察点，那应该怎么走呢？

生：我觉得应该在遇难船这里画出方向标，两个方向标相交处形成一个直角三

角形，救援船应该向西偏南 60°方向出发。

生：西偏南 60°，也就是南偏西 30°，也可以说向南偏西 30°出发。

生：应该加上距离，向南偏西 30°出发行 5 千米到达灯塔。

师：救援船在返回的途中，什么变了？什么没变？

生：参照物变了，方向变了，距离没变。

师：方向虽然变了，但有没有什么关联？

生：去的时候从灯塔出发向北偏东 30°方向，回来的时候向南偏西 30°方向，正好相反。

师：说得真好。

一来一去，距离不变，来去的方向发生了变化。之前学习方位的时候，学生已经对参照物变化使描述方位变化有过初步感受。如“甲在乙的前面，乙就在甲的后面”以及“甲在乙的东北方向，乙就在甲的西南方向”。但是加上角度，从难度上来说又有所递增，让学生比较这一过程中的“变”与“不变”，感受位置是绝对的，而描述的方式是相对的。

三、用数对表示位置和用方向与距离表示位置的一致性

学习用方向和距离确定位置之前，学生已经学习过用数对表示位置，为什么学了用数对确定位置后，还要学习用方向和距离确定位置呢？学生会有疑惑，我们要帮助学生解开这一困惑。用数对确定位置是后续学习平面直角坐标系的基础，在平面直角坐标系中，用两个坐标参数可以确定二维平面上的一个点。用方向和距离确定位置对接的是极坐标系，在极坐标系中，点（ρ，θ）由极径为 ρ 的圆和极角为 θ 的射线相交得到。其本质都是将点与坐标（有序实数对）建立一一对应的关系，进而体会在平面上确定物体位置的多样性。

案例片段三

师：同学们，今天我们研究用方向和距离来确定位置，以前还学习过哪种确定物体位置的方法？

生：用数对确定位置。

师：两种方法你更喜欢哪一种？说说你的理由。

生：我更喜欢数对，因为数对更精确一点。

师：你同意吗？

生：我觉得还是用方向和距离确定位置比较好，因为方向更容易找到那个点，但是用数对的话，大海中也没有点呀！

师：在小组讨论的时候，有人提出来，我们可以在大海上布一个网格，这样我们就可以用数对去找船的位置了，但是在大海上有网格吗？

生：没有。

师：其实在大海上是有网格的，而且在整个地球上都有，这就是经线和纬线，经纬度在某种意义上其实就是我们所说的数对，你还有什么想法吗？

生：我觉得还是用方向和距离来确定位置比较好，这样的话就不用一个个去数格子了，一条线就可以达到自己想要去的目标。

师：首先瞄准这条线，也就是确定方向，然后行多远确定距离就可以了。

生：如果用数对的话，船在数对的格子中间不好找，如果用纬度和经度的话，这个块太大了，我觉得用方向和距离来确定位置比较好。

师：其实就是不断细分的过程中，经线和纬线就出来了。通过刚才的交流，我发现大家更欣赏今天我们所用的方向和距离来确定位置的方法。

师：现在来思考，如果只告诉你北偏东 30°，不告诉你 5 千米，你能确定船的位置吗？

生：不能，那样只能确定一条线。

师：只给你 5 千米确定的是什么？

生：圆。

师：如果再加上一个方向，线和圆就会有一个交点，这个交点就是我们要确定的位置。两种确定位置的方法有没有一致性呢？

生：在平面上确定物体的位置必须有两个要素。

师：其实在一年级我们已经学过类似的问题，同学们排成一队，确定一名同学的位置我们怎么描述？

生：从前往后数（或从后往前数）第几个？

师：排成一队实际上就是一条线，确定一条线上点的位置，我们用几个数字？

生：一个。

师：一个平面上呢？

生：两个。

师：如果是一个三维空间呢？

生：三个吧。

师：对，的确如此！

通过对比“数对”和“方向和距离”确定位置的方法，我们横向沟通了平面上确定物体位置的方法；从一维到二维再到三维，由线到面再到体，我们纵向沟通了确定位置的方法。不同维度确定位置的方法是递进延伸的，从一维到多维、从简单到复杂，在联系与区别中形成了小学阶段关于“图形的位置”的完整知识结构。

用方向和距离确定位置是在学生已有的认知基础上，进一步学习定量刻画物体位置及其相互关系的方法。我们应帮助学生在活动中充分经历知识和方法的探索、应用过程，不断感受相关知识和方法的价值，发展学生的观察能力、作图能力和空间观念，培养学生用数学的眼光观察现实世界，发展学生的核心素养。